U0452842

本书为国家社科基金青年项目"'阐释的边界'与当代文学理论的话语重估研究"(项目编号:18CZW006)的阶段性成果。

庞 弘 著

确定性的追问

E. D. 赫施的作者意图理论研究

The Pursuit of Determinacy:

E. D. Hirsch's Theory of the Author's Intention

中国社会科学出版社

图书在版编目（CIP）数据

确定性的追问：E. D. 赫施的作者意图理论研究 / 庞弘著. —北京：中国社会科学出版社，2021.2
ISBN 978 - 7 - 5203 - 7963 - 2

Ⅰ.①确⋯　Ⅱ.①庞⋯　Ⅲ.①赫施—阐释学—思想评论　Ⅳ.①B089.2

中国版本图书馆 CIP 数据核字（2021）第 034381 号

出 版 人	赵剑英
策划编辑	王丽媛
责任编辑	张　潜
责任校对	刘　洋
责任印制	王　超

出　　版	中国社会科学出版社
社　　址	北京鼓楼西大街甲 158 号
邮　　编	100720
网　　址	http://www.csspw.cn
发 行 部	010 - 84083685
门 市 部	010 - 84029450
经　　销	新华书店及其他书店

印　　刷	北京明恒达印务有限公司
装　　订	廊坊市广阳区广增装订厂
版　　次	2021 年 2 月第 1 版
印　　次	2021 年 2 月第 1 次印刷

开　　本	710×1000　1/16
印　　张	18
插　　页	2
字　　数	268 千字
定　　价	99.00 元

凡购买中国社会科学出版社图书，如有质量问题请与本社营销中心联系调换
电话：010 - 84083683
版权所有　侵权必究

序 一

周 宪

庞弘的第一部个人学术专著《确定性的追问——E. D. 赫施的作者意图理论研究》即将付梓刊行,他请我为该书写个序,我欣然应允。

"第一部学术专著",对于一个青年学者来说意味深长。尽管今天的学术评价体系中,论文有时会更被看重,但著作毕竟容量大,写作时间长,讨论问题多,应该说影响也更大一些。"第一"的字面意义就是起点或开始,因此第一部专著对庞弘来说意义不可小觑。它既是作者踏入学术界门槛的标志,亦是学术圈对其研究的认可。

庞弘的这部书从博士论文到如今正式出版,前后经历十多年,算得上是"十年磨一剑"的产物。记得很多年前,他从四川大学考入南京大学,攻读文艺学博士学位,那时还是一个初出茅庐的小伙子。如今他已是四川师范大学文学院的副教授和骨干教师了。我和他亦师亦友地共处多年,先是师生关系几年,又是同事关系几年。眼看着他一步步地成长起来,作为老师颇感欣慰。在他第一部个人学术著作出版之际,我由衷地向他表示祝贺!

庞弘博士论文的选题说来有些故事性。他来南京大学后着迷于视觉文化,说是报考我博士为的就是继续视觉文化研究。我虽然也做了不少视觉文化方面的研究,但是心里明白,作为一个学术训练的博士学位论文,选择视觉文化作为主题是不很合适,一方面是因为视觉文化正方兴未艾地发展着,很多现象和问题都难有定论;另一方面视觉文化理论驳杂纷乱,充满了争议性。因此,我一口回绝了他想做视觉文化的选项。我的朴素想法是，一个学术型的人文学科博士，最好的论题选项是做一些有学术积累同时又有探索的学术史问题。于是我建议他不妨把赫施的解释学理论作为一个论文主题。开始庞弘颇有些不情愿，我让他读一些赫施文献再继续讨论，一段时间后他对我说做这个选题他觉得没啥意思。他的这个反应我早有所料，我劝他多花点时间细读赫施的著作，待有了自己心得后我们再做计议。其实，学术问题有不同类型，有些很光鲜并吸引人，有些很传统很无趣，比如视觉文化就属于前者，而解释学似归于后者。问题在于，从学术训练和学理探究来看，后者显然比前者更有价值。也许是逐渐深入的解读发现了更有趣的理论问题，庞弘最终接受了我的建议，决定以赫施的解释学理论为博士论文题目。

以后的事情就不用赘言了，他很快进入了解释学语境，对赫施的中英文文献做了系统解读和分析，在规定的时间里完成了博士学位论文的写作，答辩时论文受到评审专家的一致好评。现在，基于这篇博士学位论文的学术专著就要和读者见面了，作为导师我颇有些欣喜，一方面说明当初的论文选题是一个正确的选择，另一方面也表明这个选题是很有生长性的，需要长时间的耕耘。

赫施是当代解释学领域的重要思想家，其兴趣并不限于文学理论。仅就"作者意图论"来看，广泛涉及哲学、宗教、语言学、文学、思想史等诸多领域。更为重要的是，赫施作为20世纪西方人文学术领域的重要学者，其理论的影响不可小觑。庞弘在这部20万字的学术专著中，将赫施置于解释学的历史语境和当代问题之中，对解释的确定性与作者意图之间的复杂关系做了颇有新意的阐释。我想他的许多看法会引起学界进一步的关注和讨论，因为今天在文学理论界，文本意义的阐释仍是一个热门话题。

就我了解的赫施而言，他不但在专深的解释学和文学理论领域卓有建树，而且是一个有深刻人文关怀的知识分子。我注意到他除了多部学术专著之外，还做了很多学术普及和人文通识教育的工作，因此在英语学界绝对可以称得上是一个具有深刻影响的人文主义者。他撰写和主编的许多工具书和通俗人文著作，在英语国家很是流行。庞弘在出版这本以学术探索见长的个人专著之后，我倒是希望他能注意到赫施的这另一面相。因为一个有情怀有责任感的人文学者，决不会把自己的视域只限于狭小的专业领域，关注天下和普罗大众是自然而然的。因此，学术科普和人文通识教育并不是身外之物，当属份内工作。我想这一点也许庞弘已经注意到了，研究赫施多少会受到赫施的影响，我想他今后的学术发展应有更多可能性和更大空间。

序 二
"巴别塔"的重构

阎 嘉

几年前,我曾以"马赛克主义"概括21世纪西方文学理论与批评的基本走向。我之所以使用"马赛克主义"一词,是想强调:当今西方的各种文学理论和批评不仅呈现出碎片化、杂糅、拼贴的特征,而且各自都力图表明自身与众不同的特色,力图成为"马赛克"中的一种色彩,既不愿吸纳他者,也不愿被他者所吸纳。在这种多元杂陈的格局中,每一种流派、思潮或理论学说都拥有其独立价值,都应当得到充分的重视和关注。但一种吊诡的现象是,在深受后现代主义思潮浸染的中国文论界,人们的关注重心愈发偏向于"解构""去中心""非理性""反本质""去深度""非线性""碎片化"等概念或命题,而忘记了"建构""中心""本质""理性""深度""线性""总体化"等同样是文学研究中无法忽视的维度——它们恐怕还是更基本、更不可或缺的维度。

在这样的背景下,庞弘的《确定性的追问——E. D. 赫施的作者意图理论研究》一书的出版可谓适逢其时。《确定性的追问》一书通过对赫施这位美国解释学家的深入研究,以及对"解释""主体""作者""意图""确定性"等理论命题的反思和重估,将为热衷于追新驱异,以至于几乎在各种激进理论和新奇术语的包围下迷失方向的中国文论研究带来新的和有益的启发。正如书中所言,如果说,在不少人看来,汇聚起确定性意义和真理价值的"巴别塔"已土崩瓦解,那么，赫施（以及作者本人）则试图在这个支离破碎的当下探究重构"巴别塔"的路径。虽然这样的努力似乎显得有些不合时宜，甚至带着某种"知其不可为而为之"的献祭意味，但这种"逆流而上"的理论姿态，以及由此而产生的积极效应，却能给人们的内心造成某种隐隐的触动。

埃里克·唐纳德·赫施出生于1928年，是一位身兼文学理论家和教育学家双重身份的人文知识分子。目前，国内学界更熟悉的是赫施的教育学思想——尤其是近几年，赫施关于"核心知识"的作品已经被成体系地译介，但对赫施的解释学理论却不那么重视。因此，《确定性的追问》一书的出版，将使赫施最具代表性的解释学思想进入国内更多研究者的视域。

《确定性的追问》一书分为三部分，分别探讨赫施作者意图理论的存在依据和思想资源，作者意图在赫施理论中的"多元建构"状态，以及赫施作者意图理论所隐含的"确定性"诉求和伦理意识。这三个部分环环相扣，试图对赫施的意图论思想加以全面、充分的评介。总体看来，该书体现出如下值得肯定之处。

首先，该书并未一味追逐学术热点，而是围绕一些最基本的文学理论问题展开深入探究。放眼望去，文学理论在今天已呈现出"越界"与"泛化"之势，大到购物中心、体育比赛、好莱坞大片、酒吧一条街，小到化妆品、流行服饰、美颜自拍、抖音短视频，都可以成为文学理论操演的场所。上述状况彰显了文学理论的强大生命力，但又使理论自身偏离其轨道而陷入危机。换言之，当一切的一切都可以成为理论的观照对象时，文学理论的学科边界也将濒临瓦解。因此，如何使文学理论回归其"文学"之本位，便显得尤为必要。

在这方面，《确定性的追问》一书做出了较好的尝试。全书聚焦于"作者意图"这一最基本的文学理论范畴加以研究。我们都知道，在艾布拉姆斯的文学研究的"四要素"中，作者及其意图是不可缺失的一环。但自20世纪以来，作者意图似乎成了有些过时的概念。在维姆萨特和比尔兹利的著名论文中，意图早已作为一种"谬误"而遭到驱逐，而罗兰·巴尔特等人更是呼吁将作者推上断头台，以作者的"死亡"换取读者的"再生"。然而，意图在今天是否就彻底失去了存在意义？对此，《确定性的追问》一书给出了否定的回答。在本书的第一章至第三章中，作者梳理了"作者"概念的历史流变，以及作者意图理论的最主要思想依据。在第四章至第六章中，作者则借赫施之口指出，意图并不简单等同于作者的情绪态度或心理预期，它一方面来自创作者的精神世界，另一方面，又与主体的意向性行为，与公共性的语言规范，与更广泛的文学语境紧密交织，呈现出复杂的、充满张力的建构状态。如此一来，《确定性的追问》一书不仅对意图在当代西方文论中的必要性加以确证，同时，也以意图为核心，旁涉对作者、读者、语言、文本、语境、阅读、解释、批评等一系列文学理论中重要问题的探讨。上述研究思路，将有助于我们绘制关于"意图与解释"的完整版图，重回对文学自身的体认与反思。

其次，该书试图对意义的"解构"与"建构"这一困扰当代西方文论的难题加以解答。我在为《文学理论精粹读本》（中国人民大学出版社2006年出版，2013年由南京大学出版社再版）撰写的序言中曾指出，"解构"与"建构"已经成为21世纪西方文学理论与批评中最重要的论争之一。必须承认，解构在当前俨然是一个颇为时髦且极具穿透性的语汇，从前文提及的"作者之死"，到今天沸沸扬扬的"主体之死""理论之死""批评之死""文学之死""历史之死"等，无不体现出解构主义者的理论尝试。在我看来，所谓解构，其实质是一种批判性的反思。在文学研究中，严肃认真的批判性反思自然无可厚非。但我们时常发现，"解构"时不时被拿来当作一些批评家建构自身观点的策略。这样，摆在我们面前的一个更严峻的问题则是：如果按照利奥塔等人的观点将一切"元话语"都解构掉了，那么，我们凭什么去反思和批判文学理论中的问题？

对于解构所蕴含的内在悖论，《确定性的追问》一书有着较为深刻的体认。本书第七章梳理了解构主义的思想脉络和生成语境，进而讨论了赫施对崇尚"不确定意义观"的后现代解构思潮的批判。作为拥有浓厚人文主义情怀的知识分子，赫施在文学解释上的态度与德里达等人判然有别。他将不确定意义观戏称为一种"认知上的无神论",进而从多个层面出发,对这种无神论意义观加以透彻批判。大体说来,主要包括:其一,"无神论造成了标准的阙如,进而导致了解释实践的难以为继";其二,"无神论的思想体系其实仍然以对确定性的默认为前提";其三,"无神论所津津乐道的不确定状态是无法得到经验检验的,它实际上煽动了人们对于其固有天性的逃遁与背弃"。由此,赫施彰显了自己对确定性的信念,并提醒我们对后现代主义质疑主体性、合法性、同质性、中心化、元叙事、真理价值等范畴的行为保持谨慎的态度。更进一步,赫施还试图对确定性问题做出更丰富的阐发。在本书的第八章和第九章中,我们发现,通过对"意义"和"指意"这两个概念的辨析,以及将作者意图界定为一种"意欲类型"的理论构想,赫施试图说明,解释并非要恪守一成不变的"本原"或"中心",而是在公共惯例所容许的前提下,衍生出多种多样的变数与可能性。换言之,解释应当拥有一条"边界",但这条边界又是游移的和不断流动的,远不是被限定在一个狭隘的领域之内。上述见解不仅协调了文学解释中"解构"与"建构"、"本质主义"与"非本质主义"的张力,同时也有效回应了当下学界关于解释的"边界"或"限度"的论争。

再次,作为一部理论性作品,该书还体现出对文学经验的敏感和关注。我以为,在当下的文学理论研究中,存在着两个值得警觉的问题:一是部分学者热衷于"从理论到理论"的玄想与空谈,似乎文章越佶屈聱牙,越让人看不懂,便越是高水准的研究;二是部分学者习惯于从主观的理论预设出发,将文本视为印证其一己之见的载体、工具或材料。之所以出现上述两种情况,其原因多半要归于研究者的急功近利,以及对文学经验的极度漠视。在此,我们能看到《确定性的追问》一书在立足文学经验方面所做出的可贵尝试。在讨论赫施的理论时,该书"注意结合赫施自己的批评实践,文学活动中的经典案例,以及文学批评史上的焦点论争等而对其加以详尽阐发",尽可能使作者意图问题摆脱纯粹的理论辨析,而体现出更切实可感的特质。如"意义与指意"一章对巴尔特与皮卡尔之争的讨论,"意欲类型"一章对豪斯曼诗歌《在清晨》的解读,以及"确定性律令的实践策略"一章对华兹华斯诗中"露西"形象的探究，无不体现出作者将理论与文本经验相融合的自觉意识。当然，在我看来，赫施所提出的一些概念或术语其实还可以运用于更为复杂的文化批评领域。比如，在新马克思主义者哈维的论著中，"时空压缩"等命题具有其特定意涵（即赫施所谓"意义"），但这种初始性的"意义"又能够同农家乐、宽窄巷子、锦里、远洋太古里、"国色天香"主题公园等本土化的空间实践相结合，衍生出不同的附加意涵（即赫施所谓"指意"）。这些，或许可以成为作者在下一步研究中思考的问题。

复次，作为一部研究"人头"的作品，该书并没有唯西方理论家之马首是瞻，而是体现出反思与批判的鲜明气质。布尔迪厄很早就指出过，人文学者在研究过程中，应该注意或多或少与研究对象保持距离，从而"不断地保护自己以抵御认识论中心主义"。然而，在今天的人文学术研究中——尤其是在对"西方理论"的研究中——这种自反精神的匮乏恰恰是一种常态。部分研究者在长期沉潜于某一领域的同时，也自觉不自觉地戴上了研究对象的有色眼镜，甚至少数人一旦研究某个大牌学者，就只会翻来覆去卖弄这位大牌的陈词滥调，从来学不会换一个视角、换一种思路来思考问题，更不可能发出真正属于自己的声音。在《确定性的追问》一书中，我们欣喜地看到了作者凸显其主体性的努力。在具体研究中，作者不仅能"入乎其内"，对赫施的作者意图理论以及由其引发的"确定性"追问展开详尽讨论；同时也尽可能"出乎其外"，站在一个中国本土研究者的立场上，对赫施理论所存在的悖谬、缺失或有待深入开掘之处加以揭示。如在第三章中，作者肯定了赫施理论所蕴含的伦理力量，同时指出，一旦赫施将伦理设定为解释的唯一标准，则同样会陷入误区；在第八章中，作者论及"意义"与"指意"所具有的合理性，同时指出，赫施对两个范畴的区分更多是一种权宜之计，很少能得到文本经验的证明；在第九章中，作者发现，赫施将公共性的惯例视为维系确定性意义之边界的保障，同时不忘强调，惯例所具有的"漫无边际"的特质，使赫施对确定性的构想常常成为一种"空想"。诚然，作为作者独立出版的第一部学术专著，《确定性的追问》在论证上尚有未尽完备之处，但作者通过"言说他者"而建构自身理论立场的尝试，是值得充分肯定的。

最后，我还想谈谈本书的作者。庞弘于2006年考入四川大学文学与新闻学院，在我的指导下获得文艺学硕士学位，后又考入南京大学文学院，在周宪教授的指导下获得文艺学博士学位。对于这位学生，我最深刻的印象是：他从来没有把学术视为"多挣一点钱"或谋得一官半职的手段，而是怀着对理论的浓厚兴趣，以虔诚的态度投身于人文学术研究。透过本书的字里行间，我们不难感受到他对学术的这份热情和敬畏。或许，庞弘不一定会做出什么惊天动地的大学问，但我相信，如果多一些庞弘这样勤勉、单纯，兢兢业业于专业领域的年轻人，中国的人文学术便有可能展现出自身更本真、也更理想的状态。

在《马赛克主义：后现代文学与文化理论研究》（巴蜀书社2013年版）一书的后记中，我曾写下这样一段话。特摘录在此，与作者以及那些和作者一样对学术心怀热忱的青年人共勉：

> 我曾经对自己的学生们说过，取得学位仅仅是学术道路和学术生涯的起点，仅仅是上路的开端。其实，我也不知道自己到如今是否真的上了路。尽管如此，我依然相信，如果自己还热爱理论并以之为职业和使命，只要投入足够的时间和精力，只要保持在路上的状态，那么迟早会有所回报的。当回报到来时，那份欣喜当然难以言喻，也绝非圈外人士所能体悟。只不过，这回报绝非金钱、虚名、地位或其他东西。

目 录

绪 论 …………………………………………………………（1）
  第一节　研究的对象、意义与方法 ……………………（1）
  第二节　国内外研究状况概述 …………………………（13）
  第三节　研究思路与篇章安排 …………………………（21）

上编　作者意图理论
——存在依据及其思想资源

第一章　主体命运与作者的身份变迁 ……………………（29）
  第一节　主体的性质及其发展 …………………………（30）
  第二节　作者：从"在场"到"缺席" …………………（34）
  第三节　作者身份：从"范式"到"建构" ……………（43）

第二章　作者意图：从"心灵共鸣"到"反对理论" …………（48）
  第一节　施莱尔马赫："心灵共鸣"与浪漫主义的诉求 ……（49）
  第二节　贝蒂："富有意义的形式"与建构精神科学
          普遍方法论的尝试 ………………………………（55）
  第三节　卡纳普和迈克尔斯："反对理论"与新实用
          主义者的选择 …………………………………（62）

第三章　走向解释的伦理关怀：赫施意图理论的思想根基 ……（69）
  第一节　作者意图：从认知的优越性到伦理的必要性 ……（70）

第二节　作者意图的伦理内涵 …………………………（74）
　　第三节　对意图论伦理观的反思 ………………………（85）

中编　张力与悖论
　　——赫施对作者意图的多重建构

第四章　意图和意向性 ……………………………………（93）
　　第一节　意图作为"意向性对象" ………………………（94）
　　第二节　历史的超越与意图的延伸 ……………………（100）
　　第三节　一种"主体间性"格局 …………………………（108）

第五章　意图和语言 ………………………………………（112）
　　第一节　问题的引入：亨普蒂·邓普蒂式的疑难 ………（112）
　　第二节　意图先于语言：赫施对"语言学转向"的
　　　　　　诊断 ……………………………………………（114）
　　第三节　"言说主体"与意图理论的"作者建构" ………（124）

第六章　意图和语境 ………………………………………（135）
　　第一节　"视域"："融合"之外的另一种选择 …………（136）
　　第二节　从语境通往意图："范型"概念的提出 ………（142）
　　第三节　面向语境：价值及其缺憾 ……………………（149）

下编　意义的"确定性"
　　——赫施意图理论的深层追问

第七章　反认知的"无神论"：赫施对"不确定"
　　　　　意义观的批判 ……………………………………（159）
　　第一节　"不确定"的当下景观 …………………………（159）
　　第二节　从"无神论"到"不可知论"：赫施的回应 ……（166）
　　第三节　追寻"确定性"：人文主义者的选择 …………（173）

第八章 "意义"和"指意":确定性理论的关键概念 …………(178)
 第一节 "意义"与"指意"的理论渊源 ………………(179)
 第二节 捍卫"确定性":"意义"与"指意"的
    思想动因 ……………………………………………(183)
 第三节 从"意义"与"指意"到"知识"与
    "价值" …………………………………………………(192)

第九章 意义作为"意欲类型":确定性法则的独特呈现 ……(198)
 第一节 "意欲类型":缘起及其特性……………………(198)
 第二节 "亦此亦彼":类型化意义的存在方式 ………(203)
 第三节 走向"惯例":类型的自我瓦解 ………………(212)

第十章 "或然性判断"与"有效性验定":确定性律令的
    实践策略 ……………………………………………(217)
 第一节 或然性判断:"开放"与"封闭"的互涉 ………(218)
 第二节 有效性验定:"深度"与"去深度"的斡旋 ……(223)
 第三节 从"意义的确定性"到"真理的政治" ………(228)

余论 作者意图与中国经验 ……………………………………(234)

参考文献 ………………………………………………………………(248)

后 记 …………………………………………………………………(270)

绪　　论

第一节　研究的对象、意义与方法

一　研究对象概述

自 20 世纪以来，文学理论界围绕"作者意图"（the author's intention）命题展开了较之从前更加细致、多元而深入的讨论。本书主要以美国学者 E. D. 赫施（E. D. Hirsch, Jr.）[①] 的"作者意图理论"为研究对象，在厘清相关文化背景及重要思想资源的前提下，力图呈现作者意图在赫施理论中不同于传统观点的基本状貌，并逐步揭示这种理论所引发的关涉意义维度的更深层次的叩问与追求，从而试图为当代中国的文学理论乃至整个文化生活建设带来有益的启迪。

小埃里克·唐纳德·赫施（Eric Donald Hirsch, Jr.）是美国新人文主义的杰出代表与颇负盛名的学院派文学批评家。他于 1928 年出生于田纳西州的孟菲斯，父亲是一位成功的棉花商人。赫施曾求学于康奈尔大学和耶鲁大学，并于 1957 年在耶鲁大学获得博士学位，此后长期任教于弗吉尼亚大学。赫施的学术生涯可大致划分为浪漫主义诗学研究、文学解释与解释学理论、教育学以及对"文化素养"（cultural literacy）的关注这三个阶段。其重要作品包括《华兹华斯与谢林：一个浪漫主义的类型学研究》（*Wordsworth and Schelling: A Ty-*

[①] 国内学界对赫施的译名包括赫施、赫尔施、希施、霍奇、赫什、赫奇、赫希、赫齐、赫斯、荷西等多种，本书统一译为"赫施"。

pological Study of Romanticism)、《天真与经验：威廉·布莱克导论》(*Innocence and Experience: An Introduction to Blake*)、《解释的有效性》(*Validity in Interpretation*)、《解释的目的》(*The Aims of Interpretation*)、《创作的哲学》(*The Philosophy of Composition*)、《文化素养：每个美国人应当知道什么》(*Cultural Literacy: What Every American Needs to Know*)、《我们需要怎样的学校》(*The Schools We Need and Why We Don't Have Them*)、《知识匮乏：缩小美国儿童令人震惊的教育差距》(*The Knowledge Deficit: Closing the Shocking Education Gap for American Children*)、《造就美国人：民主与我们的学校》(*The Making of Americans: Democracy and Our Schools*) 等。大体看来，赫施早期的浪漫主义研究主要关注立足于文本事实之上的细节解读与诗性内涵发掘，后期对文化素养的强调则更多从实践层面上达成了对社会文化生活的积极介入，而在这样的背景下，对于解释学（Hermeneutics）①的思考无疑成为了沟通前、后两个阶段并贯穿其整个理论生涯之中的最关键环节。赫施有关解释学的专著并不算太多，但是其理论观点所体现的鲜明原创性、所涵盖的巨大信息量以及所引发的纷纭争议，却使他当之无愧地在当代西方文论的版图上占据了一席之地。而作为赫施解释学理论之核心的，恰恰是他围绕作者意图所提出的种种卓有成效的论断与主张。1967 年，赫施出版了其解释学理论的代表性著作，也是

---

① 一般认为，Hermeneutics 的古希腊词源 "hermeneuein" 和 "hermeneia" 可以追溯至信使神赫尔墨斯（Hermes），其基本意义暗示出一种 "带来理解"（bringing to understanding）的过程。当代解释学主要由旧约时代（the old Testament times）的圣经注释（Biblical exegesis）、文艺复兴时期对罗马法（Roman Law）的解释以及亚历山大学派（the Alexandrian school）时期的语文学（philology）解释发展而来，现已成为了渗透于包括神学、文学理论、法学、翻译学、社会学乃至考古学、建筑学、国际关系、心理学、安全科学等在内的，关于理解（understanding）与解释（interpretation）的复杂的知识门类。参见 Richard E. Palmer, *Hermeneutics: Interpretation Theory in Schleiermacher, Dilthey, Heidegger, and Gadamer*, Evanston: Northwestern University Press, 1969, p. 13。亦可参见 Robert Holub, "Hermeneutics", *The Cambridge History of Literary Criticism: From Formalism to Poststructuralism*, Raman Selden ed., Cambridge: Cambridge University Press, 1995, pp. 255 – 256。Hermeneutics 的译名在国内学界一直众说纷纭，主要译法包括 "解释学""阐释学""诠释学""释义学" 等，本书取 "解释学"。关于对 Hermeneutics 译法的争论，可参见洪汉鼎、李清良、王峰等人的相关论说。

英语世界中的第一本解释学专著《解释的有效性》。在书中，他坚决主张意义的客观有效性，并坚信，唯有从作者意图的向度加以追溯，这种客观有效的意义才可能被切实地把握。毫无疑问，这样的理论姿态挑战了由新批评到后现代主义的一系列理论主张——尤其震动了以伽达默尔（Hans-Georg Gadamer，又译为"加达默尔"）的《真理与方法》（*Truth and Method*）为代表的本体论解释学（Ontological Hermeneutics）观点，从而在当时的北美批评界激起了轩然大波。正是如此，理查德·帕尔默（Richard E. Palmer）才对该书做出了这样的评价："它挑战了一些在20世纪美国文学批评中最受尊崇的原则，也许由于这个理由，它作为继诺斯罗普·弗莱（Northrop Frye）的《批评的解剖》（*Anatomy of Criticism*）之后最醒目的文学理论贡献而出现。"① 1976年，赫施再次出版了《解释的目的》一书，这部作品作为他在1968—1975年间重要论文的汇编，虽然显示出了一些新的调整与转变，却同时也更进一步巩固了其对于作者意图的既有主张。此外，赫施还围绕意图问题在《新文学史》（*New Literary History*）、《批判的探索》（*Critical Inquiry*）等北美一流的理论刊物上发表了大量论文，主要包括《客观的解释》（"Objective Interpretation"，1960）、《解释中的真理与方法》（"Truth and Method in Interpretation"，1965）、《解释学的三个维度》（"Three Dimensions of Hermeneutics"，1972）、《文体论与同义性》（"Stylistics and Synonymity"，1975）、《解释理论的政治》（"The Politics of Theories of Interpretation"，1982）、《反对理论?》（"Against Theory?"，1983）、《"意义"与"指意"的再解释》（"Meaning and Significance Reinterpreted"，1984）、《超越历史的意图与寓言的持久性》（"Transhistorical Intentions and the Persistence of Allegory"，1994）等，从而以作者意图为"圆心"而展现了自己对文学理论中诸多重要问题的独到看法。也正是基于赫施在意图问题上所做出的积极推进，美国学者弗兰克·伦特里奇亚（Frank Lentricchia）才

---

① Richard E. Palmer, "Review", *Journal of the American Academy of Religion*, Vol. 36, No. 3, 1968, p. 243.

会在《新批评之后》(After the New Criticism) 中将赫施与莫瑞·克里格 (Murray Krieger)、保罗·德-曼 (Paul De Man)、哈罗德·布鲁姆 (Harold Bloom) 并称为四位美国批评家的典范 (Four Exemplary Careers)。

必须看到，在很长一段时间内，作者意图都是一个遭受轻视、误读乃至贬损的理论范畴。然而，自20世纪六七十年代以来，西方文论界对于作者意图的关注又逐渐呈现出了一种不断增加的趋势，不少理论家试图依凭新的视角与方法来寻找这一概念在当代语境下的全新意涵与更进一步的生长空间。① 在这之中，正是赫施通过自己的持续探索与敏锐思考，极大地深化了人们对意图问题的认识，从而当之无愧地成为了占据开创性地位且最具代表性的人物之一。因此，针对赫施理论的专题研究将极大地深化我们对意图问题的既有理解和把握。

二　研究的意义与价值

谁也无法否认，赫施围绕意图问题所提出的见解是文学解释学乃至整个文学理论研究中极为重要、甚至是无法绕开的一环。但同样应当注意，在对于赫施理论的探讨中存在着一种令人奇怪的悖谬：人们的确在某种程度上意识到了这种理论的不可回避，但与此同时，人们对其意义与价值的开掘又时常是很不充分的。在大多数文学理论作品中，赫施的意图理论通常被视为只需一笔带过的过渡环节，它似乎难以被完全抹去，但实际影响却显得极为有限。即使在不少致力于解释学研究的专门性著作中，赫施理论所得到的待遇也并没有好到哪里去——它往往被视为那种陈旧、过时的古典学术传统在当代语境下

---

① 其阶段性成果包括戴维·纽顿 (David Newton) 主编的《文学意图》(On Literary Intention, 1976)，却尔 (P. D. Juhl) 的《解释：文学批评的哲学》(Interpretation: An Essay in the Philosophy of Literary Criticism, 1980)，格雷·艾斯明格 (Gary Iseminger) 主编的《意图与解释》(Intention and Interpretation, 1992)，威廉·埃尔文 (William Irwin) 的《意图论者的解释：哲学性的说明与辩护》(Intentionalist Interpretation: A Philosophical Explanation and Defense, 1999)，杰夫·密特谢林 (Jeff Mitscherling) 等人的《作者意图》(The Author's Intention, 2004)，等等。

"死灰复燃"的重新登场，往往作为一种应当被谨慎对待与无情拒斥的"理论标靶"而出现，特别是在与当下普遍盛行的、被认为代表着解释学发展最高水准的伽达默尔的哲学解释学的相互参照中，它更是经常被贬斥为某种以自身的缺陷或自相矛盾之处来突显、映衬前者的优越性与合理性的"背景"一般的存在。这就像美国批评家麦迪逊（G. B. Madison）所认为的那样，赫施作品的主要价值恰恰在于它的不足之处，因为"正是这些不足，使我们体会到了对于一种能够对它们加以克服的人类理解理论的迫切需要"①。

也许，我们能借助德国接受美学家姚斯（Hans Robert Jauss）的"期待视野"（the horizon of expectations）理论来解释赫施研究中所出现的这种诡异局面。姚斯这样说道：

> 一部文学作品在其出现的历史时刻，对它的第一读者的期待视野是满足、超越、失望或反驳，这种方法明显地提供了一个决定其审美价值的尺度。期待视野与作品间的距离，熟识的先在审美经验与新作品的接受所需求的"视野的变化"之间的距离，决定着文学作品的艺术特性。②

在姚斯看来，每一时代的读者总是分享着一种由当时的社会文化积淀所凝聚而成的期待视野，正是这样的期待视野在他们进行实际阅读之前便在其内心深处设置了某种固有的效果预期。每当一部作品与某一时代读者的期待视野发生较大抵触时，这样的作品往往不会立即受到接纳——直到人们的期待视野随时代变迁而发生转换为止。很明显，姚斯的观点同样适用于说明赫施作者意图理论在当下研究中所遭遇的困境：这种理论的重要意义之所以尚未被完全体认，其原因正在于赫施所提及的种种理念、所坚守的种种信仰与当今这个倡导"后现代主

---

① G. B. Madison, *The Hermeneutics of Postmodernity: Figures and Themes*, Bloomington and Indianapolis: Indiana University Press, 1988, p. 22.
② ［联邦德国］H. R. 姚斯、［美］R. C. 霍拉勃：《接受美学与接收理论》，周宁等译，辽宁人民出版社1987年版，第31页。

义"的时代相违逆而显得格格不入。然而，学术思想与时代语境的暂时的不相协调并不意味着赫施的主张完全丧失了在当下的存在必要，相反，他的理论在今日之所以被不少人强烈抗拒，部分原因正在于这样的理论在一定程度上揭示了时代风潮的弊病，触动了某些不可告人的隐痛与伤疤。当然，正如不少人已经指出的那样，赫施的观点本身便存在着许多难以掩盖的局限与偏颇，但他的积极思考对现今文学理论乃至整个文化思想所产生的敦促作用，却是绝对不容忽视的。

第一，赫施作者意图理论的可贵之处首先在于，在高唱"作者死去"的浪潮中，他依凭对作者意图的重新估量与评价，促使人们再次亲近这个已经有些生疏的范畴，进而开掘其潜在的深层次内涵。

在现今文学理论界，一个不得不承认的事实是，作者意图已经渐渐淡出了人们的视野。如伊格尔顿（Terry Eagleton）便认为："人们的确可把现代文学理论大致分为三个阶段：全神贯注于作者的阶段（浪漫主义和19世纪）、绝对关心作品的阶段（新批评），以及近年来注意力显著转向读者的阶段。"① 在他看来，作者及其意图的重要性伴随着文学理论的演进而清晰呈现出逐级下滑的态势。而周宪也同样断言，文学理论从"传统"到"现代"再到"后现代"的变迁，所引发的必然是由"作者"到"文本"再到"读者"的范式转换。② 的确，正如艾布拉姆斯（M. H. Abrams）所言，在浪漫主义的视域内，"一件艺术品本质上是内心世界的外化，是激情支配下的创造，是诗人的感受、思想、情感的共同体现"③。在浪漫主义时期，拥有伟大创造力的诗人是绝对的权威，他的意图充当着作品的无可争议的主导。伴随着俄国形式主义、英美新批评以及结构主义文论的相继兴起，理论研究的兴趣逐渐由作者的主观精神转向了"文学性"，转向

---

① ［英］特里·伊格尔顿：《二十世纪西方文学理论》，伍晓明译，北京大学出版社2007年版，第73页。
② 参见周宪《重心迁移：从作者到读者——20世纪文学理论范式的转型》，《文艺研究》2010年第1期。
③ ［美］M. H. 艾布拉姆斯：《镜与灯：浪漫主义文论及批评传统》，郦稚牛等译，北京大学出版社1989年版，第25页。

了"含混""张力""悖论""反讽"等修辞策略,转向了对作品内部抽象结构单元的细致划分——一言以蔽之,转向了文本本身。罗兰·巴尔特(Roland Barthes)于1968年在《作者之死》("The Death of the Author")一文中所做出的宣判更是进一步煽动着人们将作者推上绞刑架,以"作者死亡"来换取"读者的诞生"。① 而深受伽达默尔"视域融合"(the fusion of horizons)等观念感染的接受美学与读者反应批评,以及耶鲁解构学派对于"误读"(misreading)等理论方法的强调,则成为了对巴尔特的宣言的最有力回应。

不过,作者意图作为文学活动的发起点和文本意义的最直接赋予者,依然是文学活动中有机而不可缺失的重要环节,完全将其拒之门外而任由读者对意义加以接管,同样会带来言人人殊的巨大谬误。同时,作者意图本来就是一个历史性的、可以呈现多种样态的范畴,它在现今语境下并不单单指涉那种凌驾于一切文学因素之上而必须加以反叛的权威(authority)式的存在:无论是弗洛伊德(Sigmund Freud)对个体无意识的深度开掘,巴赫金(M. M. Bakhtin)对多元生成的"对话"状态的倾慕,还是福柯(Michel Foucault)对所谓"话语功能"的细致剖析,实际上都或多或少地暗示出了作者意图在当下多元化的生存状貌。毫无疑问,作为一位不折不扣的"意图论者"(intentionalist,又译为"意图主义者"),赫施对上述状况有着清晰的体认。在其代表作《解释的有效性》中,他从一开篇便明确地反对了三种在他看来极为荒谬的时代风尚:"激进的历史主义"(radical historicism)、"心理主义"(psychologism)和所谓的"语义自律论"(semantic autonomism),反对将文本意义交付给读者随意处置或是仅仅寄托于孤立封闭的文本之上,从而明确宣告了作者意图在意义解释中无法撼动的核心地位。② 也正是这种坚定的姿态令他始终都置身于怀疑与非难的风口浪尖。如拉曼·塞尔登(Raman Selden)主编

---

① Roland Barthes, "The Death of the Author", *Modern Criticism and Theory: A Reader*, David Lodge ed., Harlow: Pearson Education, 1988, p. 172.

② E. D. Hirsch, Jr., *Validity in Interpretation*, New Haven: Yale University Press, 1967, Ⅷ.

的《剑桥文学批评史》(*The Cambridge History of Literary Criticism*) 便这样总结道:"最终在分析中,仅仅是赫施对一条有效性标准的欲想、而不是他自己的论述的分量引导着他将文本意义定义为作者的意图。"① 而伊格尔顿更是戏谑地将赫施的这种坚持类比为"人们对土地所有权的捍卫"②。

然而,必须看到,围绕赫施的这一系列冷嘲热讽往往都陷入了对他的意图理论加以简单化处理的误区。事实上,作者意图在赫施的理论视域内绝不能等同于传记式的作家的内在感受与创作冲动,也无法完全同那种可以借某种"心灵感应"而与后世读者相互沟通的主观精神画上等号。可以说,意图概念在他的理论框架内被赋予了全新的内涵,从而呈现出了一种充满张力的建构状态。正因为如此,赫施的作者意图理论不仅仅体现了他对意图在现今语境下的复杂意涵所进行的创造性思考,更能够启发人们对这一术语在当下所包含的重大价值进行再一次的认识与评估,从而可能在一个作者被迫"隐退"的时代建立起整个文学体系中新的平衡。无可否认,赫施对意图的界说还存在着诸多值得商榷之处,但他这种努力尝试的举动却无疑是难能可贵的。

第二,更为重要的是,赫施立足于作者意图,通过对各家学说的旁征博引,以更加复杂而微妙的方式对意义进行了全新的划分与界定,不单充实了文学解释学关于意义的既有论说,更进一步将探究意义的冲动升华为某种对"确定性"(determinacy)的不懈追寻。

严格说来,意义问题不仅仅是解释学,也是整个文学理论长久以来的关注焦点与思考核心。而在对待意义的态度上,本质主义与反本质主义的纠葛又可以说是现今理论界最具争议的一个话题。其中"本质主义"(essentialism)在对于具备总体性、基要性的形而上观念体系的执着追求中掩盖了意义在其他方面的丰富可能;而伴随解构思潮出现并盛行于当下的"反本质主义"(anti-essentialism)同样也暴露

---

① Robert Holub, "Hermeneutics", *The Cambridge History of Literary Criticism: From Formalism to Poststructuralism*, Raman Selden ed., Cambridge: Cambridge University Press, 1995, p. 280.
② [英]特里·伊格尔顿:《二十世纪西方文学理论》,伍晓明译,北京大学出版社2007年版,第67页。

出了缺陷。首先，对一切本质不加区分的消解使人们很可能在理解与解释的过程中丧失立足根基，如同无根的芦苇一般飘荡不定。如艾柯（Umberto Eco）便反对那种无视规范而听任主观意志差遣所带来的"无限衍义"（unlimited semiosis）状况："说诠释……潜在地是无限的并不意味着诠释没有一个客观的对象，并不意味着它可以像水流一样毫无约束地任意'蔓延'。说一个文本潜在地没有结尾并不意味着每一诠释行为都可能得到一个令人满意的结果。"① 其次，将一切本质、中心视为敌人，一概加以坚决反对的态度如果走向极端，其自身也充满了本质化的可能，充满了滑向一种"反本质的本质主义"的危险。如加拿大学者格朗丹（Jean Grondin）便敏锐地指出了在当代解释理论中所存在的这种多少有些令人尴尬的悖谬："有人认为解释学的普遍要求在这样一个陈述中表现得最突出：一切都是历史地、有条件的（这个陈述被认为具有普遍有效性）。这个陈述要想普遍适用，那么就必须适用到它自己的要求，这个要求本身必须是历史地有限的，因而并不是普遍的，所以，解释学的普遍要求被认为是自相矛盾的。"②

在对待意义的态度上，赫施当然是一位传统意义上的"本质主义者"（essentialist），他之所以强调将解释追溯到作者意图之上，其目的正是为了锚定意义的本源，进而维护意义的稳固与确定，他的努力也因此而产生了不容小觑的积极效应：在后现代解构思潮将一切可以切实把握的东西统统撕裂、瓦解的背景下，在解释随之而变得愈发苍白、贫弱的普遍氛围中，赫施对意义之客观有效性的捍卫无疑体现出了巨大的勇气与极强的针对性；在深受西方观念影响而格外热衷于求新求异，热衷于观念先行、自说自话乃至"削足适履"等病态倾向的中国文学理论界，赫施的理论更是能发挥醍醐灌顶的重要功效。

但赫施的论说远没有止步于此，相反，他仍然不断寻找着拓展与

---

① ［意］安贝托·艾柯等：《诠释与过度诠释》，王宇根译，生活·读书·新知三联书店2005年版，第25页。
② ［加拿大］让·格朗丹：《哲学解释学导论》，何卫平译，商务印书馆2009年版，第22页。

深化的可能。为此，他广泛援引诸如胡塞尔（Edmund Husserl）现象学、索绪尔（Ferdinand de Saussure）结构主义语言学、弗雷格（Gottlob Frege）逻辑哲学论、英美分析哲学（Analytic Philosophy），以及西方马克思主义的发生学结构主义（Genetic Structuralist）方法等众多学术资源，力求通过对意义的独特探讨与细致界定，在"本质—反本质""同——差异""客观—相对"这类人貌似非此即彼的二元对立之间开辟出更加宽广的理论空间。除此之外，赫施还立足于自己对意图的既有讨论，将对于确定性的追问落实到了超越文本解读的更深刻层面上。透过他的理论，我们可以感受到一种向客观性致敬、维护他者尊严的强烈伦理色彩，一种在"意义/指意"同"知识/价值"之间所建立的难以割裂的紧密关联，一种对日渐远去的人文主义精神的执着信仰与虔敬追寻。可以说，这种对确定性的坚信与执着不仅内化为了赫施作者意图理论的深层次诉求，更进一步奠定了这种理论在当代语境下所具有的高尚品格。也许，在一个崇尚"平面化"与"流动性"的时代，赫施对确定性的推崇看上去有些格格不入，甚至就像是一场看不到终点的"博弈"，但毫无疑问，他所付出的努力却使得人们不能不认真面对，不能不由于这种努力的真诚而有所领会，有所警醒。

第三，赫施作者意图理论所激发的种种争议不仅活跃了当下的学术空气，更能够推进西方解释学理论乃至整个文学理论体系的充实与完善。

如前所述，赫施的作者意图理论使他成为了整个 20 世纪西方文论中最能引发争议的人物之一。单就其作品所直接指涉之处便不难发现，这种争议至少存在于三个层面。一是在广义的文学理论层面上，以意图为基点而展开的关于作者、文本、读者等问题的论争，主要表现为：与浪漫主义所坚持的"有机整体"（organic totality）观念的冲突，[①] 与新

[①] 在这里，可以发现一个有趣的现象：赫施在对待作者意图的态度上无疑受到了其早期从事的浪漫主义研究的影响，但同时，赫施又往往从捍卫作者意图的立场出发，对浪漫主义的某些主张加以旗帜鲜明的反对。这样的事实不仅说明了浪漫主义本身作为一场"精神解放运动"所具备的复杂而深远的内涵，也暗示出了赫施理论学说中所潜藏的巨大张力与宽广可能。

批评的语义自律论观点——尤其是与维姆萨特（William K. Wimsatt）和比尔兹利（Monroe C. Beardsley）提出的"意图谬见"（intention fallacy）主张——的冲突，与后现代主义代表人物罗兰·巴尔特、德里达（Jacques Derrida）等信奉相对主义的认知上的"无神论者"（a-theist）的冲突，等等。二是在文学解释学领域内部，主要表现为与伽达默尔所代表的、在当代语境下得到普遍认可的哲学解释学之间的争辩。第三，即使面对那些与自己观点相似的所谓"意图论者"，赫施同样也常常在理论上发难。如在《反对理论?》一文中，他在对卡纳普（Steven Knapp）和迈克尔斯（Walter Benn Michaels）的意图论观点表示赞同的大前提下，也提出了一系列相关的质疑，而他与另一位意图论者却尔之间的分歧也同样醒目。显而易见，赫施理论所具有的这种强烈的论争色彩可以帮助我们更清晰地体察西方文论在当下的现实状貌。阎嘉曾用"马赛克主义"（mosaicism）来描述当代西方文学理论与批评的基本格局：

> 它的基本含义是指：当今西方的各种文学理论观点和批评方法杂陈，彼此之间看上去似乎没有内在的联系，各自的视角和关注点极为不同，各自在学术圈内占据着独特的位置，形成了一种"众声喧哗"的局面。即使就其中的任何一个论域或论题而言，我们也可以发现，哪怕他们关注的问题相同，但其立场、出发点、依据的理论资源、论述的方式和得出的结论，都极为不同。换言之，他们对相同问题的看法极为"多元"，决不追求一致的认同，几乎找不到任何主调。①

而正是在这种各行其是的"多声部"合奏中，理论的冲突也在所难免。在这里，赫施作者意图理论的价值正在于，它作为一长串此起彼伏的论争中的一个起点抑或"导火索"，能够引导我们接近一系列

---

① 阎嘉：《21世纪西方文学理论和批评的走向与问题》，《文艺理论研究》2007年第1期。

环绕类似问题展开而走向又彼此迥异的理论学说,从而得以在观点的交锋中领略到思想碰撞所散发的悦目光辉,进而可能由差异中体会到共性,或是从表面相似的现象下挖掘出分歧,并最终更为清醒、理智地面对当下理论的这种"众声喧哗"。同时,我们也必须承认,赫施的理论中当然不乏诸多值得商榷之处,于是,这些林林总总的理论交锋便恰如其分地为我们提供了更清晰反观其思想的一面面"镜像",它们使我们能随时保持一种"超越性"的自觉,不至于完全沉陷于赫施的论述之中,而丧失针对其理论本身的清醒的批判态度。

综上所述,无论对抽象层面的理论建构,还是对更具普世效应的文化、精神生活的具体事实而言,赫施的论说都体现出了鲜明而深刻的价值与意义。正因为如此,本书选取赫施的作者意图理论作为研究对象,试图通过对上述问题的分析与探讨,对今日我国的文学理论建设有所助益。

三 研究的策略与方法

本书主要聚焦于赫施的作者意图理论以及由之展开的文学批评行动。我们认为,对于赫施而言,是否一定要贴上"主义"一类的标签其实并不重要,关键在于针对其理论的具体内容加以细致的梳理与审慎的剖析。由此出发,本书试图从多种路径切入对赫施理论的探讨之中,并主要采取了如下三种研究方法:

第一,整体与局部兼顾。必须注意,赫施的理论体系本来就倾向于围绕几个重要问题而形成一个环环相扣、彼此参照的整体,这些问题原则上也许可以暂时分离,但在实际研究中却是很难用一种条分缕析的方式分开来讨论的。比如说,每当我们谈及意图问题,便一定会由之引发对意义的品格与特征的追问,而当我们对意义之特性的了解达到一定程度时,理解、解释、批评等一系列与其紧密牵连的话题便又立即呼之欲出了。因此,这也就对赫施意图理论的研究提出了较高的要求:一方面,考虑到研究的深入与细化,必须在细致梳理其术语内涵的基础之上,将一些重要的理论范畴分门别类地单独讨论;另一方面,在这种讨论的同时,又必须注意到各理论命题之间的相互指涉性，使之能保持一种整体化的连贯状态。

第二，逻辑与历史统一。在详尽阐述赫施理论的关键概念并深入开掘其本质性内涵的基础上，本书试图使针对赫施的研究获取更具历史性的视域。首先，从纵向的角度对赫施的理论体系加以描述，梳理出赫施的前期浪漫主义研究对其意图理论的知识贮备作用与方法论影响，进而勾勒出赫施意图理论转向社会文化关怀的最终归宿。其次，将赫施的观点融入意图理论在西方文学批评史上的线性发展历程中加以考量，将赫施针对意图的主张同各种相关学说相互参照，在明辨其差异的基础之上，更进一步探寻不同理论之间在深层次的沟通与契合之处，从而使赫施的观点能得到更加全面、深入的领会与体认。

第三，理论阐发与文本分析交织。本来，作为"赫尔墨斯之学"的解释学理论，在产生的源头处便包孕着启发人们如何开启具体文本的巨大潜能，而赫施作为区别于本体论解释观的方法论解释学（Methodological Hermeneutics）的代表，其理论本身就携带着达成理想的理解与解释的现实诉求和效果预期。在不少人标榜"反对阐释"之类的理论姿态，以至于使对于文本意义的探寻几乎成为一种奢求的当下，赫施的这种努力值得关注。因此，在阐释、发掘赫施意图理论的合理内核的同时，本书注意结合赫施自己的批评实践，文学活动中的经典案例，以及文学批评史上的焦点论争等而对其加以详尽阐发，努力使赫施的观点摆脱"从理论到理论"的窠臼，而呈现出更加立体、丰满、生动的表现形态。

第二节　国内外研究状况概述

一　国外研究概况

虽然针对赫施加以研究的专门性著作尚未出现，但国外（主要是北美地区）对赫施作者意图理论的探讨仍比较活跃，且取得了较为显著的成果。第一个详细介绍赫施的是帕尔默，他于 1969 年出版了《解释学：施莱尔马赫，狄尔泰，海德格尔与伽达默尔的解释理论》（*Hermeneutics*：*Interpretation Theory in Schleiermacher*，*Dilthey*，*Heidegger and Gadamer*),并在书中将赫施作为意大利解释学家贝蒂(Emilio Betti)的"同路人"而加以评介。帕尔默指出,对于赫施而言,解释学已不再涉及如何跨越历史性的距离,而是成为了一个确定作者意指意义的"语文学"(Philology)问题,而这种语文学方法所带来的结果是,"理解"在探索意义之确定性的实践中被摆放到了一个无足轻重的位置。以此为基点,针对赫施理论的国外研究大致呈现出了如下四条路径:

首先,对赫施意图论观点的思想渊源或是理论根基加以追溯。如乔治·迪基(George Dickie)在对于《解释的有效性》的评论中便指出,赫施的真正兴趣在于"从语言社群(language community)的时间与地域构成方面对文学文本的理解,尽管他将自己的论点放到了一个意图论的术语中"①,从而有助于将针对赫施理论的探讨引向更加广阔的社会、文化维度。美国学者玛格欧纳(Robert R. Magliola)在出版于1977年的《文艺现象学》(*Phenomenology and Literature: An Introduction*)中,辟专章讨论了赫施对胡塞尔学说的借鉴。作者认为,胡塞尔在其代表作《逻辑研究》(*Logical Investigations*)中关于"意向性对象"(intentional object)与"意向性行为"(intentional acts)的划分在很大程度上成为了维系赫施的整个意图论体系的纽带。但他同时强调,赫施没有注意到胡塞尔思想本身的微妙之处,以及这种思想所取得的推进和演化。在他看来,不同于赫施的假想,胡塞尔的意向性对象绝不是那种处于意识之外且完全与意识无关的东西。美国学者却尔于1980年出版了《解释:文学批评的哲学》。他在书中强调,支撑赫施理论的基石是一种为解释设立标准的坚定信念,但同时指出,赫施所操持的话语体系更接近一种缺乏充分论证与严密分析的"建议",它无法在作者意图与文本意义之间建立起某种令人信服的逻辑关联。因此,"赫希(即赫施——引者注)的论点(只有作者的意图才能提供真正的鉴别标准)即使正确,也不能成为让人们接受他

---

① George Dickie, "Review", *The Journal of Aesthetics and Art Criticism*, Vol. 26, No. 4, 1968, p. 552.

的定义的适当理由"①。弗兰克·伦特里奇亚在1980年出版了《新批评之后》。伦特里奇亚认为，赫施早期的浪漫主义研究从总体思路与个别理念的双重向度上启发了他对作者意图的思考。同时，他也强调，赫施的论述中隐藏着某种极端化的偏颇倾向，并最终体现出了浓郁的"乌托邦"（Utopia）色彩。在出版于2004年的《作者意图》中，密特谢林等人则注意到了赫施意图理论中所包含的丰富的伦理学内涵。以此为依据，作者在抨击赫施理论的自相矛盾之处的同时，也对其表示了一定程度的认同。

其次，紧扣赫施意图理论中的某个或某几个关键概念而展开深入分析。如美国学者霍埃（David C. Hoy）于1978年出版了《批评的循环：文史哲解释学》（*The Critical Circle: Literature, History and Philosophical Hermeneutics*），其中第一章便聚焦于赫施的意图理论，从"意义与指意""作者意图""意义与意识"三个方面对其加以评判。霍埃认为，赫施围绕作者意图的相关论说虽然存在着不容忽视的创新之处，但这种理论就根本而言仍然是不具备说服力的。原因在于，赫施的观点更多源出于他的主观构想而不是确凿可信的事实："所以基本上说，赫齐（即赫施——引者注）关于作者意图即是确定正确释义的唯一基础的观点是哲学的而不是实践的观点。"② 而威廉·盖因（William E. Cain）的《"权威"，"认知的无神论"与解释的目的：E. D. 赫施的文学理论》（"Authority, 'Cognitive Atheism,' and the Aims of Interpretation: The Literary Theory of E. D. Hirsch"）、威尔森（B. A. Wilson）的《赫施的解释学：批判性的检验》（"Hirsch's Hermeneutics: A Critical Examination"）、西伯格尔（F. F. Seeburger）的《"意义"与"指意"的区分：对E. D. 赫施解释学的批判》（"The Distinction between 'Meaning' and 'Significance': A Critique of the Hermeneutics of E. D. Hirsch"）以及日本学者长尾辉彦（Teruhiko Nagao）的

---

① ［美］P. D. 却尔：《解释：文学批评的哲学》，吴启之等译，文化艺术出版社1991年版，第21页。
② ［美］D. C. 霍埃：《批评的循环——文史哲解释学》，兰金仁译，辽宁人民出版社1987年版，第41页。

《作者意图：重访 E. D. 赫施的解释的有效性》（"On Authorial Intention: E. D. Hirsch's Validity in Interpretation Revisited"）等论文同样以"确定性""有效性""可复制性""无神论""不可知论""类型"等赫施理论中的重要命题为依托，围绕其关于意图与意义的论说而加以开掘。值得一提的是米歇尔·莱迪（Michael Leddy）的《"有效性"与再解释》（"'Validity' and Reinterpretation"），这篇文章重点考察了赫施在 20 世纪 80 年代之后对"意义"与"指意"这对重要概念所做出的调整，并认为，赫施对伴随调整而发生的更基本的观念性变革保持着沉默。

再次，将赫施的意图论观点与其他相关学说，尤其是与伽达默尔的哲学解释学观点相互参照。如 G. B. 麦迪逊于 1988 年出版了《后现代性解释学：人物与主题》（*The Hermeneutics of Postmodernity: Figures and Themes*）。在书中，麦迪逊基本从同情伽达默尔的立场出发，对赫施的理论价值进行了较彻底的否定，他指出，赫施的意图理论必将导致对真理的虚无化，对历史意识的削弱，以及对创造力（creativity）的贬低这三种不受欢迎的结果。土耳其学者布尔汉丁·塔塔尔（Burhanettin Tatar）于 1998 年出版了《解释与作者意图问题：H.-G. 伽达默尔 vs E. D. 赫施》（*Interpretation and the Problem of the Intention of the Author: H.-G. Gadamer vs E. D. Hirsch*）。作者宣称，该书主要讨论了两个问题：其一，"解释作为过去同现在之间的真正对话怎样才得以可能"；其二，"是什么构成了文本之同一性（identity）"①。以这两个问题为契机，作者主要探讨了伽达默尔、赫施、贝蒂、卡纳普与迈克尔斯、却尔、比尔兹利与维姆萨特、马戈利斯（Joseph Margolis）等人对意图所发表的看法，而论述的焦点则集中于伽达默尔与赫施观点的比较之上。可以说，塔塔尔的论述基本上是以维护伽达默尔为主导的，在他看来，以赫施、贝蒂为代表的意图论模式无法完成解释的任务，"因为他们基于方法之上的、对解释之客观性的主张要求主体

---

① Burhanettin Tatar, *Interpretation and the Problem of the Intention of the Author: H.-G. Gadamer vs E. D. Hirsch*, p. 115.

(探究者）同客体（意义）之间的一种疏离（alienation）"①。而最终，赫施的理论"无法为意义之同一性和有效性提供基础"②。相较之下，威廉·埃尔文则较多地摆脱了人们对赫施所抱持的先入之见，他在1999年出版的《意图论者的解释》中，将赫施的意图论观点与伽达默尔的哲学解释学分别归入解释学的"规范性"（normative）与"描述性"（descriptive）诉求之列，并指出了二者所存在的诸多相互渗透之处。例如，伽达默尔也试图通过"文本""传统"以及所谓"事实本身"等途径来寻找解释的标准，而赫施对"指意"的理解同样与伽达默尔的"应用"观念存在着相似之处，等等。

最后，结合具体例证，对赫施意图理论的实际效用加以评析。如罗伯特·莱利（Robert M. Ryley）的《教室里的解释学：E. D. 赫施和豪斯曼的一首诗》（Hermeneutics in the Classroom: E. D. Hirsch, Jr., and a Poem by Housman）结合教学中的实际情况，利用赫施的作者意图理论，对英国诗人豪斯曼（A. E. Housman）诗歌《在清晨》（"In the Moring"）中"他们"一词的指涉对象加以分析，成为了将赫施理论与批评实践彼此结合的恰当案例。而斯科特·布鲁（Scott A. Blue）的《E. D. 赫施的解释学及其对释经式讲道的影响：朋友还是仇敌？》（"The Hermeneutic of E. D. Hirsch and its Impact on Expository Preaching: Friend or Foe?"）则展望了赫施的意图论观点在《圣经》文本的解读过程中所可能起到的辅助作用。

总的说来，尽管对赫施理论的国外研究达到了较为全面、深入的程度，也注意到了其早期的思想渊源与后期的发展、演变，但仍未完全摆脱那种将伽达默尔观点视为更合理一方，而贬低赫施的理论地位的倾向。同时，大多数研究在将赫施的理论捏合为一个整体方面还做得不够。可以说，在当代西方文论中，对赫施理论加以探讨的力度和

---

① Burhanettin Tatar, *Interpretation and the Problem of the Intention of the Author: H.-G. Gadamer vs E. D. Hirsch*, Washington, D. C.: Council for Research in Values and Philosophy, 1998, p. 116.

② Burhanettin Tatar, *Interpretation and the Problem of the Intention of the Author: H.-G. Gadamer vs E. D. Hirsch*, p. 118.

分量还暂时未能达到与其实际贡献成正比的地步。

二　国内研究概况①

赫施的作者意图理论属于在20世纪80年代的"理论热潮"中较早被介绍到中国的一批。1984年，张隆溪在《读书》杂志的第2、3期分别发表了《神·上帝·作者——评传统的阐释学》和《仁者见仁，智者见智——关于阐述学与接受美学》（后收入其《二十世纪西方文论述评》一书），第一次正式将赫施介绍给中国学界。1985年，王逢振在《外国文学动态》第1期发表《二次世界大战后西方文学批评理论概述》，同样对赫施的理论有所涉猎。而张汝伦的《意义的探究——当代西方释义学》（辽宁人民出版社1986年出版）和殷鼎的《理解的命运：解释学初论》（生活·读书·新知三联书店1988年出版）这两本国内公认最早的解释学专著，均对赫施意图理论的思路进行了不同程度的探讨。与此同时，赫施的代表作《解释的有效性》也经王才勇根据德文译本翻译，于1991年由生活·读书·新知三联书店出版。②尽管如此，国内学界对赫施的研究较之国外存在着更多令人遗憾之处。总体上看，围绕赫施意图理论的国内研究主要表现为两种基本取向。

---

①　台、港、澳地区文献受条件所限，暂时无法完全收录。

②　虽然赫施最重要代表作的中文译本早已译出，但就总体而言，国内学界对赫施作者意图理论的译介情况并不理想。除《解释的有效性》之外，一些文选性质的译著零星收入了赫施作品的某些片断：胡经之、张首映主编，中国社会科学出版社1989年出版的《西方二十世纪文论选》在第三卷"读者系统"中翻译了赫施的一篇早期论文《客观的解释》（熊会斌、张首映译，王岳川校）以及《解释的有效性》第四章"理解、解释和批评"（王丁译）。中国文联出版公司1992年出版的《美学文艺学方法论》（米盖尔·杜夫海纳主编，朱立元、程介未译）、复旦大学出版社2000年出版的《二十世纪西方美学经典文本》第三卷"结构与解放"（李钧主编）、高等教育出版社2002年出版的《二十世纪西方文论选》（朱立元、李钧主编）都收入了《解释的有效性》第一章"为作者辩护"（朱立元翻译）。此外，北京大学出版社于2000年出版了刘象愚、陈永国等人翻译的《文学批评理论——从柏拉图到现在》（拉曼·塞尔登主编），书中第二编"主体性"部分收录了赫施论文《解释学的三个维度》中的一部分。综上可见，国内对赫施作品的译介尚停留在较为狭隘的层面，未能涵纳赫施围绕意图问题的丰富的理论言说。这样的状况阻碍了研究者对于赫施及其意图论学说的深度开掘。

一方面，在一部分学者眼中，赫施及其意图理论无疑是某种应当加以扬弃乃至批驳的保守主义命题。如李建盛的《理解事件与文本意义——文学诠释学》（上海译文出版社2002年出版）、章启群的《意义的本体论——哲学诠释学》（上海译文出版社2002年出版）、彭启福的《理解之思——诠释学初论》（安徽人民出版社2005年出版）、张隆溪的《道与逻各斯：东西方文学阐释学》（江苏教育出版社2006年出版）、王峰的《西方阐释学美学局限研究》（黑龙江人民出版社2007年出版）等作品便是这方面的突出代表。其中章启群认为，赫施以作者意图为导向的理论试图全方位挑战伽达默尔解释学的合法性，但从未真正动摇伽氏思想的立足根基。① 李建盛指出，当赫施将关注的目光全然锁定于作者意图之上时，他同时也极大地削弱了文本意义所本应具备的无限丰富的生长可能："文学作品意义的理解也许可以包含从作者意图角度所做的理解，它不失为文学诠释中的一个维度，但仅仅囿于这一维度显然是不恰当的。"② 张隆溪则认为，赫施对作者意图的执着驱使他回到了自己深恶痛绝的"心理主义"的模式之中，原因在于，这样的意图实际上来源于批评家结合具体的历史境遇所做出的主观猜测与判断，换言之，"意图论阐释学包含着一种来自批评家的主观性因素，因而不可能成为赫施所要求它成为的'客观性批评'"③。可以说，上述理论家都围绕赫施的意图理论进行了热烈的讨论，但他们的不足之处仍在于涉及面较窄，主观倾向性过强，系统化程度不够，且"重复建设"过于严重。

另一方面，还有一些学者观察到了赫施理论之中所潜在的合理因素，从而做出了更具建设性的思考。其中严平的《走向解释学的真理——伽达默尔哲学述评》（东方出版社1998年出版）虽然是一部

---

① 参见章启群《意义的本体论——哲学诠释学》，上海译文出版社2002年版，第149页。
② 李建盛：《理解事件与文本意义——文学诠释学》，上海译文出版社2002年版，第165页。
③ 张隆溪：《道与逻各斯：东西方文学阐释学》，冯川译，江苏教育出版社2006年版，第194页。

关于伽达默尔的专著，但在反思伽达默尔的当代境遇时也敏锐地指出了赫施理论所具有的价值，认为它"是伽达默尔的主观主义和相对主义思想倾向的一个有效的补充，同时也是解释学的一个有效方面。论战的双方虽然构成了两种不同的思潮，但二者都充实或完善了解释学的真理"①。金元浦同样在《接受反应文论》（山东教育出版社1998年出版）中将赫施同伽达默尔的理论作为两种对立的解释学观念而加以参照，认为这两种观念的碰撞与对话从不同向度共同推进了接受理论在美国的传播与影响。② 王岳川的《现象学与解释学文论》（山东教育出版社1999年出版）不仅较详尽地描述了赫施意图论的整个构架，更指出了其理论所具有的"跨学科"色彩，以及同中国传统文论资源如"以意逆志""六经注我""我注六经"等说法的关联。③ 特别值得一提的，是汪正龙的《文学意义研究》（南京大学出版社2002年出版），在书中，作者对文学意义的阐发在很大程度上体现了对赫施意图理论的思考与创造性发挥，其理论思路为本书的撰写带来了较大启发。④

概而言之，尽管赫施的术语和见解在中国文学理论界的出现频率较高，但针对赫施意图理论的国内研究仍不过处于起步阶段，⑤ 具体

---

① 严平：《走向解释学的真理——伽达默尔哲学述评》，东方出版社1998年版，第245页。
② 参见金元浦《接受反应文论》，山东教育出版社1998年版，第253页。
③ 参见王岳川《现象学与解释学文论》，山东教育出版社1999年版，第248—268页。
④ 参见汪正龙《文学意义研究》，南京大学出版社2002年版，第5—6页。
⑤ 除上文所述外，国内学界对赫施的研究还包括数十篇论文（含硕士学位论文），主要涉及赫施的"有效性"理论、赫施与伽达默尔思想的比较、赫施意义观对于文学翻译的影响、赫施理论与中国古代文论的比较等问题，且质量参差不齐。比较有分量的论文有：王才勇的《赫施对现代解释学的贡献》（《学术月刊》1989年第6期）、胡万福的《赫施的意图论文本理论》（《外国文学评论》1991年第3期）、朱狄的《论赫希的解释学理论》（《学术月刊》1991年第4期）、王岳川的《论赫希解释学的有效性理论》（《广东社会科学》1998年第5期）、彭启福的《文本解读中的限制与自由——论赫施对方法论诠释学的重构》（《世界哲学》2008年第6期）等。除此之外，胡经之、张首映的《西方二十世纪文论史》（中国社会科学出版社1988年出版），毛崇杰、张德兴、马驰的《二十世纪西方美学主流》（吉林教育出版社1993年出版），朱狄的《当代西方艺术哲学》（人民出版社1994年出版），蒋孔阳、朱立元主编的《西方美学通史》（上海文艺出版社1999年出版）等史、论类著作也在相应章节讨论了赫施的作者意图理论。

表现为：首先，对作者意图在赫施理论中的基本属性和构成方式还存在着较大的误解；其次，忽略了支撑赫施理论的根本动因，以及隐含于这种理论之中的更深层次的追求。再次，缺少对赫施意图理论与中国传统文论资源的相互参照。当然，也正是上述不足为本书研究的开展提供了充分的空间。

第三节　研究思路与篇章安排

本书试图紧扣赫施的作者意图理论以及由此展开的文学批评活动加以系统解读，重点考察支撑其理论体系的核心概念，深入发掘其中的思想内涵，阐释其理论价值和实践意义，并试图借此为当代中国的文艺理论乃至整个文化精神的建设带来启发。本书的基本框架如下：

绪论的主要任务为，概述本书的研究对象、意义与方法，介绍国内外相关研究状况，呈现全书的基本观点与篇章安排。

上编对作者意图理论在当代西方文论中的存在依据及其代表性思想资源加以阐述。首先，从"主体"观念切入，探讨"作者"概念在当代语境下的复杂遭际及其存在方式。作者在当下虽然失去了浪漫主义时期至高无上的大写的、单数的绝对权威，但同时也具备了某种小写的、多元化的表现形态，从而由文本叙述、个体心理、审美观照、社会文化等多个向度参与到了文学理论乃至整个文化生活的建构过程中，也正是这样的事实为本书对作者意图的进一步探讨提供了立论根基。其次，跟随赫施的思路，对作者意图理论在不同背景下的三类代表性观点加以评介。其中施莱尔马赫以消除误解为理论追求，倡导通过带有神秘色彩的"设身处地"或"重新扮演"而达成与历史性作者的沟通；贝蒂以建立人文科学的普遍方法论为旨归，将"富有意义的形式"作为把握创作者意图的直接途径；而卡纳普和迈克尔斯所坚持的"反对理论"观点则是以新实用主义哲学为根基，试图将作者意图与文本意义完全等同。再次，在上述讨论的基础上引入"伦理"这一赫施意图论观点的深层次动因。毋庸置疑，赫施理论的独到之处恰恰在于蕴含其中的丰富的伦理因子，也正是借助这种无所不至的伦理关怀,他的论述才得以摆脱形而上的纯粹抽象,而扩展至更加鲜活生动的人文精神领域。

中编将重心落到作者意图在赫施理论中的本体构成问题上,讨论赫施对于意图所做出的独特界定。可以说,对作者意图的坚守是赫施理论中一以贯之的核心命题,而针对这一命题的最常见质疑是:即使在存在着明确、稳固的意义的大前提下,是否有理由将作者意图指认为承载这种确定性意义的基石?然而,不能忽视的是,意图在赫施的理论框架内呈现出了某种多层次性:首先,他将意图构想为一个坚实、稳固的"意向性对象",在此基础上,通过对胡塞尔意向性理论的更深入理解,他又进一步点明了这种意图面向读者开放的历史延续性;其次,他强调了意图较之于语言的优越地位,同时又承认,意图不可能完全脱离语言而存在,它必须通过公共性语言的作用而得以具体化和彰显;再次,他肯定了意图同语境之间的密切关联,进而主张,意图应当被定位为一种建基于语境之上的、大致的"可能性"状态,它必须通过解释者对语境的持续开掘而得以不断精确化。上述三个环节彼此呼应,共同形构了作者意图在赫施理论中的生动面貌。当然,赫施对意图的论说在体现出新意的同时,也由于其本身所无法根除的自相矛盾而成为了一次不完全成功的尝试。但无论如何,应当看到,作者意图并非赫施一时心血来潮的草率想象,而是他细致推敲与耐心琢磨的产物。在赫施的理论中,意图不仅体现了理论家试图对形形色色的陈旧观点加以扬弃的努力,更充当了将人们引向某种深层次追问的必不可少的契机。

下编承接中编的内容,进一步探讨赫施由作者意图所引发的、对于意义之"确定性"问题的相关思考。如果说,伦理上的责任与义务是赫施意图理论的最重要立论依据和最具原创性的切入点的话,那么,对于确定性的捍卫便可以被界定为这种理论的最深刻情感寄托与最为举足轻重的本质性诉求。在稳固而同质的中心化意义不断遭受削减的当代背景下,赫施的思考无疑产生了极为重要的影响。此编包含四个部分:首先,探讨赫施对种种主张"共识"无法达成的不确定意义观(即所谓"无神论")的批判,从中凸显出他带有"不可知论"色彩的意义的确定性主张。其次,考察"意义"和"指意"这两个赫施意义理论中的关键概念,发掘其潜在的重要内涵,并追溯其在赫施理论中的发展演变。再次,进一步描述意义之确定性在赫施的理论中作为一种"意欲类型"的独特呈现。通过把文本意义认同为一种"类型"的尝试,赫施在坚决维护确定性的底线与操守的同时,也努力缓和了那种将其理论视为完全的凝滞、呆板的不适当的指责。不过,当赫施将类型得以维系的希望完全寄托于本来便难以被切实把握的"惯例"之上时,他的理论构想也随之暴露出了天真而脆弱的一面。最后,分析赫施在确定性律令的引导下所展开的解释实践。基于"或然性判断"与"有效性验定"这两种重要的方法论策略,赫施在坚守确定性意义的同时,又始终致力于以自己的意图理论为基点而对其加以一系列复杂精细的规划、安排与塑造,从而避免了滑向绝对的客观与确定的泥潭。

余论将分析赫施作者意图理论与中国古代文论资源的契合与差异之处,并总结赫施理论对于当前我国文论建设与社会文化生活的现实意义。

上 编

作者意图理论
——存在依据及其思想资源

本编主要关注作者意图理论在当下得以成立的哲学依据及其代表性思想资源,并由此引发对支撑赫施意图论主张的深层次动机的追问与探寻。在这里,有必要对作为本书关注焦点的"意图"(intention)及其在文学理论中的基本状况做出一个概要性的说明。

对我们而言,意图始终是一个熟悉而又有些陌生的范畴。之所以熟悉,是因为它往往融会于最庸常的生活之流而令人习以为常、见惯不惊;之所以陌生,则在于这个词由于其久远的语用渊源与相对宽泛的语义空间而承载了太多的理论内涵与价值期许。"intention"一词的使用最早出现于 14 世纪,其语源可以追溯至中古法语"entention"和"intention"以及古拉丁语"intention-"和"intentio",继而又由中古英语"entencioun"和"intencioun"演化而来,其字面意义为一种"延展开来的行为"(act of stretching out),而在当下的最基本用法则在于对"人们打算从事或完成之事"(what one proposes to do or accomplish)加以指示。① 毫无疑问,正是这种含义上的"平易近人"使得意图往往在日常使用中与"目的"(aim)、"目标"(purpose)、"动机"(motive)、"欲求"(desire)、"信念"(belief)、"构想"(design)、"规划"(plan)、"意志"(will)、"愿望"(hope)、"观点"(idea)等语词形成了种种近似甚至是彼此重合之处。② 然而,同样不能忽视的是,意图一词所经历的长期发展也使得它被不同时段的人们赋予了复杂丰富的语义内涵,从而能不断激发众多理论学说的探

---

① Philip Babcock Gove and the Merriam-Webster Editorial Staff, eds. *Webster's Third New International Dictionary of the English Language Unabridged*, Springfield: G & Merriam Company, 1961, p. 1176.

② 当然,也有众多学者致力于对意图与上述概念之间的差异加以细致的梳理与辨析,如安斯康姆的《意图》(G. E. M. Anscombe, *Intention*, Cambridge and London: Harvard University Press, 1963.)、奥蒂的《行为,意图与理性》(Robert Audi, *Action, Intention and Reason*, New York: Cornell University Press, 1993.)、布莱特曼的《意图,规划与实践理性》(Michael Bratman, *Intention, Plans and Practical Reason*, Cambridge: Harvard University Press, 1987.)与《意图的面孔》(Michael Bratman, *Faces of Intention*, Cambridge: Cambridge University Press, 1999.)等。不过,需要注意的是,这类研究大多从属于逻辑哲学的关注范围,与本书所聚焦的文学理论视域内的"作者意图"不存在直接关联。

索的热情。① 如艾尔弗雷德·迈勒（Alfred R. Mele）便认为，针对意图的哲性思考主要由这样的三种普遍性关注所推动：首先，关注行动的人们希望了解"某一行为何以需要成为有意图的，以及有意图的行为是怎样由某种能动性（agency）所制造"；其次，关注道德者在建构"对行为及其能动性进行估价"的理论时，需要将意图纳入考虑之中；再次，在更为广泛的层面上，意图作为一个"在哲学上能引发人兴趣的概念"而始终充当着人们不断反思与追问的对象。② 正因为如此，在"跨学科"趋势日益明显的当今社会，关于意图问题的研究已经覆盖了包括逻辑学、语言学、伦理学、现象学、解释学、分析哲学、心理学、认知科学，乃至计算机科学与人工智能哲学在内的诸多领域。

具体到文艺理论与批评中，意图在最一般的意义上通常被理解为作者通过文本所意欲传达的某种观点、主张、意念、倾向抑或情绪状态。"对于我们而言，依靠指涉人们的目的与意图而判断他们所做之事是很平常的。同样平常的，是预设在我们理解一段陈述时，我们所理解的是言说者意图传达的东西。……既然一件艺术作品是某人所制作的东西，它必须——至少是部分地——依靠指涉其创作者的目的而得以判断。"③ 正如在交往行为中，把握言说者（speaker）的意图是实现沟通的关键环节一样，作者作为文学创作活动的"起点"，自然

---

① 《牛津英语词典》（*The Oxford English Dictionary*）列举了意图一词的常规定义，包括 1. 将精神或注意力延伸（straining）或指向（directing）某事物的行为；2. 理解的行为或是能力；3. 事物得以被理解的方式；4. 意指（intending）或是打算（purposing）的行为；5. 被意指或打算的对象，求婚的目标；6. 最终目的（ultimate purpose），行动的目标（the aim of an action）；7. 延伸（stretching）或张力（tension）；8. 激烈化、加剧（intensification）；9. 倾向（inclination）或趋势（tendency）等九条之多。很明显，正是这种内涵的多层次性为人们对该术语的探究提供了较大的发挥余地。参见 J. A. Simpson and E. S. Weiner, eds., *The Oxford English Dictionary* Ⅶ, Oxford: Clarendon Press, 1989, p. 1079。

② Alfred R. Mele, "Intention", *Encyclopedia of Philosophy Vol. 4*, Donald M. Borchert ed., Detroit: Thomson Gale, 2006, pp. 700 – 701.

③ Colin Lyas and Robert Stecker, "Intention and Interpretation", *A Companion to Aesthetics*, Stephen Davies, Kathleen Marie Higgins, Robert Hopkins, Robert Stecker and David E. Cooper, eds., Oxford: Blackwell Publishing Ltd, 2009, p. 366.

也成为了理解活动所应当关注的重要对象,而通过作者意图对文本意义加以追寻也潜移默化地成为了人们的某种心理"定势"。正因为如此,要想使围绕作者意图的探讨取得合理的依据,我们就必须立足于特定原则而对作者在当代语境下的合法性地位加以证明。于是,我们所面临的最紧迫问题便在于,所谓"作者死去"的宣判究竟是一个确凿无疑的事实,还是只是一个无中生有的玩笑?

第一章　主体命运与作者的身份变迁

艾布拉姆斯曾结合自己为文学活动设立的坐标体系，用"模仿""实用""表现"与"客观"来概括文学批评在不同阶段所呈现的四种主导趋向，他认为，截至自己生活并创作的20世纪50年代，主要与作者相对应的"表现说"已近乎明日黄花，而被主要关涉文本的"客观说"取代。① 不难见出，作者的境遇在历时性的演进之中呈现出了极端悬殊的差异：在某个阶段，作者代表着至高的荣耀与无上的尊严，在之后的很长一段时间，他又被当作一个布满尘垢的古旧话题而几乎完全被摈弃。但正如英国学者安德鲁·本尼特（Andrew Bennett）所言："在当代文学理论中，许多针对作者的探讨都涉及关于人类主体之本质的争论……"② 实质上，作者所经历的这一正一反的两极运动始终都是以"主体"问题作为其本体论基石，从而也成为了主体观念在不同时代语境下的波澜起伏的某种迹象或是表征。更进一步，正是主体所包孕的丰富可能性决定了作者在不同情境中的复杂意涵，使之打破了浅表层面的极端对立，进而形构了某种"在场"（presence）与"缺席"（absence）彼此参照甚至相互渗透的辩证格局。这样的局面不仅暗示出支撑作者范畴的主体运动的纷繁面貌，也使得我们对"作者身份"（authorship）在当代语境下的存在方式的揭示成为了可能。

---

① 参见［美］M. H. 艾布拉姆斯《镜与灯：浪漫主义文论及批评传统》，郦稚牛等译，北京大学出版社1989年版，第7—34页。

② Andrew Bennett, *The Author*, London and New York: Routledge, 2005, p. 8.

第一节　主体的性质及其发展

时至今日，"主体"（subject）已经成为了学术研究中最为聚讼纷纭的论题之一。"当我说出'我'这个词时，我所意指的是什么？这个也许在我们的日常生活中被最轻而易举地使用的简短的语词，在世纪末的文化研究中已成为了最为激烈的——在某些时刻也是最为模糊的——争论与分析的焦点。"① 根据威廉斯（Raymond Williams）的考证，"subject"一词可追溯到古法语"suget""soget""subject"和古拉丁语"subjectus""subjectum"，其最初词源则为表示"在……之下"的"sub"和表示"投、掷"的"jacere"。② 一般看来，主体包含了如下两层意义：其一，"某种在思想或意识中得以体现或维系的东西：思考的动因；精神；自我；或对精神性操作活动起支持或预设作用的任何形式的实在，它与客体（object）相区别"，进而可引申为"形成（行动、研究、讨论或使用的）某种基础的东西……"，例如在哲学或心理学上表示"某种个体的存在，其回应受到了研究"③。实际上，这突出了主体的自由、积极、能动的属性。其二，"被置于某人或某物的权威、支配、控制或影响之下"，如"忠于或效命于封建统治者"，"从属于君主或统治者并受其法律的支配"，"生活在某一统治力量或政府的疆域之内，受到其庇护并对其效忠"，等等。④ 与前者相反，它强调了主体的从属、消极、被动的特质。毫无疑问，主体所蕴含的这两重属性在历史的发展进程中相继得到了明晰的体现。

---

① Nick Mansfield, *Subjectivity: Theories of the Self from Freud to Haraway*, New York: New York University Press, 2000, p. 1.
② 参见［英］雷蒙·威廉斯《关键词：文化与社会的词汇》，刘建基译，生活·读书·新知三联书店2005年版，第473页。
③ Philip Babcock Gove and the Merriam-Webster Editorial Staff, eds., *Webster's Third New International Dictionary of the English Language Unabridged*, Springfield: G & Merriam Company, 1961, p. 2275.
④ Philip Babcock Gove and the Merriam-Webster Editorial Staff, eds., *Webster's Third New International Dictionary of the English Language Unabridged*, p. 2275.

早在古希腊时期，普罗塔戈拉（Protagoras）、苏格拉底（Socrates）、柏拉图（Plato）、亚里士多德（Aristotle）等学者便通过对人和宇宙万物之间关系的积极思考，将主体问题逐渐引入了人们的关注视域。随着文艺复兴的来临，资产阶级市民社会的兴盛连带随之而来的个人欲望的复苏刺激了主体的觉醒："在中世纪，人类意识的两方面——内心自省和外界观察都一样——一直是在一层共同的纱幕之下，处于睡眠或者半醒状态。……在意大利，这层纱幕最先烟消云散……人成了精神的个体，并且也这样来认识自己。"① 而从启蒙运动直至浪漫主义，主体意涵中积极、能动的一面更是被持续不断地推向了高潮：笛卡尔（Rene Descartes）率先宣称"我思，故我在"（I think, therefore I am），将具备认知能力与自反精神的主体确认为唯一不容置疑的全部形而上学的支柱；洛克（John Locke）提出，人类认识在根本上来自主体立足于自身而针对外在世界的感官化体验；康德（Immanuel Kant）相信，具备判断、综合、抽象等"超验性"（transcendental）潜能的主体可以为自然设立律法，从而实现了人与外在世界之间关系的一次革命性逆转；黑格尔（Georg W. F. Hegel）则进一步通过"理念"（idea）从低级向高级，从偶然到必然，从具体、有限到普遍、无限的逐级提升来凸显出作为"绝对精神"的主体所拥有的无上荣耀……一言以蔽之，对主体及"主体性"（subjectivity）② 的热情不仅贯穿了现代知识发展的几乎整个历程，更可以说已经内化为了人们的某种心理"定式"与本质诉求。具体表现为：

---

① ［瑞士］雅各布·布克哈特：《意大利文艺复兴时期的文化》，何新译，商务印书馆1979年版，第125页。
② 所谓"主体性"在通常情况下往往被混同于主体而不加区分地使用。然而，正如曼斯菲尔德（Nick Mansfield）所言："……主体性涉及一种抽象的或是普遍的原则，这样的原则反对将我们区分为迥然有异的自我，并且鼓励我们想象，或只是帮助我们去理解，为什么我们的内在生活——要么作为需求、欲望与兴趣的客体，要么作为普遍经验的必然的共享者——看上去不可避免地牵连到了其他人。"如果说，主体指涉的是某种关乎"自我"的存在状态的话，那么，主体性则更倾向于描述由这种状态出发而在主体与外在世界之间所建立的某种"关系性"格局。毫无疑问，在主体获得高度尊崇的大背景下，主体性也呈现出了与之相应的独特面貌。参见 Nick Mansfield, *Subjectivity: Theories of the Self from Freud to Haraway*, New York: New York University Press, 2000, p. 3。

第一，坚持认为只有从主体自身出发，才可以识别并把握千变万化的现象世界背后所隐匿的不变的本质或真相；第二，赋予由主体建构或符合主体立场的话语以坚实的可靠性与最大的合法性；第三，在前两点的基础上，严格遵循一种"非此即彼"的二元对立模式，在这样的模式下，主体成为了掌握真理的绝对权威，而那些同主体要求相违逆的"他者"则被明确贬斥到了思想文化与社会生活的双重边缘。

然而，在兴盛过后，主体也无可避免地迎来了由盛转衰的困境。如前所述，主体实际上可以被归结为双重定义的彼此交织。"subject——主动的心灵或思考的原动力——与政治统治下被动的臣民（subject）形成反讽的对比。"① 正如威廉斯所敏锐发现的那样，自20世纪以来，主体内涵中消极、被动的一面已经得到了愈发明确的显现。开风气之先的人物是尼采（Friedrich W. Nietzsche），他第一次发出"上帝死了"的惊叹，为接踵而至的主体的死亡奠定了悲怆的基调。以此为基础，一大批理论家从临床医学、语言学、哲学、政治等领域入手，对主体存在的合法性表示了深度的怀疑：弗洛伊德的精神分析学说揭示了潜伏于理智表层之下的无意识欲望洪流，使主体在一种复杂的张力状态下逐步走向崩溃；拉康（Jacques Lacan）强调了作为"可欲"自我的人类对于语言符号体系的根深蒂固的依赖，从而对主体的独立自足性做出了尖锐的嘲讽；德勒兹（Gilles Deleuze）从他的"精神分裂"原则出发，集中描述了社会文化机体分裂、瓦解、流变不居的终极归宿，也正是在这种凌乱破碎、复杂游移的"游牧"状态中，主体被一点点地吞噬、蚕食而濒临烟消云散；福柯更是毫不留情地点明，人类的自主存在其实只不过是一种知识同权力的现代建构："在18世纪末以前，人……并不存在。……他完全是新近的创造物，知识造物主用双手把他制造出来还不足200年；但是，他老得这么快，以至于我们轻易地想象他在黑暗中等了数千年，等待他最终被

---

① ［英］雷蒙·威廉斯：《关键词：文化与社会的词汇》，刘建基译，生活·读书·新知三联书店2005年版，第476页。

人所知的那个感悟瞬间。"① 于是,继上帝的死亡后,人的面孔也将如沙滩上的印痕一般被潮水无情地抹去。可以说,福柯的看法在当代语境下代表了人们对待主体问题的某种普遍意见:主体无法独立于由语言、政治、文化、无意识等因素所共同编织的可能性网络而存在,它永远不具备凌驾于一切之上的绝对的权威。

不过,应当承认,"死亡"在此并不意味着主体被销骨扬灰而陷入彻底的虚无。首先,必须注意到主体在类别上的多样性,按照曼斯菲尔德的观点,它至少可分为句法上的主体、政治—法律上的主体、哲学上的主体和作为人类的主体(subject as human person)四种形式。② 如果说,拉康等人主要是通过对自我之所以形成的认知结构与逻辑前提的分析,从语言、政治、哲学的维度实现对主体乃至主体性的否弃的话,那么,正是这第四种作为人类的主体类型通过跨越学科界限而与我们最普遍、最根本的生命体验相关联的方式昭示了主体在本质上的难以磨灭:"不管我们在语言、政治与哲学层面上对自我的分析有多么详尽,我们依然是丰富而即时的经验的最为热切的焦点,这样的经验拒绝体系、逻辑与秩序,并且以一种复杂、不连贯且高度情感化的方式介入世界之中。"③ 面对资本主义消费潮流所造成的个体的异化与人性的分裂,这种同人类生存紧密关联的纯朴而本真的主体形态恰恰是需要不断召唤的对象。其次,更重要的是,关于"主体死亡"的林林总总的当代判决从来都不是既成的事实,而更类似于某种刻意为之的策略。这一点在美国学者多尔迈(Fred R. Dallmayr)的论说中得到了集中体现。多尔迈首先指出,主体性在当代已失去其力量而日薄西山,但同时又强调,他的目标在于"通过放弃那种把个体作为一种终极基础和基本占有的顽固立场",从而"为确立一种比传统沉思中的个体性概念更为丰富和更加

---

① [法]米歇尔·福柯:《词与物——人文科学考古学》,莫伟民译,上海三联书店2001年版,第402页。
② Nick Mansfield, *Subjectivity: Theories of the Self from Freud to Haraway*, New York: New York University Press, 2000, p. 4.
③ Nick Mansfield, *Subjectivity: Theories of the Self from Freud to Haraway*, p. 4.

多样化的个体性概念,开辟了地盘"①。由此可见,针对主体的种种批驳并非致力于使这个范畴一笔勾销,相反,它们的宗旨在于将那种由绝对理性精神所支撑的、高高在上的一元化的"大写"主体圈入括号之中存而不论,转而发掘诸多感官化的,更加多样、灵活、异质的"小写"主体的生成可能。

第二节 作者:从"在场"到"缺席"

具体到文学研究中,主体往往被置于同"作者"(author)概念的最紧密关联之中而加以考量。作者一词的英语"author"来源于拉丁语"auctor",并进一步在中古英语"autour"和"auctour"的基础上演变而成,其基本含义包括如下三个方面:首先,是"父亲(father)、制造者(procreator)、家长(parent)或先祖(ancestor)";其次,是"某种形式的智性或创造性作品的源头(source)";再次,是"能够进行开创、制作活动或是赋予存在者",如起源、创造者、上帝,等等。② 正是这层层推进的多重内涵,使得作者自诞生伊始便作为传统意义上文学活动的发起者、文本意义的传递者和文学作品名义上的"所有者"而存在,同时也在与包括意图在内的诸多文学因素的关联中占据了某种类似于主体的地位。前文已经提到,在人类认识活动的推进过程中,主体的发展呈现出了由高亢到低沉、由强势到衰落的基本轨迹。与之相应,作者的境遇也将伴随主体命运的跌宕起伏而获取更加微妙、细致的表现形态。

一 主体的张扬与作者的"在场"

自古希腊到中世纪的很长一段时间,作者都充当着一个被动的"模仿者"形象。柏拉图将作者指认为永恒不变的"理式"(idea)

---

① [美]弗莱德·R. 多尔迈:《主体性的黄昏》,万俊人等译,上海人民出版社1992年版,第5页。

② Burhanettin Tatar, *Interpretation and the Problem of the Intention of the Author: H.-G. Gadamer vs E. D. Hirsch*, Washington, D. C.: Council for Research in Values and Philosophy, 1998, p. 146.

的追随者；贺拉斯（Horatius）认为，作者应当效仿古人，将古代的经典之作视为学习的楷模；奥古斯丁（Aurelius Augustinus）强调，艺术家对世俗生活中人类激情的摹写固然吸引了观众的目光，但同时也愈发地令他们偏离了上帝神圣之光的庇佑。虽然亚里士多德相信，作者作为按照"可然律或必然律"来展现社会生活的能动的创造者，能够超越现成的具体事件而对历史之可能性加以揭示，但这种关于作者之主体性地位的意识仍只是处于不甚清晰的萌芽状态。

伴随着主体及主体性地位的不断提升，作者在文学活动中的主导地位也得到了不言而喻的凸显。达·芬奇（Leonardo da Vinci）相信，艺术家固然应当如镜子一般师法自然，但同时也必须结合个性化的思维能力而创造凌驾于现实自然之上的"第二自然"；新古典主义者布瓦罗（Nicolas Boileau）指出，作者应当将理性的规范融入创作之中，通过对世界的刻画而为世界"立法"；歌德（Johan W. Goethe）虽然并未否认艺术家是"自然的奴隶"，但同时也宣称，艺术家可以通过积极、主动的思考而深入把握自然的本质与规律，最终成为"自然的主宰"。这样的状况在代表主体发展最高水平的浪漫主义时期表现得尤为充分。在浪漫主义昂扬激情的驱策下，作者，这一饱含情感而充满活力的个体，始终以睥睨一切的姿态彰显着自己无与伦比的在场。施勒格尔（Friedrich Schlegel）认为："艺术家是较高级的灵魂器官，整个外在人性的生命精神汇集在这里，而内在人性正是由此产生作用的。"[①] 雨果（Victor Hugo）指出："在诗人与艺术家身上，有着无限，正是这种成分赋予这些天才以坚不可摧的伟大。"[②] 雪莱（P. B. Shelley）更是为作者设立了这样近乎完美的定义："诗人们，抑即想象并且表现这万劫不毁的规则的人们，不仅创造了语言，音乐，舞蹈，建筑，雕塑和绘画；他们也是法律的制定者，文明社会的创立者，人生百艺的发明者，他们更是导师，使得所谓宗教，这种对灵界

---

① ［德］施勒格尔：《雅典娜神殿断片集》，李伯杰译，生活·读书·新知三联书店2003年版，第165页。
② ［法］雨果：《莎士比亚论》，载伍蠡甫、胡经之主编《西方文艺理论名著选编》（中卷），北京大学出版社1986年版，第146页。

神物只有一知半解的东西，多少接近于美与真。"① 概而言之，在浪漫主义汹涌澎湃的情感奔流中，作者被铸造成了凌驾于一切之上的超凡绝伦的造物主，他象征着不可撼动的至高的尊严。

然而，必须注意，主体性的高涨并不能彻底消除隐伏于主体观念之中的严重问题：对主体的过分强调乃至夸大也可能产生充满危险的阻滞，从而造成适得其反的效果。这种针对主体的危机意识在浪漫主义者们对待作者的态度中同样得到了微妙而恰如其分的体现。

首先，在对于作者的无拘无束的情感抒发的热烈讴歌中，其实也潜伏着对这种情感的约束与限定。华兹华斯（William Wordsworth）在堪称浪漫主义理论纲领的《〈抒情歌谣集〉序言》中曾提出，"诗是强烈情感的自然流露"②，从而突出了作者的个人化表达优越于其他一切因素的至高无上性。然而，必须注意，华兹华斯并非一味对感情的无节制放纵加以推崇，相反，他所倡导的是一种受到限制的、反躬自省式的主观表现。他接下来又补充道，诗歌实际上起源于平静状态下对这种强烈情感的回忆与思索："诗人沉思这种情感直到一种反应使平静逐渐消逝，就有一种与诗人所沉思的情感相似的情感逐渐发生，确实存在于诗人的心中。一篇成功的诗作一般都从这种情形开始，而且在相似的情形下向前展开……"③ 与之相似，科尔立治（S. T. Coleridge）主张，热情洋溢的天才式的艺术家也必须将对于某种规范的认同视为其创作前提："请不要以为我有意把天才与规则对立。……诗的精神，只要是为了将力量与美结合在一起，就得与其他活力一样，必须使它自己受一些规则的限制。"④ 不难见出，在两位

---

① ［英］P. B. 雪莱：《诗之辩护》，载王春元、钱中文主编《英国作家论文学》，生活·读书·新知三联书店1985年版，第92页。
② ［英］W. 华兹华斯：《〈抒情歌谣集〉序言》，载王春元、钱中文主编《英国作家论文学》，生活·读书·新知三联书店1985年版，第31页。
③ ［英］W. 华兹华斯：《〈抒情歌谣集〉序言》，载王春元、钱中文主编《英国作家论文学》，第31页。
④ ［英］科尔立治：《莎士比亚的判断力与其天才同等》，载中国社会科学院外国文学研究资料丛刊编辑委员会编《欧美古典作家论现实主义和浪漫主义》（一），中国社会科学出版社1980年版，第282页。

将作者的个性化特征演绎到极致的人物身上，其实已经深深刻上了对这种个性化加以追问与思索的印记。

其次，应当承认，浪漫主义对作者之超凡天赋的浓重渲染实际上恰恰是以某种程度的"让步"为前提的。如果说，浪漫主义作者观的核心是自我创造、自行其是的"天才"的话，那么，使天才成其为天才的一个决定性环节便在于自我的某种撤离，在于天才自身在一定程度上的无知、无能和无效。雪莱在强调诗人的神奇禀赋时，也毫不隐晦地指出，这样的禀赋实际上来源于某种更高级的未知力量的赋予："诗是不受心灵的主动能力的支配，诗的诞生及重现与人的意识或意志也没有必然的关系。……在诗的灵感过去了时——这是常有的，虽然不是永久——诗人重又变为常人，突然被委弃于逆流之中，受到别人所惯常生活于其下的种种影响。"① 也正是这样的观点，使尘封已久的柏拉图的"神灵凭附"主张得到了解禁。施勒格尔描绘了作为创作主体灵感闪现的艺术所拥有的感染人心的宏大力量，同时也指出，对这种艺术作品以及隐藏在作品背后的主体精神的理解是不应当、也不能够实现的："精神是个人的事；精神是手抓不住，也无法展现给旁人看的。精神只对别的精神展现自己。"② 换句话说，浪漫主义诗学竭力赞扬天才创作者的高度自由与强烈个性，同时也默认，这样的天才就根本而言来自对作者自身的离弃与超越。

由此可见，主体的张扬烘托出了作者的鲜明、生动的在场，与此同时，对主体所隐含的忧虑又导致了对在场的某种反拨，从而使作者概念呈现出矛盾、分裂的总体面貌。正如本尼特所认为的那样："如果说，浪漫主义对作者自我的主体性的坚持也必然涉及自我的缺席或是消失的话，那么，现代主义对'非个人性'（impersonality）的强调便也很容易从它的反面来加以解读——即作者的非个人化也伴随着个

---

① ［英］P. B. 雪莱：《诗之辩护》，载王春元、钱中文主编《英国作家论文学》，生活·读书·新知三联书店1985年版，第121页。
② ［德］施勒格尔：《雅典娜神殿断片集》，李伯杰译，生活·读书·新知三联书店2003年版，第24页。

体作者的主观性的回归。"① 这种对于在场本身的叩问不仅暗示出作者在其鼎盛阶段所经历的冷静反思，更使得我们围绕其存在境况的进一步讨论获得了足以依靠的理论支援。

二　主体的退隐与作者的"缺席"

当主体曾经拥有的特权面对越来越多的非议时，作者的地位也随之遭受了前所未有的挑战乃至颠覆。然而，主体在退隐的表象下所隐含的某种"未完成性"又连带引发了人们对于作者的更加含混、暧昧的态度：针对主体的批判性反思催动了人们对作者的强烈拒斥，而主体实际上的难以抹杀，又使得"作者之死"这一命题呈现出了较之其字面意义远为复杂、丰富的内涵。

"主体已经声名狼藉。从哲学的语言论转向开始，主体哲学的范式被视为陈腐过时了。"② 主体的可靠性所经受的第一次打击是所谓"语言学转向"（the linguistic turn）及其带来的学术研究的"客观化"趋势，反映到文学研究中，便是人们纷纷将关注的重心转向文本，而把作为创作主体的作者置之度外。率先发难的是俄国形式主义者，在他们看来，文学的目标在于引导人们将注意力集中于语言形式的扭曲、倒错、变形及其带来的一系列效果，从而令包括作者在内的种种外在因素被缩减到了极致："在文学理论中我从事的是其内部规律的研究。如以工厂生产来类比的话，则我关心的不是世界棉布市场的形势，不是各托拉斯的政策，而是棉纱的标号及其纺织方法。"③ 无论是什克洛夫斯基（Viktor Shklovsky）的"陌生化"（defamiliarization）主张，雅各布森（Roman Jakobson）的"文学性"（literariness）诉求，还是作为形式主义之子的布拉格学派代表人物穆卡洛夫斯基（Jan Mukarovsky）对诗歌语言的"凸显"（foregrounding）效果的阐

---

① Andrew Bennett, *The Author*, London and New York: Routledge, 2005, p. 66.
② ［德］彼得·毕尔格:《主体的退隐》，陈良梅等译，南京大学出版社2004年版，第1页。
③ ［苏］维·什克洛夫斯基:《散文理论》，刘宗次译，百花洲文艺出版社1997年版，第3页。

述，都可算作是践履这一宣言的贴切例证。随之而来的英美新批评则贯彻了一种封闭、孤立的"细读"（close-reading）式策略，他们主张将文本置于同外部语境相互隔绝的"真空"状态下加以考量，自然，作者也就被排除出了关注的视域。新批评的先驱人物休姆（T. E. Hulme）很早便倡导一种现代形式的"古典主义"风格，主张诗歌应当过滤掉诗人的个体情感；艾略特（T. S. Eliot）举出氧气和二氧化硫通过白金丝而化合为硫酸的例子，说明了作者在文学活动中就如同白金丝一般，只不过充当了一种媒介物或是"导体"而已；维姆萨特和比尔兹利的"意图谬见"说更是认为，应把作者的主观性因素视作妨碍文本理解的障碍而加以抛弃："诗就是存在，自足的存在而已。……诗的成功就在于所有或大部分它所讲的或暗示出的都是相关的，不相关的则就像布丁中的面疙瘩或机器中的'疵点'一样被排除掉了。"①

不过，这种从语言层面发起的对作者的驱逐运动又带来了更为复杂的局面。虽然形式主义更多将作者贬低为一种同手工匠人无甚区别的语言形式的技艺性操作者，但同时也不得不承认，他们的理论主张就根本而言依然是一种创作性的诉求，最终达成其理想中的一系列形式化效应的，依旧是作者这一不可多得的要素。与此相应，新批评其实也并未完全关闭通往作者的大门：瑞恰慈（I. A. Richards）强调了诗歌语言不同于科学语言的非指示性的情感特征，而这样的情感归根结底仍然来自诗人的传递与表达；维姆萨特等人的"意图谬见"说，实际上也没有完全否认传记式的作者状况对于文本理解所应有的作用；最集中体现这种对待作者的矛盾态度的，则是新批评代表艾略特著名的"非个性化"观点。在艾略特看来，"诗歌不是感情的放纵，而是感情的脱离；诗歌不是个性的表现，而是个性的脱离"②。人们往往抓住了这句话将作者的存在排斥于文本之外的强烈意涵，而

---

① ［美］威廉·K. 维姆萨特、［美］蒙罗·C. 比尔兹利：《意图谬见》，载赵毅衡编选《"新批评"文集》，百花文艺出版社2001年版，第235页。
② ［英］托·斯·艾略特：《艾略特文学论文集》，李赋宁译，百花洲文艺出版社1994年版，第11页。

遗漏了艾略特接下来的论述:"当然,只有具有个性和感情的人们才懂得想要脱离这些东西是什么意思。"① 毋庸讳言,艾略特同样认为,抛去个体情感的对于诗歌的本体性认同必须建立在对于这些感情的既有把握之上,可以说,他的诗歌理论证明了这样的事实:任何一种语言都不可能将作者全然消解,在语言放逐诗人的行为之中,其实也隐约暗示了诗人的某种在场。

除去语言之外,读者成为了人们对作者构成威胁的另一件武器。西恩·布鲁克(Seán Burke)认为,如果说新批评、形式主义对于作者的拒斥主要还是出于一种文学研究上的考虑的话,那么,巴尔特、福柯、德里达等秉承"结构—后结构"脉络的理论家们,则明显将自己对待作者的态度与主体及主体性这样更广泛的文化范畴联系到了一起。② 相较于前者坚持将文本暴露于"聚光灯"下而把其他一切因素推入"幕后"的做法,这一脉思路的最显著标签在于引入读者的维度,并以此取代作者的存在。结构主义以索绪尔"能指"(signifier)与"所指"(signified)的"二项对立"(binary opposition)为核心,提倡对文本的内在抽象模式加以提炼与分析,从而进一步将文学研究的"语言转向"引向了深入。然而,在这种貌似极端的封闭、自足之中,其实已经暗含了鼓励读者参与的倾向。如卡勒(Jonathan Culler)便认为,与其说结构主义"是一种发现或派定意义的批评,毋宁说它是一种旨在确立产生意义的条件的诗学"。"它将新的注意力投向阅读活动,试图说明我们如何读出文本的意义,说明作为一门学科的文学究竟建立在哪些阐释过程的基础之上。"③ 这种倾向在后结构主义者身上得到了更加生动的演绎。对他们而言,主体的死亡与所谓的"作者之死"存在着逻辑上的必然联系,也可以说,前者通过

---

① [英]托·斯·艾略特:《艾略特文学论文集》,李赋宁译,百花洲文艺出版社 1994 年版,第 11 页。
② Seán Burke, *The Death and Return of the Author: Criticism and Subjectivity in Barthes, Foucault and Derrida*, Edinburgh: Edinburgh University Press, 1998, p. 14.
③ [美]乔纳森·卡勒:《结构主义诗学》,盛宁译,中国社会科学出版社 1991 年版,第 16 页。

在文学这一微观宇宙中对于作者的否定而获得了某种"具体化"。于是，作者不再是文学活动的当之无愧的起点，他的角色被分散、多元的读者的共同参与所取代。在这方面的突出代表是巴尔特，早在撰写于20世纪60年代初的短文《从作品到文本》("Form Work to Text")中，他便显示了自己对从属于特权的、父亲式的、神学意义上的作者的"作品"（work）的厌恶，转而投入了对那种允许读者自由出入和嬉戏的"文本"（text）的赞美；在《作者之死》中，他明确表达了希望通过读者的革命性参与而将曾经高高在上的作者推上"断头台"的强烈诉求；在《S/Z》中，他更是推波助澜地借助对两种文本的区分来彰显自己的立场，在他看来，古典的"可读之文"（readerly texts）犹如定量加工的产品一般，不容许任何发挥的余地，相反，现代的"可写之文"（writerly texts）则借助星河般无限蔓延的能指的游戏引诱着读者的介入，从而令自身始终处于充满活力的"进行时态"之中。

然而，应当看到，读者同样不可能将作者彻底地驱逐。正如本尼特所言："在60年代晚期，由巴尔特和福柯发动的对作者的批判远没有将这位集权式的统治者从世上彻底清除，相反，它事实上巩固了关于作者的问题在文学和其他文化文本的解释中所占据的地位。"① 可以说，在读者阴影的笼罩下，作者依旧显示出了自己的顽强存在。首先，"作者之死"的口号本身就体现出了某种矛盾或是循环性：既然读者的诞生必须建立在推翻作者权威的基础上，那么就必须承认，在读者的阅读过程中先要存在一个作者的形象，然后才谈得上对这一形象的贬斥与摧毁。因而，"在巴尔特宣称作者死去时，他所制作的文本却并非没有作者"②。其次，必须看到，即使像巴尔特这样的"作者死亡"的虔诚信徒，其实也没有完全放弃对作者问题的思考。如在《文之悦》（*The Pleasure of the Text*）中，他便这样认为："从约定俗成的角度来看，作者死了……然而在文之内，我于某一点上对作者有

---

① Andrew Bennett, *The Author*, London and New York: Routledge, 2005, p. 108.
② Donald E. Pease, "Author", *Critical Terms for Literary Study*, Frank Lentricchia and Thomas McLaug, eds., Chicago: University of Chicago Press, 1990, p. 112.

欲：我需要他的形象（此既不是他的再现，也不是他的投射），一如他需要我的形象……"① 可见，在巴尔特所沉迷的那种充斥着连绵不绝的愉悦与快感的文本之中，作者仍然以一种"参与者"的姿态发挥着应有的作用。福柯则进一步提出了迥异于日常书写者的"作者功能"（author-function）概念，他认为，作者功能在抵制传统作者观的同时，也允许人们对这一术语加以重新思考。由此出发，福柯不再将作者视为凌驾于文本之上的支配性主体，而是将其理解为由复杂的外在话语所造就的文本功能的一部分："它无法依靠将话语归结为其生产者而自然地得以确定，它的确立要经历一连串具体而复杂的操作；它并不单纯而简单地指涉某一真实的个体，因为它能够同时产生几个不同的自我和主体位置（subjects-positions），这些主体位置能够被不同种类的个体所占据。"② 在福柯关于"什么是作者"的声声叩问中，作者同样没有如人们所设想的一般遭到简单的罢黜。

针对后结构主义"作者死亡"观的最辛辣讽刺，也许要算是沸沸扬扬的"保罗·德-曼事件"。1987年12月，《纽约时报》率先披露了知名教授、耶鲁学派代表人物德-曼在第二次世界大战期间写作反犹主义文章的消息。这不仅将这位赫赫有名的理论家推向了舆论的风口浪尖，更引发了一场震动20世纪西方文坛的声势浩大的论战。在西恩·布鲁克看来，对于德-曼这位始终倡导将作者与文本本身的语言游戏相互分离的解构主义者而言，一个尴尬的事实是，无论在对其加以控诉还是进行辩护的观点中，人们实际上都可找到许多传统意义上"作者中心"批评的坐标。具体说来，关于德-曼的争论实际上再现了作者与文本之间的6个基本交叉点，分别为"意图"（intention）、"权威"（authority）、"传记"（biography）、"担负责任"（accountability）、"所有者"（oeuvre）和"自传"（autobiography）。③ 因

---

① [法] 罗兰·巴特：《文之悦》，屠友祥译，上海人民出版社2009年版，第37页。
② Michel Foucault, "What is an Author?" *Modern Criticism and Theory: A Reader*, David Lodge ed., Harlow: Pearson Education, 1988, p. 182.
③ Seán Burke, *The Death and Return of the Author: Criticism and Subjectivity in Barthes, Foucault and Derrida*, Edinburgh: Edinburgh University Press, 1998, pp. 4-6.

此,"德-曼的遗留物聚集起了如此之多的我们将要在此加以关注的要点。最为至关重要的是,它展现了作者原则在其被认为不在场的情况下是怎样最为有力地对自己的存在加以重申"①。可以说,布鲁克的论述再次为我们提供了一条对作者概念加以描述的恰当线索:"作者"在字面上的死去实际上赋予了这个词更为独特而深广的意义,即使作者的"肉身"已经消亡,其影响仍将如《哈姆雷特》(Hamlet)里的幽灵一般在现今的文化殿堂中挥之不去。

综上所述,对主体的崇拜激发了以浪漫思潮为代表的对于作者的浓厚兴趣,而崇拜之中所埋藏的隐患又导致了自20世纪以来针对作者的绵延不断的压抑、贬斥与消解。但正如主体在"退隐"的预设中仍维持着它的坚强存在一般,作者在"死亡"的表象下同样以别样的姿态践履着自己难以抹杀的在场。这样的事实不仅使所谓的"作者之死"成为了一个不折不扣的伪命题,更连带引发了人们对作者的当下身份与存在方式的更深刻反思。

第三节 作者身份:从"范式"到"建构"

论及当代语境下主体命运与作者身份变迁之间的关联,巴尔特在《萨德、傅利叶、罗耀拉》(*Sade/Fourier/Loyola*)一书中的论述也许能成为最合适不过的注脚:

> 文本的欣悦也包含了作者的温存的回归。当然,这个回归的作者并没有为我们的体制所确认……他甚至不是传记式的英雄。这个离开自己的文本而进入我们的生活的作者并不具备统一性;他仅仅是多元的"诱惑力",一些微妙细节所汇聚的场所,小说中鲜活生动的微光的源头,时断时续的和蔼可亲的吟诵……他不是一个(公民的,道德的)个人,他是一个躯体……通过一种扭

---

① Seán Burke, *The Death and Return of the Author: Criticism and Subjectivity in Barthes, Foucault and Derrida*, Edinburgh: Edinburgh University Press, 1998, p. 6.

曲的辩证法，文本，也就是一切主体的毁灭者，包含了一个主体去爱，这个主体是四处散布的，就像是人死之后随风抛洒的骨灰一般。①

所谓作者的"死亡"或"复归"其实都不过是虚假的命题，因为作者从来就没有彻头彻尾地真正退出。巴尔特等人对"作者之死"的诉求实质上更类似于一种修辞的技法，它的目标在于消灭那种居高临下的极权主义的作者及其所代表的西方文化的主体中心主义、理性中心主义、男权中心主义等一系列泾渭分明的等级秩序。在这样的背景下，作者并不会完全泯灭，他仍然可以依凭流变、游移的多元化样态而在文学乃至整个社会文化领域中占据一席之地。这种处于动态生成状态的作者形象其实与解构主义者们对那种中心化的、"卡利斯玛"（Christmas）式的作者的挑战是并行不悖的。或者说，"作者这一概念在被宣判死亡的同时也正处于活跃之中"②。对于这一点，赫施同样有着清醒的认识。在纪念英国批评家贝特森（F. W. Bateson）的一次专题讲座中，他指出，作者的当下处境实际上关联到了"稳固的历史性规范"（stable historical norm）和"非稳固的机动而灵活的规范"（ad hoc norm）这两个维度，因此，从本质上说，"由罗兰·巴尔特所宣告的历史性作者的死亡，恰恰也便是那种任由人们选择的机动而灵活的作者的重生"③。

也许，我们可以用从"范式"到"建构"的过程来勾勒作者身份所经历的转变。"范式"（paradigm）来源于科学哲学家托马斯·库恩（Thomas S. Kuhn）在其代表作《科学革命的结构》（The Structure of Scientific Revolutions）中的相关论说。库恩认为，范式一词有两层意思："一方面，它代表着一个特定共同体的成员所共有的信念、价值、

---

① Roland Barthes, *Sade / Fourier / Loyola*, London: Cape, 1977, pp. 8 – 9.
② Seán Burke, *The Death and Return of the Author: Criticism and Subjectivity in Barthes, Foucault and Derrida*, Edinburgh: Edinburgh University Press, 1998, p. 7.
③ E. D. Hirsch, Jr. , "Past Intentions and Present Meanings", *Essays in Criticism*, Vol. 33, No. 2, 1983, p. 81.

技术等等构成的整体。另一方面,它指谓着那个整体的一种元素,即具体的谜题解答;把它们当作模型和范例,可以取代明确的规则以作为常规科学中其他谜题解答的基础。"① 范式作为某个团体的成员在特定时代所共同遵循的规则体系,不仅充当着将该团体与其他群体相区分的醒目标志,还始终对共同体成员的思想与行动产生着最为重要的启发、规范、制约作用。在诸如浪漫主义这样的主体性高涨的阶段,作者大致作为一种文学研究的"范式"而存在,对作者的考察与观照也因此而成为了最关键的前提和基点。有学者认为,这一阶段的文学研究具有以下特征:

> 第一,作者是一个特殊主体,无论将之界定为神、英雄还是天才,都是把诗人看作一种具有超然能力的创造性主体;由此必然导致了第二个结论:诗人乃是文学活动的重心所在,没有诗人就没有文学作品及其读者,甚至批评和理论也将不复存在;由前两个观念逻辑地推出第三个结论:作品及其意义的阐释的根据在诗人。换言之,作者是作品意义的起源、根源和根据。于是,作者(author)变成了权威(authority)。作者支配作品因而具体呈现为三种关系:发生学的起源关系,亦即作者是作品生产者,作者是因,作品是果;法律上的所有(著作)权关系,作者是作品权利的拥有者;阐释学的意义关系,作品意义的探究必须溯源到作者生平传记中去才能获得根据。②

当然,正如库恩所指出的那样,范式并非始终停留于僵化的凝固状态,而是随时面临着激进调整的可能,每一次科学革命都"迫使科学共同体抛弃一种盛极一时的科学理论,而赞成另一种与之不相容的

---

① [美]托马斯·库恩:《科学革命的结构》,金吾伦等译,北京大学出版社 2003 年版,第 157 页。
② 周宪:《重心迁移:从作者到读者——20 世纪文学理论范式的转型》,《文艺研究》2010 年第 1 期。

理论"①。每一次变革所生成的新的范式都背离了旧有范式的基础,而指向了另一个截然不同的方向。伴随着主体和主体性由兴盛走向衰退、由不容置疑走向饱受非议的过程,作者日益被推向了边缘,文学研究中的作者范式也逐渐为文本、读者等新的范式所取代,这已经成为了不争的事实。②

然而,范式的更替并不意味着作者已全然烟消云散。在美国学者埃尔文看来,使用"建构"(construct)一词可以更精确地描述作者在当下的存在状况:"'作者建构'(author construct)这一术语指涉理论家对于作者的观念,尤其是当这一观念应用于解释时。"③ 在他的论述中,"建构"主要表示参与到一个精神性综合体的形成过程之中的概念、思想、认识、主张等因素;以此为基础,这一术语还突出了上述因素所具有的创建、组织、设计、安排的能动性。可以说,"建构"一词恰如其分地揭示了作者在现今的生存际遇:的确,在某种程度上,环绕在作者身旁的神圣光芒已经日渐黯淡,作者就仿佛那一夜之间被贬为阶下囚而流放的俄狄浦斯王,在无边的窘迫中艰难寻找着方向;不过,在走下神圣王座的同时,作者的内涵也经历着一次潜移默化的转换与拓展,他不再是传统意义上的上帝、英雄、天才、绝对领袖,而更多依托于某种多元化的观念形态,以一种非权威的、更具亲和力与包容性的方式参与到了人们对文学理论乃至整个文化生活的思考与构造之中。本尼特对此感同身受,他这样谈道:"显而易见,'作者之死'是巴尔特主义的术语,一种形象化的或隐喻化的说法,而我们根据我们的一贯主张,以一种在本语境中可能造成误解的方式,郑重地指出作者不可能死亡,因为作者一直是、并且永远是一

---

① [美] 托马斯·库恩:《科学革命的结构》,金吾伦等译,北京大学出版社 2003 年版,第 5 页。
② 后结构主义的一个流行命题是,读者在当代语境下已经成为了作者。然而,这种观点在更大程度上依然是一种比喻性的说法,意在指涉读者在意义的解读过程中取代了作者曾经独享的优先地位。其实,作者与读者作为文学活动中的两个重要环节,还是存在着本质上的区别。这一点在下文对作者意图的分析中将有所涉及。
③ William Irwin, *Intentionalist Interpretation: A Philosophical Explanation and Defense*, Westport, Conn: Greenwood Press, 1999, p. 17.

种幽灵。作者既没有完全在场，也没有完全缺席，即便是幻觉般的、难以捉摸的形象，也只会是作者的显灵。"① 可以说，这种如幽灵般无所不至、难以驱除的作者形象，恰恰呼应了埃尔文对"作者建构"的诠释。

进而言之，"建构式"的作者身份至少通过如下几个向度而得以呈现：第一，在语言文本层面，作者作为一种文本的构成物而与理解和解释发生密切关联，这条线索起源于福柯对"作者功能"的论说，并在尼哈玛斯（Alexander Nehamas）、格雷西亚（Jorge J. E. Gracia）、埃尔文的理论中得到了发展；第二，在个体精神层面，作者作为一种意识与无意识、理性与非理性相结合的"人格分裂体"而存在，这样的思路在弗洛伊德、荣格（Carl Gustav Jung）、拉康等人的观点中有所体现；第三，在形而上的哲性交流层面，作者作为一个不具备特权的因素而参与到了复杂、生动的"对话"之中，巴赫金、伽达默尔、克里斯蒂娃（Julia Kristeva）等人的理论都显示出了这样的特点；第四，在更为广阔的社会文化层面，尤其是在现今的消费语境下，作者通过对浪漫主义时期的天才、原创性等信条的重新询唤，成为了人类主体抗拒消费潮流侵蚀的有效对策，但与此同时，作者往往又面临着被文化工业同化而沦为一种"文化资本"（cultural capital）的危险。虽然限于篇幅，我们无法对当代语境下"作者建构"的诸种类型加以充分讨论。但毫无疑问，这样的多元特质不仅彰显了作为"建构"的作者身份在当代语境下难以忽视的活力与能量，也为本书接下来对于作者意图的进一步探讨提供了丰富的启迪。

---

① ［英］安德鲁·本尼特、尼古拉·罗伊尔：《关键词：文学、批评与理论导论》，汪正龙等译，广西师范大学出版社2007年版，第23页。

第二章 作者意图：从"心灵共鸣"到"反对理论"

如同作者概念一般，在西方文论发展的整个历史中，作为一种鲜明姿态的作者意图理论同样有着久远的传承。按照密特谢林等人的看法，意图理论的起源可追溯至古希腊柏拉图的"神灵凭附"说，其中诗人为莫名的"灵感"（inspiration）驱策而在不自知的情况下进行创作。① 此后，卡里同（Chariton）所描述的有明确创作目的的小说家（purposeful novelist），以及朗吉弩斯倡导的那种刻意为之的、由伟大人格铸造的崇高风格，则成为了对柏拉图学说的回应。承袭这条思路，弗拉西乌斯（Mathias Flacius Illyricus）、C. 沃尔夫（Christian Wolf）、克拉登尼乌斯（Johann Martin Chladenius）、迈耶尔（Georg Friedrich Meier）、F. A. 沃尔夫（Friedrich August Wolf）、阿斯特（Friedrich Ast）等人分别从不同角度出发，围绕作者意图进行了更详尽的阐发。

然而，丹尼斯·达顿（Denis Dutton）却认为，当前人们所关注的意图理论实际上应当以浪漫主义思想为源头。在他看来，浪漫主义始终坚持这样两个预设：首先，"艺术家对于其作品的意义有着清醒的意识"，不管这样的作品实际上是成功还是失败；其次，"这种初始意义……能够与艺术家精神的某种内在状况——如一种意图、一个目的、一次规划——彼此统一"。② 可以说，正是从浪漫主义开始，

---

① Jeff Mitscherling, Tanya DiTommaso and Aref Nayed, *The Author's Intention*, Lanham, Md.: Lexington Books, 2004, pp. 26–29.

② Denis Dutton, "Why Intentionalism Won't Go Away", *Literature and the Question of Philosophy*, Anthony J. Cascardi ed., Baltimore and London: Johns Hopkins University Press, 1987, p. 195.

对意图的认识才第一次形成了某种自觉性,从而在接下来的发展中获得了更为细致、微妙的演绎与深化。由此出发,本章将选取浪漫主义以来关于作者意图的三种代表性观点加以评析。三种观点以意图为核心,共同将对于该问题的探讨引向深入;同时,这一系列观点之间也存在着相互的冲突、碰撞与张力,它们不单显示了作者意图作为一个理论术语所具有的强大的包容力与生长性,更进一步为我们对赫施意图论观点的集中讨论打下了坚实的基础。

第一节 施莱尔马赫:"心灵共鸣"与浪漫主义的诉求

德国哲学家、神学家弗里德里希·施莱尔马赫(Friedrich Schleiermacher)通常被认为是现代解释学的最重要奠基者。他所生活的时代刚刚经历过欧洲启蒙运动的洗礼:"德国启蒙运动再一次做出了硕果累累的尝试:使广大居民阶层相信一种统一的世界观和人生观的理想。真理就是一个,它必须简单。这是启蒙思想家们的信念。"[①] 启蒙精神在他身上留下的最鲜明印迹,是一种坚定的怀疑意识,以及由之展开的对客观确定性的执着追求。在施莱尔马赫之前,传统解释学观点往往认为,理解是文化交流中的常态,是广泛而不容置疑的,相反,误解则是一种"意外事故",是偶然而个别的。施莱尔马赫则扭转了这一流行意见,他认为,误解是最具普遍性的状况,是人们立身处世的基点,解释的目的正在于通过对种种误解的克服而达至对特定信息的确切把握:"艺术的粗疏的实践来源于这一事实,即理解是按照一个消极目标而得以被追寻:误解应当被避免。……而严格的解释则开始于误解,并且致力于探寻一种精确的理解。"[②] 可以说,施莱

[①] [联邦德国] F. W. 卡岑巴赫:《施莱尔马赫》,任立译,中国社会科学出版社1990年版,第2页。

[②] Friedrich D. E. Schleiermacher, "The Hermeneutics: Outline of the 1819 Lectures", *The Hermeneutic Tradition: From Ast to Ricoeur*, Gayle L. Ormiston and Alan D. Schrift, eds., New York: State University of New York Press, 1990, p. 92.

尔马赫的主张打破了那种将理解视为顺理成章的惯常看法，也正是在此基础上，以消除误解为旨归的解释实践才成为了一项为人们普遍要求与尊重的高尚事业。

同时，必须注意，施莱尔马赫恰好活跃于浪漫主义在德国成熟并走向鼎盛的阶段：他在18世纪90年代便与施莱格尔兄弟、诺瓦利斯（Novalis）、蒂克（Ludwig Tieck）等浪漫主义者交好，从而不仅成为了德国浪漫主义运动的骨干，更彻头彻尾地接受了浪漫思潮的影响。这种影响的最集中表现在于，他明确主张通过对作者意图的追问而实现对误解的祛除。施莱尔马赫的哲学体系很明显地受到了浪漫主义的"作者中心"观念的浸染，在他看来，作者意图在很大程度上等同于作者的心理状态和情感积淀，而实际上，正是作者的这种"内在世界"充当了衡量理解之正确与否的最根本标准。然而，由于时空状况、语言使用、文化背景等诸多差异，在作者与读者之间往往横亘着某种主体性的断裂。于是，在一种"疏离化"的背景下，当代读者从历史性作者那里所领悟的意图便往往如同从火中抢救出来后带上了烧灼疤痕的物品一般，总是或多或少地呈现出某些难以回避的误区与"盲点"。这样的困难自然又推动他围绕意图问题而做出了进一步思考，并提出了具有建设性的解决方案。在施莱尔马赫眼中，还原作者意图的方式就根本而言是一种对作者主观精神状态的"重新思索"（rethinking）与"重新扮演"（reenacting）。他认为，解释者不应当依照自己的当下状况对原初的精神特质加以附会，而应当努力回复到作者表意的初始性情境之中："解释的一个重要先决条件在于，人们必须甘愿脱离自己的意识……而进入作者的意识之中。"[①] 他认为，最重要的解释方式是一种心理学的解释（psychological interpretation），而心理学解释其实也便是一种"预测"（divination）行为，借助这种预测，解释者能够摆脱时代语境加诸其自身的种种负荷，去面对、体会、感受在作者或言说者身

---

① Friedrich D. E. Schleiermacher, "The Aphorisms on Hermeneutics from 1805 and 1809/10", *The Hermeneutic Tradition: From Ast to Ricoeur*, Gayle L. Ormiston and Alan D. Schrift, eds., New York: State University of New York Press, 1990, p. 58.

上所发生过的一切，并最终以一种"设身处地"的姿态真切地获取他们的心理与情感经验。正因为如此，施莱尔马赫才会言之凿凿地宣称："解释的最主要任务不是要按照现代思想去理解古代文本，而是要重新探究作者和读者之间的初始性关系（original relationship）。"①

不过，问题仍然存在：我们有什么理由相信这种对作者意图的"点对点"的重新置入一定可以取得成功？虽然施氏并未对这一问题做出明确回答，但毫无疑问，浪漫主义对所谓"心灵感应"或是"精神共鸣"（empathy）状态的推崇在很大程度上坚定了他的信念。可以说，浪漫主义始终信奉一种由作者及其意图所主导的，建立在"主体—客体""精神—实在""人—自然"等的内在认同之上的水乳交融的和谐状态。如雪莱便指出，诗人是审美感受超常的人，他可以对人性所普遍共有而常人却浑然不觉的审美愉悦加以敏锐的感知和艺术化的表达，从而激发整个人类共同体的最本质的快感体验："审美力最充沛的人，便是从最广义来说的诗人；诗人在表现社会或自然对自己心灵的影响时，其表现方法所产生的快感，能感染别人，并且从别人心中引起一种复现的快感。"② 华兹华斯则强调，浪漫主义诗人主要通过诉诸人类共同的精神特质（如对于大自然的热爱等），以一种"同声相应，同气相求"的方式打动人心："诗人和别人不同的地方，主要是在诗人……比别人更有能力把他内心中那样地产生的这些思想和情感表现出来。但是这些热情、思想和感觉都是一般人的热情、思想和感觉。……它们与我们伦理上的情操、生理上的感觉、以及激起这些东西的事物相联系；它们与原子的运行、宇宙的现象相联系；它们与风暴、阳光、四季的轮换、冷热、丧亡亲友、伤害和愤懑、感德和希望、恐惧和悲痛相联系。"③ 而赫施在其早期的浪漫主

---

① Friedrich D. E. Schleiermacher, "The Hermeneutics: Outline of the 1819 Lectures", *The Hermeneutic Tradition: From Ast to Ricoeur*, Gayle L. Ormiston and Alan D. Schrift, eds., New York: State University of New York Press, 1990, pp. 89—90.

② ［英］P. B. 雪莱：《诗之辩护》，载王春元、钱中文主编《英国作家论文学》，生活·读书·新知三联书店1985年版，第91—92页。

③ ［英］W. 华兹华斯：《〈抒情歌谣集〉序言》，载王春元、钱中文主编《英国作家论文学》，第23页。

义研究中实际上也注意到了这一点,他曾通过对华兹华斯诗歌的解读而归纳出了"融合"(melting)这一模式,并强调,这种融合象征着"一种爱的情感,一种施莱格尔所谓的'宇宙之爱'(cosmic love)"①。他相信,宇宙之爱诠释了整个宇宙的生命的精神性关联,正是凭借这样的关联,人们才在与外在世界的融合之中达成了最为完满的本质性认同。

毋庸置疑,这种建基于心灵共鸣之上的融合状态深刻影响了施莱尔马赫对作者意图的把握方式。"对于作为一位浪漫主义人物的施莱尔马赫而言,展望与认知是一种情感性与精神性的行为,而不仅仅是理解清晰明显的观点的干巴巴的理性事件。这也解释了为什么'共鸣'在他的理论中扮演了如此重要的角色。共鸣被构想为一种人类被赋予的自然能力,它最终保证了我们可以重新展望我们的人类同伴的思想与感情。"② 在施莱尔马赫的理论视域内,对意图的领会不同于机械的理性推断,而更类似于某种建立在个体宇宙间交相呼应基础之上的精神行为,也正是由于这样的交互响应,对作者意图的切实把握才成为了理所当然。当然,在施氏的意图论观点和浪漫主义的诗学理想之间还是存在着较大的分歧:后者主要从原创性作者的角度出发,认为作者能够将某种共通的感受加以具体化,从而如磁铁吸引铁环一般在读者身上引发相应的情感效应;③ 而施莱尔马赫则更侧重于从读

---

① E. D. Hirsch, Jr., *Wordsworth and Schelling: A Typological Study of Romanticism*, New Haven: Yale University Press, 1960, p. 140.

② Jeff Mitscherling, Tanya DiTommaso and Aref Nayed, *The Author's Intention*, Lanham, Md.: Lexington Books, 2004, p. 37.

③ 磁铁吸引铁环的隐喻来源于柏拉图的《伊安篇》(*Ion*):"磁石不仅能吸引铁环本身,而且把吸引力传给那些铁环,使它们也象磁石一样,能吸引其他铁环。……诗神就象这块磁石,她首先给人灵感,得到这灵感的人们又把它传递给旁人,让旁人接上他们,悬成一条锁链。"浪漫主义者借用这一隐喻来形容诗歌所营造的令人感同身受的效果。然而,与柏拉图不同的是,在他们这里,充当磁力之神来源的不是至高无上的"理念"(idea),而是诗人的伟大心灵本身:"……一条铁链却通过许多人的心灵传递下来,系在那些伟大的心灵上,它的神圣铁环从未完全脱节的;而那些伟大的心灵,如同磁石,流出了不可见的磁力,同时连结着、振奋着、支持着所有的生命。"参见[古希腊]柏拉图《柏拉图文艺对话集》,朱光潜译,人民文学出版社1963年版,第7—8页;亦可参见[英] P. B. 雪莱《诗之辩护》,载王春元、钱中文主编《英国作家论文学》,生活·读书·新知三联书店1985年版,第105页。

者或听众的角度着眼,在他看来,心灵的共鸣使接受者能够立足于自身,以一种"逆向"的方式对作者的内外境况加以身临其境的再度体验。因此,"首要的任务是把作品的统一理解为它的作者的生命事实,它探问作者是如何来到这种整个作品是由之而发展的基本思想,即这种思想与作者的整个生命有怎样的关系,以及肇始环节与作者所有其他生命环节的联系"①。

当然,施莱尔马赫针对作者意图的论说也绝非无可挑剔,在他的理论中同样潜藏着较大的不确定性与未完成性。首先,归根到底,支撑施莱尔马赫观点的所谓"共鸣"仍不过是某种浪漫化的神秘主义范畴,它从未在学理上得到令人信服的证实与说明。其次,必须承认,施莱尔马赫虽然将自由、独立的主观表现抬到了非常高的位置,但他并没有因此而走向极端。在强调解释的心理维度的同时,他还提出了一种关涉公共语言规范的"语法的"(grammatical)解释——尽管在他看来,这样的解释方法并不是最不可或缺的。对他来说,"语法的解释是'客观的',而技术性的解释(施莱尔马赫将它等同于心理学的解释——引者注)则是'主观的'。前者将构造的方式评判为对意义的简单限定;后者则将其评判为对意义的暗示"②。而最终,对作者精神世界的探问只有在上述两种解释的相互配合之下才可能顺利完成。但是,正如皮特·桑松迪(Peter Szondi)所指出的那样:"由狄尔泰所开创的存在论哲学(existential philosophy)对于施莱尔马赫的解释学的接受跳过了语法的解释(grammatical interpretation),而只是执着于另一种心理学上的解释(psychological interpretation),也就是说,执着于那种诉诸作者的个体性(individuality)的解释……"③施莱尔马赫之后的狄尔泰(Wilhelm Dilthey)从自己的"生命体验"

---

① [德]弗里德里希·施莱尔马赫:《诠释学讲演》(1819—1832),载洪汉鼎主编《理解与解释——诠释学经典文选》,东方出版社2001年版,第72—73页。

② Friedrich D. E. Schleiermacher, "The Aphorisms on Hermeneutics from 1805 and 1809/10", *The Hermeneutic Tradition: From Ast to Ricoeur*, Gayle L. Ormiston and Alan D. Schrift, eds., New York: State University of New York Press, 1990, p. 58.

③ Peter Szondi, *Introduction to Literary Hermeneutics*, Cambridge: Cambridge University Press, 1995, p. 117.

(Lived Experience)原则出发,过度张扬了施氏学说中个性化的精神维度,而选择性地"遗忘"了与之相伴随的社会性、语言性的一面,这样的取向对后世有关作者意图的探讨无疑造成了严重的误导:正是以此为前提,人们往往将作者意图简单限定为某种纯主观的心理状态,从而令其成为了一个不断遭受非议、并最终引发猛烈抨击的话题。再次,在坚持将作者意图视为解释的最终标准的同时,施莱尔马赫也隐约流露出对这一标准加以超越的冲动。在他看来,借助特定的精神转换,解释者不仅能实现对作者意图的真切体悟,甚至还可能比作者更好地对其本人加以理解。这是因为,时空差异等外在因素在制造理解的障碍的同时,也可以令解释者摆脱作者所置身的文化成规而获取关于其内心世界的更多讯息:"任务是,要与创造者一样好、甚至比他更好地理解其话语。因为我们对内在于他的东西并不具备直接的认识,所以我们必须首先试图意识到那些他无法意识到的东西,除非他能够自我反思地成为他自己的读者。对于客观的重构而言,他不比我们拥有更多的材料。"[①] 正因为如此,在对于作者意图的客观把握与理解者本人的能动创造之间,施莱尔马赫面临着进退两难的彷徨:"作为个别生命存在的自由构造、表达和自由表现的艺术性思想创造物同其重建原意之间的巨大矛盾,一直是施莱尔马赫难以克服的问题。"[②] 具体说来,当他的目标指向客观确定性的再度建构时,他往往将作者视为一个难以逾越的对象而赋予其至高的权威,那么,作者意图也自然被视为了意义之客观性的绝对标准与解释者所致力于达到的终极归宿;当他将关注的焦点落实到个体生命的能动创造之上时,他又在某种程度上为包括作者和读者在内的全体成员都设置了自由生成、发展,乃至彼此竞争、超越的充足空间。可以说,这种纠结不清的双重立场不仅反映了施莱尔马赫在客观与主观、消极与积极、普遍与个别等状态之间的摇摆不定,更折射出启蒙理想同浪漫精神在他身上错综

[①] Friedrich D. E. Schleiermacher, "The Hermeneutics: Outline of the 1819 Lectures", *The Hermeneutic Tradition: From Ast to Ricoeur*, Gayle L. Ormiston and Alan D. Schrift, eds., New York: State University of New York Press, 1990, p. 93.

[②] 邓安庆:《施莱尔马赫》,台北:东大图书公司1999年版,第210页。

复杂的多元交织。

总之,浪漫主义的熏陶决定了施莱尔马赫对于主观表现的倍加推崇,他最为珍视的,是个体人乃至"天才"的精神性传达的真正的独一无二。不难见出,施莱尔马赫的理论主要从两个方面对赫施产生了影响:首先,他建立于心灵共鸣之上的基本观点表征着解释理论的重大变革,即从传统语文学解释学对于准确掌握语词意义的要求转向了对理解作者或言说者的内在世界的强调,可以说,正是这样的转向为赫施关于作者意图的进一步探讨敞开了大门。其次,更重要的是,他试图从针对作者意图的思考中提炼出某些普遍、永恒的意义准则,进而实现对整个解释行为的规范作用,这样的努力无疑在哲学的高度上启示了赫施意图理论的深层次追寻。当然,赫施也意识到,施莱尔马赫所提供的准则并不能令人满意:"即使是某些他最为小心谨慎地制定的普遍准则……也并非真正普遍适用的。"[1] 也正是这样的欠缺之处,为赫施的理论思考提供了超越性的平台和契机。

第二节 贝蒂:"富有意义的形式"与建构精神科学普遍方法论的尝试

埃米里奥·贝蒂(Emilio Betti)是意大利著名的法学史家和哲学家,他在解释学方面做出的贡献尤其值得人称道。帕尔默认为,贝蒂所感兴趣的不是像伽达默尔那样说明艺术作品的真理,不是如海德格尔(Martin Heidegger)一般开掘存在的本质,更不是步艾柏林(Gerhard Ebeling)和布尔特曼(Rudolf Bultmann)之后尘而从《圣经》文本中翻倒语词的意义,他毕生关注的是"区分人文科学中的各种解释模式,并且形构对人类行为与对象加以解释的基本的规则系统"[2]。贝蒂承袭了狄尔泰为所谓"精神科学"(Geisteswissenschaften)设立

---

[1] E. D. Hirsch, Jr., *Validity in Interpretation*, New Haven: Yale University Press, 1967, p. 200.

[2] Richard E. Palmer, *Hermeneutics: Interpretation Theory in Schleiermacher, Dilthey, Heidegger, and Gadamer*, Evanston: Northwestern University Press, 1969, p. 56.

合法地位的理论思路，在他看来，通常被认为从属于精神科学领域而不具备严格学科化标准的解释学，实际上同样可以依凭持续的客观化诉求而获取类似"自然科学"（Naturwissenschaft）的稳固基础。应当看到，贝蒂主要是在对伽达默尔学说的批判之上建立起了自己有关解释的思想体系。他认为，伽达默尔哲学解释学所包含的主观主义和相对主义倾向僭越了客观解释的底线，因此不可能作为人文科学研究足以仰仗的方法论而成立。贝蒂反对伽达默尔那种将"前见"（prejudices）视为理解的必要前提的观点，认为解释的标准不能根据由解释者的历史文化状况所铸就的主观倾向而加以呈现，说到底，这种标准应当且只能被追溯到作者的原初精神状况："它们需要在与内在于初始意图（original intention）的标准的关联之中而得以被判断：这种意图……与作者的观点，以及他在创作过程中的构造性冲动（formative impulse）相吻合。"①

"对于贝蒂来说，整个问题都围绕着认识地理解作者的意图……即作者所指的意思展开的。因此，解释者必须要排除个人的旨趣和筹划，并尊重作者意图的自主性。"② 贝蒂在某种程度上沿袭了施莱尔马赫的思路，他主张依凭对作者个性化的精神世界的还原而达成对确定性意义的重建。然而，不同于施莱尔马赫那种带有浓郁神秘主义色彩的"心灵共鸣"观念，贝蒂倡导，应通过作者精神的客观化物（objectivation of mind），即所谓"富有意义的形式"（meaning-full forms）来实现对作者意义的理解："每当我们与这些富有意义的形式取得接触时（另一个精神通过这种形式向我们倾诉）……我们便会发现，我们被激发起了一种试图领会这些形式中所包含的意义的解释性力量（interpretative powers）。"③ 在他看来，个体精神并非始终停留

---

① Emilio Betti, "Hermeneutics as the General Methodology of the Geisteswissenschaften", *The Hermeneutic Tradition: From Ast to Ricoeur*, Gayle L. Ormiston and Alan D. Schrift, eds., New York: State University of New York Press, 1990, p. 164.
② ［加拿大］让·格朗丹：《哲学解释学导论》，何卫平译，商务印书馆2009年版，第201页。
③ Emilio Betti, "Hermeneutics as the General Methodology of the Geisteswissenschaften", *The Hermeneutic Tradition: From Ast to Ricoeur*, p. 160.

于含混、朦胧的内在状态,它总是寓居于某种具体、可感的物质外壳中,以一种充溢着丰富可能性的"形式化"的姿态诱导着我们的理解。于是,对作者意图的探究在贝蒂的理论框架内便呈现出了"三位一体"的格局:(1)具备能动精神的接受者是解释活动的起点与动因;(2)作者意图,即最具权威性的初始精神是接受者致力于通达的对象;(3)介于以上两者之间的不可或缺的中介,则是发挥着"载体"作用的富有意义的形式。"只有在这种富有意义的形式的基础之上——不论它是在实际的感知中被给予的,还是在人们的记忆中作为形象被唤起的——人们才可能进入与他们的同胞的精神性关联之中。"① 毫无疑问,富有意义的形式在贝蒂的意图论体系中占据了极为重要的位置:"解释者从来不是直接与他人相接触,而只是接触作为客观给定物的形式。……贝蒂的修正试图避免的是由于不必要地进入他人精神之中所造成的困难。"② 正因为有了这种独特形式的参与,我们对作者主观意图的理解才不再是从一种"内在性"转化为另一种"内在性"的匪夷所思的行为,而是获得了某种颇具说服力的方式与途径。

应该看到,早在贝蒂之前,不少学者就已经提出过与之类似的观点:阿斯特将"文字""意义"同"精神"指认为解释中不可缺少的三个元素,其中作为形式而存在的文字充当了使更为根本的意义与精神得以彰显的平台;施莱尔马赫在"心理学的解释"之外还提出一种"语法的解释",将对于语言特色的分析视为通往作者内在精神的不可或缺的渠道;而狄尔泰更是明确强调,"理解只有面对语言记录才成为一种达到普遍有效性的解释"③,进而指出,唯有透过形式化的语言文字,人们才可能去感知、体会由普遍生命体验所支撑的创作

---

① Emilio Betti, "Hermeneutics as the General Methodology of the Geisteswissenschaften", *The Hermeneutic Tradition: From Ast to Ricoeur*, Gayle L. Ormiston and Alan D. Schrift, eds., New York: State University of New York Press, 1990, p. 160.

② Jeff Mitscherling, Tanya DiTommaso and Aref Nayed, *The Author's Intention*, Lanham, Md.: Lexington Books, 2004, p. 69.

③ Wilhelm Dilthey, "The Rise of Hermeneutics", *New Literary History*, Vol. 3, No. 2, 1972, p. 244.

者的精神本身。然而，如果说上述观点主要还是从技术层面着眼，将形式视为通达作者主观精神的手段的话，那么，贝蒂所强调的"富有意义的形式"则明显受到了20世纪风起云涌的"语言学转向"的影响。无可否认，语言符号伴随着人的诞生而出现，通过无休止的世代相传，它已经在我们的文化精神深处打下了极其鲜明的烙印。具体到当代西方文化与哲学中，语言更是逐渐摆脱了传统意义上被动的工具地位，从而愈发成为了人类生存的前提条件，愈发成为了一种不容辩驳的"绝对"。如海德格尔便认为，语言是存在之家；利科尔（Paul Ricoeur）则指出，人是叙事的动物——而这种叙事实际上正是始终以语言文字为根基的；伽达默尔更是做出了如下的详尽阐述："语言并不是意识借以同世界打交道的一种工具，它并不是与符号和工具——这两者无疑也是人所特有的——并列的第三种器械。语言根本不是一种器械或一种工具。……毋宁说，在所有关于自我的知识和关于外界的知识中我们总是早已被我们自己的语言包围。"① 在他这里，语言作为包容一切的本体性事实而指向了存在的全部。

如前所述，对作者意图的聚焦促使贝蒂旗帜鲜明地将反对的矛头指向了伽达默尔所代表的哲学解释学观点。但必须注意，贝蒂专注于解释学的20世纪五六十年代恰恰也正是语言的地位在西方语境下大幅度提升乃至臻于鼎盛的时期。很显然，时代氛围的渲染使他在坚持自己的意图论主张的同时，也在某种程度上将语言（以及诸多性质、功能同语言相似的精神性媒介）纳入了自己的考量范围，从而与伽达默尔产生了某些异曲同工之处。具体说来，贝蒂所强调的"形式"在很大程度上便等同于创作活动赖以维系的语言中介。他坚持认为，唯有经过语言的调和作用，致力于开掘作者精神内涵的解释实践才能够真正实现："解释，按照它的任务而言，就是要将某一事物带入理解之中。为了领会解释过程的统一体，我们需要将以下事实视为理解中的最基本现象，即理解是通过语言的中介作用

---

① ［德］汉斯-格奥尔格·加达默尔：《哲学解释学》，夏镇平等译，上海译文出版社2004年版，第63页。

(mediation) 而实现的。"① 更进一步，贝蒂认为，这种富有意义的形式并没有简单止步于纸面的书写符号，而是实现了朝向更为广阔的社会、文化维度的延伸：

> 从飞逝而去的言说到固定的文献和沉默的留存物，从书写到密码和艺术性的符号，从清晰表达的语言到形象的或是音乐的表征，从解释性的说明到能动的行为，从面部表情到举止方式和性格类型——简而言之，每当某种来源于他人精神的东西接近我们时，就会产生一种关于我们的理解能力的诉求，而这种诉求始终伴随着令他人精神得以被展示的强烈期望。②

正是伴随着作为表现方法的形式从个别走向一般，从封闭、单一走向开放、多样的演进历程，作者意图在贝蒂的理论中也不再止步于那种由个体精神所表征的单质的存在，而是被引入了人类精神活动的更宽广的领域之中。如果说在施莱尔马赫这里，解释还只是局限于对作者内心世界的开掘的话，那么，贝蒂则将自己的目标锁定为对一切能够被"客观化"的精神性事件的阐释与说明。因此，可以说，贝蒂关于富有意义的形式的论说在维护客观意图的同时，也真正实现了对于解释学的研究领域的拓展。

然而，必须注意，贝蒂的观点之中也潜藏着严重的问题。首先，他只是有保留地借鉴而并未彻头彻尾地全盘吸纳语言学转向的基本精神，在他的理论中，语言尽管由于其形式化功能而得到了高度的重视，但本质上仍不过是某种从属、次要的存在。对贝蒂而言，富有意义的形式更像是一层覆盖于作者精神之上的透明的纱幕，一种理解作者意图的单纯的契机："如果把这些形式，尤其是解释性的说明，想

---

① Emilio Betti, "Hermeneutics as the General Methodology of the Geisteswissenschaften", *The Hermeneutic Tradition: From Ast to Ricoeur*, Gayle L. Ormiston and Alan D. Schrift, eds., New York: State University of New York Press, 1990, p. 162.

② Emilio Betti, "Hermeneutics as the General Methodology of the Geisteswissenschaften", *The Hermeneutic Tradition: From Ast to Ricoeur*, p. 160.

象为某种躯壳或是包裹物，并认为它们的传递将对包含在其中的思想的转换产生影响的话，那么这将会犯下一个严重的唯物主义偏见。……这是因为，心灵的大门往往基于一种自发的冲动而从内部开启，外界则只是提供了一种和谐共鸣的邀请。"① 换句话说，在贝蒂的理论中，解释者借助形式而理解作者意图的行为仍不过是施莱尔马赫建基于"心灵共鸣"之上的"设身处地"或"再度体验"原则的一种改头换面的重新登场，至多也只能算是该原则的更加精致的"翻版"。可想而知，与施莱尔马赫相似，这种"共鸣"同样是模糊而难以确定的，这就如伽达默尔所指出的那样："尽管他努力克服心理学的狭隘，并认为自己的任务就是重构价值和意义内容之间的精神联系，但他只有通过一种类似心理学解释的方法才能确立这种真正的诠释学任务立场。"② 贝蒂身上所难以抹去的浪漫主义印痕也正是由此而昭然若揭。

其次，隐含于贝蒂理论中的更深层问题，是解释者的主观能动性与作者精神所凝聚的客观意义之间的难以协调的冲突。贝蒂坦言，在针对作者意图的开掘过程中，始终存在着"主观"同"客观"的双重格局："解释者被要求从他自身出发去重新构建并重新创造一种思想，使这种思想成为他自己的，同时又不得不对其加以客观化。因此，我们在这里面临着某种冲突，一方面是无法与理解的自发性相分离的主观因素，另一方面则是需要被达到的作为意义之他性（otherness）的客观性。"③ 他相信，隐含在形式之中的作者意图是意义之客观性的绝对标准，也是建立精神科学普遍方法论的最直接依据；但他同样指出，这种对客观意图的把握必须通过解释者的主动参与才能够真正完成：解释者对意图的领会不是原封不动的照抄照搬，不是亦步亦趋的机械接受，而是要将自己的生命体验倾注于作者曾经的创作思

---

① Emilio Betti, "Hermeneutics as the General Methodology of the Geisteswissenschaften", *The Hermeneutic Tradition: From Ast to Ricoeur*, Gayle L. Ormiston and Alan D. Schrift, eds., New York: State University of New York Press, 1990, p. 161.
② ［德］汉斯－格奥尔格·加达默尔：《真理与方法：哲学诠释学的基本特征》（下卷），洪汉鼎译，上海译文出版社2004年版，第688页。
③ Emilio Betti, "Hermeneutics as the General Methodology of the Geisteswissenschaften", *The Hermeneutic Tradition: From Ast to Ricoeur*, p. 164.

绪、生活情景乃至生命境遇之中，通过积极的参与而对这样的思绪、情景与境遇加以再度的体验和建构，从而在经过主观转化的更高层次上实现对这种意图的还原。虽然贝蒂相信，这种"创造性的倒转"（inversion of the creative）在根本上不可能妨碍解释者对于客观意义的把握，但毫无疑问，他的论述已经十分清晰地昭示了这样一个长期困扰着作者意图理论的难题，即怎样才能弥合横亘于作者与解释者之间的难以逾越的鸿沟？或者说，在解释的客观性诉求与具体解释行为所难以避免的主观因素的相互牵制中，如何才可能维持适当的平衡？①

显而易见，贝蒂的根本追求在于将解释学确立为与自然科学不存在本质区别的、严格遵循细密规则与复杂程序的精神科学的普遍方法论。在他看来，为这种追求带来最可靠保障的，恰恰便是借助"富有意义的形式"而得以呈现的作者意图。值得一提的是，在众多围绕意图展开思考的理论家中，贝蒂与赫施的关系最为紧密，② 而他对意图与语言之间的复杂关系的描述，无疑深刻地影响了赫施的思考。在接下来的分析中，我们将会看到，赫施的作者意图绝不能简单等同于作者内在的情感、心绪或是欲念，相反，这种意图更类似于作者主观精神借助语言形式之中介而在文本中的具体实现；与此相应，解释也绝不意味着针对作者生平经历的传记式考察，而是要立足于文本自身，在语言的帮助下寻找答案。可以说，正是在贝蒂的启发下，赫施才逐渐形成了自己关于作者意图的独具特色的思想体系。

---

① 在发表于1965年的《诠释学与历史主义》（"Hermeneutics and Historicism"）一文中，伽达默尔同样对贝蒂理论中所出现的这种悖谬状况进行了详尽的说明："同贝纳德托·克罗齐采取的极端立场完全相反，贝蒂在一切理解的客观因素和主观因素之间寻找一种中介。他表述了诠释学的整个规则体系，在其顶端是本文（即"文本"——引者注）的意义自主……按照这一规则，意义，亦即作者的意见是从本文中获得的。他也以同样的坚决性强调了理解的现实性原则，以及理解与对象的相符。这就是说，他发现解释者的立场束缚性……是诠释学真理的综合因素。"参见［德］汉斯-格奥尔格·加达默尔《真理与方法：哲学诠释学的基本特征》（下卷），洪汉鼎译，上海译文出版社2004年版，第688页。

② 赫施在《解释的有效性》序言中曾特别提及自己同贝蒂的交往，以及从贝蒂思想中所得到的启发。参见 E. D. Hirsch, Jr., *Validity in Interpretation*, New Haven: Yale University Press, 1967, xii。

第三节 卡纳普和迈克尔斯:"反对理论"与新实用主义者的选择

20世纪是一个理论流派与学说蒸蒸日上的所谓"理论的时代",同时,正如智慧女神密涅瓦的猫头鹰只在黄昏起飞一般,理论也正是在这种高度繁盛的状态下开始了对自身的反思。自20世纪80年代末、90年代初以来,西方文论便逐渐步入了一个所谓的"后理论"(Post Theory)阶段,不少学者纷纷参与到了对理论的当下命运的思考之中。其中,加州大学伯克利分校的斯蒂文·卡纳普(Steven Knapp)和瓦尔特·本·迈克尔斯(Walter Benn Michaels)更是由于将关于理论的思考引入了解释学领域而引人瞩目。他们于1982年在《批判的探索》上发表了长文《反对理论》("Against Theory"),在文中,两位作者强调了理论本质上所包含的解释的冲动:"我们用'理论'来意指文学批评中的某种特定筹划:那便是试图依靠对解释的普遍说明而实现对具体的文本解释的操控。"[①] 卡纳普和迈克尔斯认为,理论的最突出特征在于一种虚构的筹划,它的常见套路是:首先,竭力制造诸如"意图"与"意义"、"语言"与"言语行为"、"知识"与"实践"等五花八门的区分;其次,人为地在这些被区分的元素之间搭建某种关系性的格局,以此来满足自己的解释的愿望。然而,在他们看来,理论思考实际上只可能维系表面上的相关性,那些"理论家们"(他们在贬义上使用这一语词)之所以热衷于这种拆散后再加以组合的程式化的工作,其原因便在于无法体认各种因素之间的根本的不可分离。在二人眼中,将两个事实上紧密关联的术语强行割裂往往会造成严重的问题,而其中最明显的,莫过于针对作者意图与文本意义之间关系的持续不断的争执。以此为出发点,两位学者展开了详尽的论述,并提出了带有极端化色彩的意图论主张。

[①] Steven Knapp and Walter Benn Michaels, "Against Theory", *Critical Inquiry*, Vol. 8, No. 4, 1982, p. 723.

如前所述，包括施莱尔马赫与贝蒂在内的理论家往往都倾向于通过对作者意图的追问来探寻确切理解文本意义的可能，他们的反对者则依托各自的哲性思考而得出结论：作者意图无法对文本意义产生决定性的影响。然而，对卡纳普与迈克尔斯来说，无论是意图论者还是反意图论者实际上都接受了在意义与意图之间存在着某种关系（无论是彼此契合还是相互排斥）的预设，这样的预设来源于人们在意义与意图之间先入为主地划定的界限。然而，这样的界限实际上却是完全不必要的，这是因为，在意图与意义之间本来便存在着根深蒂固的相互认同，于是，"一旦我们发现文本意义不过是与作者意指意义相同一的，那么，将意义植根于意图之中的规划将变得无理可循"①。因此，理论家们的最大失误在于想象了从一个术语（作者意图）转向另一个术语（文本意义）的可能性，而没有意识到这两个术语是可以等量齐观的。"人们既不可能成功、也不可能失败地从一个术语中推演出另一个术语，因为拥有了一个术语也就拥有了这两个术语。"②

不难见出，在对待作者意图的问题上，卡纳普和迈克尔斯采取了迥异于前人的态度，他们不再试图在意义与意图之间进行区分，也不再做出任何对意图加以揣测或是追溯的努力。对他们而言，既然文本意义直接与作者意图挂钩，那么，任何将意义安置于意图之中的行动都将变成一场捕风捉影的游戏。他们坚称，对于解释和解释理论而言，唯一重要的是：是否存在无意图（intentionless）的意义？而答案无疑是否定的。为了进一步验证自己的观点，他们举出了一个饶有趣味的例子：假如你在海边漫步，波浪拂过沙滩，留下的痕迹正好显现为华兹华斯《恬睡锁住了心魂》（"A Slumber Did My Spirit Seal"）中的诗句，③ 那么，应当怎样对这种神秘的印迹加以解释？卡纳普和迈

---

① Steven Knapp and Walter Benn Michaels, "Against Theory", *Critical Inquiry*, Vol. 8, No. 4, 1982, p. 724.
② Steven Knapp and Walter Benn Michaels, "Against Theory", *Critical Inquiry*, Vol. 8, No. 4, 1982, p. 724.
③ 华兹华斯的《恬睡锁住了心魂》由于其意义的高度模糊性而成为了包括新批评、解释学、耶鲁解构学派在内的诸家学说竞相援引的个案，后文还将结合赫施的意图理论而对该诗加以分析。

克尔斯指出，在这种情况下，解释必将在两种定式之间加以选择：第一，将它们归结为有意图的中介（如有生命的大海，华兹华斯的灵魂等）的产物，那么，它们便有资格被视作召唤读者理解的富含意义的真正诗行。反过来，只要把这些记号当成是诗歌，实际上也就默认了它们的意图性特质："你不知道作者到底是谁，这也许会使你错误地认为：设置一个作者与你阅读诗句的能力是无关的。但是，你在无意识的情形下实际上已经设置了一位作者。"① 第二，单纯将之构想为无意图的自然现象所营造的效果，在这种情况下，这些记号便无法被视为由作者创造的有意义的语词，它们只不过是一堆偶然的遗留物罢了。两位学者相信，任何形式的无意图表达其实都是不具备存在理由的，如果某种语词序列没能与意图相互交织的话，它们便只不过是意外形成的近似于语言的符号，只不过是一场"事故"的衍生物，因而丝毫与意义无关："将作者夺走也就将它们转化为了语言的意外的相似性……如果它们变成无意图的，那么，它们也将丧失意义。"② 借用这个例子，两位作者再次申明，由于意图与意义始终保持着某种不容辩驳的一致性状态，因此，推动作者意图朝向文本意义转化的理论诉求实际上犯下了十分严重的错误：它或是虚构了一种无意图的语言，或是假想了语言凌驾于意图之上的优先性。但是，正如语言与具体言语行为的水乳交融一般，语言同意图在本质上也是绝对不容分割的：

> 这首为理论家所遭逢的"波浪诗"（wave poem）呈现出了在两种意义或是两类语言之间所进行的选择。在这两种情况下，争议点都在于意图的在场抑或缺席；积极的理论家添加意图，消极的理论家则略去它。而按照我们的观点，意义与意图之间的关系，或者用有着微妙差异的术语来说，语言与言语行为之

---

① Steven Knapp and Walter Benn Michaels, "Against Theory", *Critical Inquiry*, Vol. 8, No. 4, 1982, p. 728.
② Steven Knapp and Walter Benn Michaels, "Against Theory", *Critical Inquiry*, Vol. 8, No. 4, 1982, p. 728.

间的关系是：意图既不能被添加，也无法被略去。意图之所以无法附加在意义之上或是从意义那里被删除，是因为意义总是带有意图的；意图之所以无法被添加到语言之上或是从语言那里被排除，是因为语言由言语行为所组成，而言语行为又总是意图性的。①

由此出发，卡纳普和迈克尔斯不仅强烈反对比尔兹利等人对无意图意义的赞同，更驳斥了包括赫施在内的众多意图论者的主张。然而，具有讽刺意味的是，二人虽然打着"反理论"的旗号，却依然在自己的论述中暴露出了"新实用主义"（Neo-Pragmatist）的理论根基。由于历史原因，美国社会自诞生伊始便浸泡在功利至上的浓郁氛围中。而按照盛宁的看法："作为一种思想理论体系的实用主义，可上溯到19世纪70年代所谓古典实用主义的代表C. S. 皮尔斯，然后经过W. 詹姆斯和J. 杜威，也就是说在20世纪初发展成盛行于美国的一种哲学思潮。"② 此后，实用主义经历短暂的沉寂，在20世纪六七十年代又得到了重新的关注与推崇，进而汇聚成以理查德·罗蒂（Richard Rorty）等人为代表的新实用主义风尚。新实用主义之所以被冠以"新"的头衔，要点在于，它主要通过将传统实用精神与后现代思想资源相互结合而形成了鲜明的当下特色。其核心观点，简单说来便是，既然在解构主义一浪高过一浪的冲击下，传统意义上至高无上的"中心"与"权威"业已不复存在，那么，人们与其孜孜不倦于"宏大叙事"的建构，还不如听凭利益法则的差遣，根据实用标准而对眼前的一切加以估量："对我们实用主义者来说……没有任何离开了人类目的的实在本身这样的东西。在实用主义者眼里，现象与实在之间的传统区分实际上是令人误解地描述了这样两组信念之间的区别：一组是有利于某个具有某些目的的人的信念，另一组是有利

---

① Steven Knapp and Walter Benn Michaels, "Against Theory", *Critical Inquiry*, Vol. 8, No. 4, 1982, p.736.

② 盛宁：《人文困惑与反思：西方后现代主义思潮批判》，生活·读书·新知三联书店1997年版，第106页。

于某个具有别的目的的人的信念。"①

　　落实到文学解释领域，新实用主义者明确拒绝柏拉图意义上的"终极真理"，拒绝那种将绝对性的追求视为最高宗旨的本质论观点，转而坚持认为，唯有从作为"使用者"的文本接受者的角度出发，根据当下的实际需求所做出的判断，才能成为检验客观真理的最为切实可行的依靠。因此，罗蒂才会断言："所有的描述（包括将自己描述为一个实用主义者）的优劣与价值都是根据它们对于某种外在目的的满足程度、而不是根据它们对被描述物体的忠实程度来判断的。"② 不难发现，卡纳普和迈克尔斯的观点在某种程度上正体现了与罗蒂相接近的气质。他们断言，既然作者意图并不是外在的附加成分，那么，对意义的判断就并非取决于无意图语言是否可能（只要是语言就不会没有意图），而是取决于我们能否为诸如"波浪诗"这样的对象设置一种意图的参与。这就像舒斯特曼（Richard Shusterman）指出的那样："由一台电脑或是潮汐运动而偶然形成的一连串字母，其意义将依赖于一种意向性的行为，在这里，是读者的意图将这些记号视为有意义的文本，视为语言而不是简单的记号。"③ 概而言之，两位学者的意图理论最终导向的是一种新实用主者的选择，在他们看来，那种与文本意义相融汇的作者意图并不是一个客观的事实，而是作为接受主体的解释者参照自身的具体情况而加以斟酌、权衡的结果。

　　毫无疑问，这种由新实用主义支撑的意图论观点同样存在着难以遮掩的漏洞。首先，正如塔塔尔所言："把作者构想为理性化的实体（rational entity）只不过是'假定'（presupposing）了这些记号能够成为有意义的文本，而并没有真正理解它的意义。因此，假定一位作者

---

①　[美] 理查德·罗蒂：《后哲学文化》，黄勇译，上海译文出版社 2004 年版，"序言"第 1 页。
②　[意] 安贝托·艾柯等：《诠释与过度诠释》，王宇根译，生活·读书·新知三联书店 2005 年版，第 100 页。
③　Richard Shusterman, "Interpretation, Intention, and Truth", *Intention and Interpretation*, Gary Iseminger ed., Philadelphia: Temple University Press, 1992, p. 66.

并不能保证被理解的意义一定与作者意图相等同。"① 在卡纳普和迈克尔斯这里，对作者意图的预设主要来源于接受主体结合种种具体情境，从特定视角出发所做出的安排与筹划，是高度主观化且充满变数的，因而不可能保证对客观意图的真正领会。其次，更进一步，两人的论述实际上陷入了对意图概念加以简单化处理的误区。如赫施在一篇回应《反对理论》的文章中便敏锐地指出，卡纳普和迈克尔斯所谈论的意图应当包括"作者曾经意指的东西"（what an author intended）与"作者意指的东西"（what an author intends）两种，其中前者主要指涉一种过去时态的、原初的意义事件，它应当是解释所关注的主要对象；后者则关联到一种现在时态的、更多由读者建构的意义事件，较之于前者，它只能发挥某种辅助性的参考作用。而两位学者的错误正在于没能在两类意图之间做出清晰的区分："他们很可能认为，在实践中，作者曾经意指的东西也就是当前的读者相信作者曾经意指的东西。"② 因此，在赫施看来，以意图论者自居的卡纳普和迈克尔斯，最终却走上了与新批评相似的道路，这是因为，"两者都希望将对于初始意图的明确思考从批评实践中放逐"③。

托马斯·多彻蒂（Thomas Docherty）认为，"理论之后"（After Theory）并不意味着"对理论的追随"，它更多要求人们对理论在当下所可能引发的问题做出批判性的反思。④ 很明显，这样的反思同样需要来自理论的武装与充实。具体说来，卡纳普和迈克尔斯虽宣称反对理论，但他们的论述却无疑是极端理论化的："两位批评家似乎认为：一旦理论停止了，实际的批评就会幸福地获得对文学意义的正确认识——而所谓文学作品的意义，则始终不过是与作者意图相同的东西。"⑤ 不

---

① Burhanettin Tatar, *Interpretation and the Problem of the Intention of the Author: H. -G. Gadamer vs E. D. Hirsch*, Washington, D. C. : Council for Research in Values and Philosophy, 1998, p. 38.
② E. D. Hirsch, Jr. , "Against Theory?" *Critical Inquiry*, Vol. 9, No. 4, 1983, p. 745.
③ E. D. Hirsch, Jr. , "Against Theory?" *Critical Inquiry*, Vol. 9, No. 4, 1983, p. 746.
④ Thomas Docherty, *After Theory: Postmodernism / Postmarxism*, London and New York: Routledge, 1990, p. 1.
⑤ 张隆溪:《道与逻各斯：东西方文学阐释学》，冯川译，江苏教育出版社 2006 年版，第 200 页。

难想见，这种激进的理论姿态使《反对理论》一经问世，便遭受了众多的批判、指责乃至声讨。然而，两人却不改初衷，在 1987 年发表的《反对理论 2：解释学与解构》（"Against Theory 2: Hermeneutics and Deconstruction"）一文中，他们强调：无论解释学还是解构理论，都不可能发展出独立于作者意图而发挥功用的、关于文本之同一性的可信服的标准，从而推进了自己的既有论说。① 必须承认的是，二人的论述不仅丰富了这个所谓"后理论时代"的理论特色，更进一步为人们针对赫施意图理论的聚焦提供了一个新的参照系。赫施肯定了卡纳普和迈克尔斯的主张，认为文本意义理应与作者意图相互等同，但同时也指出，意图与意义之间的同一性关系不是无需任何努力便可以顺理成章地达到的。他一直没有忘记对如下问题的追问：即意图怎样才能摆脱抽象的理论虚构，作为稳固的意义对象而获取解释者的感知与体悟？可以说，这样的思考始终都贯穿于他对意图概念的描摹与界定之中。

综上可知，意图并不是僵化、凝滞的铁板一块，而是歧见纷呈的动态的论域；关于意图的论说也绝非单调、同质的思想体系，而是琳琅满目的观点、看法、见解的集合。无论是施莱尔马赫对"心灵共鸣"状态的憧憬，贝蒂对"富有意义的形式"的提倡，还是卡纳普和迈克尔斯对"反对理论"的竭力宣扬，无不呈现出了其独特的思想背景、概念范畴乃至理论局限，无不从各自的立场出发而共同参与到了对作为一个庞大整体的"作者意图理论"的建构之中。对于上述论点，赫施都表示了某种程度的支持，同时也提出了有保留的、甚至是批判性的意见，并进一步凸显出了自己别具一格的意图论主张，而这种主张的最显著特色首先体现在其深厚的伦理学渊源之中。

---

① Steven Knapp and Walter Benn Michaels, "Against Theory 2: Hermeneutics and Deconstruction", *Critical Inquiry*, Vol. 14, No. 1, 1987, p. 50.

第三章　走向解释的伦理关怀：赫施意图理论的思想根基

众所周知，作者意图是赫施理论中最醒目的标签，也是他之所以能引发激烈争论的最主要因由。然而，令人遗憾的是，当前围绕赫施理论的探讨往往倾向于从学理层面评判其意图论主张的合理与否，相应地忽略了对引导其论点的最基本思想路线的开掘工作。前文已经提到，在众多致力于维护作者意图的理论家中，施莱尔马赫强调了创造性主体所拥有的能动力量，主张通过神秘的"心灵共鸣"而达成与作者精神世界的沟通，大致可看作意图理论的"前现代"代表；贝蒂以建构精神科学普遍方法论的积极诉求为契机，坚信意图唯有依凭某种形式化的中介才能够得以彰显，大致可视为意图理论的"现代"典范；卡纳普和迈克尔斯坚持从效益至上的新实用主义原则出发，将作者意图完全与文本意义加以等同，大致可对应意图理论的"后现代"模板。不过，"较之那些对重新认识作者意图的可能性的思考，很少有人意识到赫施为这样的重新认识所做出的道德辩护"①。毋庸置疑，赫施意图论观点的独到之处，恰恰在于蕴含其中的丰富的伦理因子，也正是借助这种无所不至的伦理关怀，他的论述才得以摆脱形而上的纯粹抽象，而扩展到更加鲜活生动的人文精神领域。

---

① Jeff Mitscherling, Tanya DiTommaso and Aref Nayed, *The Author's Intention*, Lanham, Md.: Lexington Books, 2004, p.75.

第一节　作者意图：从认知的优越性到
　　　　　伦理的必要性

　　自人类社会诞生伊始，"伦理"（ethics）便成为了贯穿于我们的生活之中的一个重大论题。按照罗杰·克里斯普（Roger Crisp）的看法，伦理一词主要囊括了以下四重意涵：其一，"那些被特定人类群体的生活所展示的价值和惯例体系被描述为这些群体的伦理"；其二，"这个术语被用来指涉上述体系中的某些特定存在，包括正当性与非正当性，内疚与羞愧等"；其三，"伦理能够伴随道德体系自身而指涉实际的道德原则"；其四，"伦理是哲学研究的一个领域，它关联到了其他意义上的伦理研究"。① 总的说来，无论就个体存在还是群体关系，就一种生命体验还是一项研究规划而言，伦理都始终与人们的生存、发展保持着难以割舍的密切关联，它始终将道德问题作为关注的焦点，却又不满足于仅仅固守道德领域，从而时时刻刻进行着这样的追问："我们作为充分理性化的人类存在，应当选择并追求怎样的目标，与此同时，又是怎样的道德原则在操控着我们的这种选择与追求。"② 很明显，赫施的着眼点正在于将捍卫作者意图的行动确认为每一位解释者都必须担负的伦理义务，而同样不容非议的是，这种对意图的伦理化演绎在赫施的理论框架内呈现出了一条从隐晦到明朗、从含而不露到昭然若揭的清晰脉络。

　　赫施早年从事的浪漫主义研究为他对作者意图的极力推崇奠定了坚实的基础。在浪漫主义的观念体系中，作者是文学活动的主宰与核心，作者意图也顺理成章地占据了至关重要的支配性地位。不难想见，这样的浪漫信条对赫施的批评理念产生了潜移默化的塑造作用：在他眼中，作者意图绝不是可有可无的辅助材料，相反，这

---

① Roger Crisp, "Ethics", *The Shorter Routledge Encyclopedia of Philosophy*, Edward Craig ed., London and New York: Routledge, 2005, pp. 242–243.

② John Deigh, "Ethics", *The Cambridge Dictionary of Philosophy*, Robert Audi ed., Cambridge: Cambridge University Press, 1999, p. 285.

种意图向人们提供了释放作品意义的最为切实可行的途径。由此出发，他常常将文学作品看作由苍白、空泛的符号所堆砌而成的透明的媒介，而解读者对于作者主观精神的洞察，则无疑使这种暮气沉沉的符号的积聚物转化为了充满生机的语言序列。1960 年，赫施出版了自己博士论文的改写本《华兹华斯与谢林：一个浪漫主义的类型学研究》，该书假定，华兹华斯与谢林（Friedrich Schelling）分别在诗歌同哲学领域发展出了相近的"世界观"（Weltanschauung），并紧扣二人精神上的同构之处，从经验、神、生命、世界、时间等多方面展开了平行的比较，而这一连串的比较又无不必须落实到对于两位创作者的主观意图的追问之上。在 1964 年出版的《天真与经验：威廉·布莱克导论》中，赫施明确反对那种盛行于北美批评界的、将布莱克（William Blake）诗歌从总体上归结为一个系统化观念结构的学术取向。在他看来，时代语境的更替在布莱克的内心世界不断引发激烈的变革，而这样的变革也顺势成就了其诗歌主题的持续转换。面对这样的情形，人们应当做的，是通过追溯诗人的内在状况而把握其诗歌意义所经历的变迁，这是因为，"布莱克诗中很多模糊的东西能够依靠说明在他的创作生命中所发生的观念与态度的急剧变化而得以厘清"①。但必须注意，意图的价值在这一阶段还仅仅体现为某种认知上的优越性。赫施承认，作者意图无疑凝聚着文学作品的整个精髓与全部真谛，然而，他只是将对于这种意图的领会指认为了洞悉作品意义的必然方式与适当渠道，而并未在其中掺入更为深刻、丰富的附加意义。当然，他也在某种程度上认识到了意图与伦理之间可能存在的纽带，如《华兹华斯与谢林》便指出，在浪漫主义的理论视域内，作者精神正是依托想象等手段而在审美与伦理的相互交织中实现了生命的终极追求。② 只不过，赫施在此体察到的伦理意味还仅仅停留于某种若有若无的"潜伏"状态，还远未在文学解释的高度上得到详

---

① E. D. Hirsch, Jr., *Innocence and Experience: An Introduction to Blake*, New Haven: Yale University Press, 1964, vii.
② E. D. Hirsch, Jr., *Wordsworth and Schelling: A Typological Study of Romanticism*, New Haven: Yale University Press, 1960, p. 108.

尽而周密的梳理与阐发。

如果说，浪漫精神的濡染使作者意图在赫施的早期研究中获得了某种认知优越性的话，那么，在其随后的解释学工作中，这种意图论主张便越来越无可辩驳地凸显为一种伦理层面上的必要性。换言之，对作者意图的领会已不再止步于探查文本意义的便捷方式，而是上升为了一种应当被虔诚遵循与真切践履的道德上的迫切要求。虽然在出版于1967年的《解释的有效性》中，赫施对伦理问题的考量还多少停留于某种欲说还休的朦胧状态，[①] 但在进入70年代之后，他便十分明确地将伦理性诉求界定为推动其意图理论的最强势动因："要做出关于解释目标的决定，我们既不能依赖形而上学，也不能依赖中立的分析。我们必须进入伦理学的领域。"[②]

不容忽视的是，这种"伦理学转向"在赫施的理论中绝非空穴来风，而是遵循了一条非常清晰的论证线索。赫施明确指出，在解释活动中，"没有任何必然性要求解释的客体成为确定的或非确定的，变化的或不变的。相反，解释的客体不是自动被赋予的，而是解释者指派给自己的一项任务。他决定了自己希望实现的东西以及这种实现需要达到的目标"[③]。也就是说，从没有什么先验的绝对权威命令解释者必须对某套戒律加以无条件的遵从，解释者始终拥有较大程度的、甚至是绝对意义上的主动性，始终有权利依凭自己的意愿来选择解释的方式与目的。然而，这种主动性并不意味着赫施完全放弃了对于规范的要求，他同时强调，解释的自愿、自觉并不意味着我们无法在驳

---

① 赫施在《解释的有效性》中曾这样说道："最终，我的例证并没有立足于再认知性解释的强有力的道德论据之上，而是立足于这样的事实：它是具有确定目标的唯一解释，因而也是唯一能够在这一语词的直接的和实践性的意义上对有效性加以诉求的解释。"然而，富有戏剧性的是，他实际上仍不自觉地在书中做出了有关解释与伦理关系的大量阐述，这一点还将结合后文进一步加以说明。参见 E. D. Hirsch, Jr., *Validity in Interpretation*, New Haven: Yale University Press, 1967, pp. 26–27.

② E. D. Hirsch, Jr., *The Aims of Interpretation*, Chicago: University of Chicago Press, 1976, p. 85.

③ E. D. Hirsch, Jr., *Validity in Interpretation*, New Haven: Yale University Press, 1967, p. 25.

杂多样的状况中加以分辨、取舍,并不意味着我们无法将某一解释原则确认为在伦理上"更为恰当的"终点与归宿。赫施坚信,在解释活动中,一切合情合理的选择都必须将某种道德允诺内化为自身的有机而不可分割的组成部分,而对他说来,这种道德允诺的最重要表现便在于对作者意图的坚定捍卫,在于始终将对于作者主观精神的叩问确定为一以贯之的奋斗目标:"让我来陈述我所认为的、解释的一条基本的伦理准则,这一准则并不要求来源于形而上学或分析的特权式认可,而只是诉诸普遍共享的伦理原则。除非在对于作者意图的忽视中有一种有力的颠覆性价值(如初始意义),我们这些把解释作为职业的人便不能对它无动于衷。"① 一言以蔽之,按照赫施的逻辑推演,存在于意图与伦理之间的并不是"必然如此"的绝对等式,而是一种由审慎的思考所带来的"应当怎样"的自愿的组合。

那么,是什么理由驱使赫施将对于作者意图的推崇转化为了伦理上的不可或缺?对此,埃尔文的看法是:"一种规范性方法的纯粹形式主要关注认识论与伦理问题。……当出现认识论分析无法单独解决的问题时,伦理分析便作为仲裁者而出现。"② 他坦言,在认知上的考量无法完全确证作者意图的不可动摇的前提下,伦理元素的加入能够从一个全新的角度极大地增强理论家本人的说服力。然而,必须承认,埃尔文只是阐明了问题的一个侧面。可以说,对于伦理问题的思考不仅能增强赫施的论述力度,更能够保证其意图理论摆脱"就事论事"的空泛讨论,而逐步延伸到包括自我与他者、自由与限制,以及解释者所应当担负的职责等诸多问题在内的更加具体、细致的领域。可想而知,这种多元丰富的伦理内涵在极大提升赫施的理论品位的同时,也进一步将他针对作者意图的思考引入了关乎人类命运的更加意味深长的维度。

---

① E. D. Hirsch, Jr., *The Aims of Interpretation*, Chicago: University of Chicago Press, 1976, p. 90.
② William Irwin, *Intentionalist Interpretation: A Philosophical Explanation and Defense*, Westport, Conn: Greenwood Press, 1999, p. 4.

第二节 作者意图的伦理内涵

一 "自我"与"他者"

"自我"（self）同"他者"（the other）的关系始终是与人类文明息息相关的一个重大问题。不少学者认为，他人对自我而言就应当是一种纯粹辅助性的工具，应当是自我出于种种目的而随意利用与改造的全然被动的对象。如信奉利己主义的斯宾诺莎（Baruch de Spinoza）便赞扬了自我对他者的功利性态度："在我们外面，实在有不少的对我们有益的东西，是我们所须寻求的。……除了人外，没有别的东西对于人更为有益。"① 霍尔巴赫（P. H. Baron de Holbach）在此基础上进行了更为细致的分析，在他看来，真正的美德在于努力为他人带来安乐，而从本质上说，这种行为的目的还是要利用他人来为自己谋利："德行不过是一种用别人的福利来使自己成为幸福的艺术。有德行的人，就是把幸福给与那些能回报他以幸福、为他的保存所需要、并且能给他以一种幸福的生存的人们的人。"② 福柯则敏锐地观察到，正是通过将诸如疯子、罪犯、妓女、乞丐、同性恋等等在内的他者流放到社会的最边缘，以理性和规范化为标志的现代自我才真正确立了无可争议的权威，其合法性地位也才得到了顺理成章的凸显。而深受启蒙精神影响的康德则明确驳斥了上述观点，在他看来，每一个有理性的人都是拥有自由意志的存在，他们不是听任感官欲望驱使的被动的生物体，不应当被外部环境胁迫而相互倾轧、利用，而应当以人自身的独立与尊严为旨归，应当在个体之间相互关照、彼此信赖的前提下寻求进一步发展的空间。于是康德明确宣称："你的行动，要把你自己人身中的人性，和其他人身中的人性，在任何时候都同样看作是目的，永远不能只看作是手段。"③ 正因为如此，康德认为，他人在

---

① ［荷兰］斯宾诺莎：《伦理学》，贺麟译，商务印书馆1983年版，第184页。
② ［法］霍尔巴赫：《自然的体系》（上卷），管士滨译，商务印书馆1964年版，第274页。
③ ［德］康德：《道德形而上学原理》，苗力田译，上海人民出版社1986年版，第81页。

任何时刻都不应当成为自我出于一己私欲而随意处置与摆布的手段,而应当凝聚为自我的一切行动与筹划的自在的目的本身,只有在承认他人的自由与尊严的前提之下,人类才可能获取真正的德性,并真正掌握安身立命的根基。

毋庸讳言,赫施在自我与他者的问题上一直都紧随康德的步伐。早在20世纪60年代初期,他便在一篇评论中指出,对于诗歌的改写作为改写者所属之物无可非议,但绝不能将其与原作相提并论,更不能用来对原作擅加替代。① 而自此之后,他更是致力于将康德的论点逐步移植到对于语言和语言性文本的解释之中。赫施旗帜鲜明地反对这样的态度,即认为对作者意旨的再度认知仅仅能帮助解释者拓展自身的视野。他指出,这种功利化的操作往往只是执着于通过他人的看法而巩固主体固有的意见,因此,依循这样的思路,解释者在文本中往往只能同自身相遇,而"当一位读者这么做时,他所发现的只能是自己的预设,而这其实是他不需要费心找寻的"②。他相信,只有当我们真正把他人作为同自己平等的个体来加以尊重,而不是仅仅将其视为自己的"倒影"时,我们才可能真正超越自身的狭隘偏见而达成解释的道德诉求。

由此出发,赫施进一步将康德围绕自我与他人关系的论说嫁接到了文本解释的领域。他从一种解释的伦理向度着眼,反对那种在他看来极端危险的时代风潮:对种种不顾原初意义的刻意的误释、误读产生与众不同的偏爱,认为"如果我们忽略作者的意图或他可能写的东西,文本有时会显得更好"。③ 在他看来,既然人们应当将他人视为目的而不是手段,那么,意图作为从属于他人精神的一种表达,也应当被视为目的而不是手段。因此,作为解释者的我们有义务将作者意

---

① E. D. Hirsch, Jr., "Further Comment on 'Music, When Soft Voices Die'", *The Journal of English and Germanic Philology*, Vol. 60, No. 2, 1961, p. 296.

② E. D. Hirsch, Jr., *Validity in Interpretation*, New Haven: Yale University Press, 1967, p. 26.

③ E. D. Hirsch, Jr., *The Aims of Interpretation*, Chicago: University of Chicago Press, 1976, p. 89.

图视为他人精神的延伸甚至是他人的"私有财产"而加以尊重:"所有这一切都在伦理上由作者意图所支配。将作者的语词仅仅视为自己磨坊里的谷子,在伦理上就类似于仅仅是出于自己的目的而利用他人。"① 赫施认为,无视作者的意图,也就是无视言说或书写的普遍的灵魂,于是,将别人的言辞据为己用在道德上便类似于将他人只是当作一种手段来加以对待。很显然,在这种尔虞我诈的彼此利用中,个体之间的交往也可能从根本上受到阻碍,而失去其应有的坦率与真诚。

除此之外,针对种种反对将作者意图奉为标准的言论,赫施还进一步结合逻辑上的论证而做出了如下的辛辣嘲讽:

> 我总是想向那些主张摈弃作者意图的批评家提出一个问题,这个问题能够被置换为绝对的必要性或是"黄金法则"(golden rule)。我想问他们:"当你写下一段批评时,难道你希望无视自己的意图或初始意义吗?为什么你会对我说'这完全不是我所意指的;完全不是那样'"?……他们就好比那些希望对连同土地、钱财、马匹、鸡、牛等等在内的所有人的财产重新分配的佃农,但是,当别人问起猪时,他们却嚷道:"该死,你知道我可是有两头猪的。"②

正是通过这样一段略有些"黑色幽默"的描述,赫施触及了一个诡异而颇具说服力的事实:任何反对追寻作者原意而在现实生活中又对"误读"自己观点的行为大加指责的理论家,实际上都陷入了一种"双重标准"(double standard)的悖论状态;那些信誓旦旦地宣称应当无视作者意图的人们,却常常因为自己的意图被别人忽视而困扰不已。

---

① E. D. Hirsch, Jr., *The Aims of Interpretation*, Chicago: University of Chicago Press, 1976, p. 91.
② E. D. Hirsch, Jr., *The Aims of Interpretation*, p. 91.

毫无疑问，借助对自我与他者关系的论说，赫施所触动的是当下文化最为敏感的道德神经。在这个由所谓"工具理性"（instrumental reason）主宰的当下社会，在效益最大化原则的驱使之下，人们往往倾向于将自我夸大为独断专行的主导，将他人视为彻头彻尾为自己服务的卑微的工具，从而在时时刻刻的心机算计中丧失了正常的人际关系与本然的道德归依。针对这样的弊病，许多理论家都进行了批判性的反思。在宗教哲学家马丁·布伯（Martin Buber）看来，现代人应当抛弃那种"我—它"（I-it）的生命模式，而主动追寻一种"我—你"（I-Thou）的交往状态。其中前者表征着由工具理性所主导的、人与人之间视彼此为客体的拜物教心态；而后者则体现出主体间抛却私利计较，将自身投入对方情境之中，摈弃成见、心灵交融的高尚状态："如果我作为我的'你'而面对人，并向他吐诉原初词'我—你'，此时他不再是物中之一物，不再是由物构成的物。"① 存在主义者列维纳斯（Emmanuel Levinas）同样也强调了自我对他人的倾心与关注，主张通过对他人的彰显而瓦解传统意义上自我所拥有的居高临下的支配性地位："我将责任理解为为他人而担负的责任……主体性不是为自己的，而首先是为他的。"② 与布伯等人相似，依凭对作者意图的不懈坚持，赫施在文本的领域内很好地贯彻了这种有关目的与手段的伦理选择：他不再将他人看作是对象化的消极的客体，不再将他人的精神等同于可以被捏在手心肆意摆弄的"占有物"，而是强调，作为自我的解释者应当向他人致以应有的崇高敬意，应当通过对他人及其意图的了悟而谋求真正能够栖身的精神归宿。然而，稍有不同的是，无论布伯还是列维纳斯，其实都在对他人的驻足聆听中寄托了一种厌恶尘世而趋于神性的渴望，在他们看来，他者那熟悉的表象下往往掩藏着更为深层的隔绝与陌生，因而在本质上是不可接近、难以捕捉、无法还原的；与此相对，赫施坚定地认为，通过虔敬而坚韧

---

① ［德］马丁·布伯：《我与你》，陈维纲译，生活·读书·新知三联书店1986年版，第23页。

② Emmanuel Levinas, *Ethics and Infinity: Conversations with Philippe Nemo*, Pittsburgh PA: Duquesne University Press, 1985, pp. 95–96.

的努力，一切他者的意图都能够得到真切的体认与明确的理解，这种切实可靠的理解不仅体现了对于他者的最大程度的尊重，也为隐伏于解释之中的盲目、混乱带来了难能可贵的调节与限定。

二 自由与限制

对我们而言，到底什么才是真正的自由？围绕这个问题，始终存在着所谓"决定论"（determinism）与"非决定论"（indeterminism）这两种相互对立的回答。在美国伦理学家弗兰克纳（W. K. Frankena）看来，"决定论的主张是：包括人类的选择和意志力在内的每一事件，都是其它事件的影响或结果，都是由其它事件所引起的。非决定论则否认这一点，它认为人类选择和意志力中的某些事件，其发生不需要任何原因或解释"①。大致说来，决定论者认为，不论是生理还是心理层面的行动其实都并非无因而发，它们每每扎根于由特定的因果关系所形构的网络之中，不可能脱离种种限定性条件而自在自为地呈现。因此，我们应须臾不忘必然性律令的存在，并时时牢记将某种带有普遍约束力的规则视为首要的出发点。非决定论者则抱持相反的论点，在他们眼中，自由并不是某种先在状况或是前提条件的产物，它始终是随心所欲、自行其是的。因此，非决定论者始终坚信个体行动的绝对的无拘无束，始终主张"自由……意味着创造一系列效果的能力，具有这种能力而不被任何东西决定的人是自由的，不依靠任何前提条件的自因的精神活动也是自由的"②。或者如萨特（Jean-Paul Sartre）所言，按照非决定论者的理解，人之存在的本质正是因为人的自由而得以维系："人并不是首先存在以便后来成为自由的，人的存在和他'是自由的'这两者之间没有区别。"③

---

① ［美］威廉·K. 弗兰克纳：《伦理学》，关键译，生活·读书·新知三联书店1987年版，第152页。
② ［美］弗兰克·梯利：《伦理学导论》，何意译，广西师范大学出版社2002年版，第207—208页。
③ ［法］萨特：《存在与虚无》，陈宣良等译，生活·读书·新知三联书店2007年版，第54页。

第三章 走向解释的伦理关怀:赫施意图理论的思想根基

可以说,赫施一直都致力于将解释学引向这种关于"自由"与"限制"的讨论,而他在自己的论述中也基本上体现出了对决定论观点的支持。在谈到浪漫主义著名的"天才"(genius)理念时,他就已经注意到了主体在自由与限制之间所形成的辩证关系。在他看来,天才的巨大能动性可以使之摆脱种种外部束缚而沉潜于想象的自由之中,但纵使天才也必须遵循由主体同客体、精神同实在的交互作用所铸就的最普遍的内在法则。① 这种认识在赫施接下来的研究中得到了更进一步的发展与深化。在《解释的有效性》第一章"保卫作者"("In Defense of the Author")中,他旗帜鲜明地反对批评家的过度自由所导致的解释中的混乱状况,而在他看来,这种混乱的根源正在于人们对作者及其意图的漫不经心:"一旦作为文本意义决定者的作者被无情地放逐之后,人们才渐渐觉察到,没有任何一个能充分评判解释之有效性的原则存在。"② 他一针见血地批判了接受美学、读者反应批评、解构主义等众多在欧美学界盛极一时的思想倾向。在他看来,这些思想的鼓吹者在甘之如饴地享受读者在文本解释中的优越地位的同时,也并未如他们所宣称的一般将作者弃如敝履,相反,他们只是试图把作者从原先所占据的位置挪开,从而使读者取而代之。于是,在上述理论的预设之中,读者实际上已经想象性地将自己假设为了作者,因此,"当意义被附加到一组语词序列之上时,我们同样无法离开作者"③。由此出发,赫施指出,这种读者对作者身份的僭越不仅造成了认知上众说纷纭的盲目,更可能将人们引入严重的道德误区,它在某种程度上意味着目空一切的肆意妄为,意味着无视任何规约所带来的巨大的混乱与恶劣的"失范":

> 在先前只存在着一位作者的地方,现在出现了许多作者,每

---

① E. D. Hirsch, Jr., *Wordsworth and Schelling: A Typological Study of Romanticism*, New Haven: Yale University Press, 1960, pp. 124–125.
② E. D. Hirsch, Jr., *Validity in Interpretation*, New Haven: Yale University Press, 1967, p. 3.
③ E. D. Hirsch, Jr., *Validity in Interpretation*, p. 5.

一位新生成的作者都携带了同其他人一样的权威。对作为意义之决定者的初始性作者加以罢黜，也就意味着拒绝了能够带来解释的有效性的唯一具有说服力的规范性原则。①

因此，在赫施看来，不假节制的自由实际上只可能导致一种"无政府主义"式的秩序的沦丧。他强调指出，要想使那种被践踏的规范与准则得以再度建立，人们就必须重新询唤被他们一度抛诸脑后的文本意义的真正所有者，必须真切领会作者意图所包含的全部精义。可以说，这样的要求不仅体现了赫施对意图所具有的限定性特质的突显，也依稀表露出他在"自我"与"他者"的关系上所做出的进一步深化。

当然，同样有不少人针对赫施的思考而提出了尖锐的反对意见。其中杰克·梅兰德（Jack W. Meiland）认为，自由应当被看作是一切解释行为的本质，而赫施对于作者意图的捍卫从本质上说是以牺牲解释者的自由为代价而维护了作者的自由："我并不认为以各种各样的方式对文本加以解释将限制批评家的自由。毕竟，作者已经在作品的创作过程中实践了自己的自由。如果解释者不被允许从作品中发掘出别的意义的话，这将会对他的自由形成限制。"② 但必须注意，梅兰德其实忽视了赫施在自由问题上对于康德学说的借鉴。康德承认了主体以自身为目的而获取的充分的自由："我主张，我们必须承认每个具有意识的有理性的东西都是自由的，并且依从自由观念而行动。"③ 但与此同时，他也认识到，这种自由必须在经受某种验证性考察的前提下加以实现。具体说来，我们必须明确，个体在行动中究竟只是一味听从来源于自身的本然召唤，还是应该将社会集团的共同要求纳入其考虑的范围之中。而毫无疑问，只有当我们按照对其他人而言也同

---

① E. D. Hirsch, Jr., *Validity in Interpretation*, New Haven: Yale University Press, 1967, p. 5.

② Jack W. Meiland, "Interpretation as a Cognitive Discipline", *Philosophy and Literature*, Vol. 2, No. 1, 1978, p. 44.

③ ［德］康德：《道德形而上学原理》，苗力田译，上海人民出版社1986年版，第102页。

样具有普遍合理性的规范行动时,我们的所作所为才可能真正成为伦理上的必要:"要这样行动,使得你的意志的准则任何时候都能同时被看做一个普遍立法的原则。"① 与之类似,赫施就根本而言其实也并未否认读者的自由权利,只不过,他坚持认为,这种自由应当是以某种限定性的先决条件为根基的。换言之,只有在读者将某种内在的共识奉为旨归的前提之下,他才有资格进入真正意义上的自由王国。这样的态度实际上体现了一种微妙的辩证法,即自由始终是在一定的限度之内,始终是以理性的反思为条件而得以实现的。这也正如梯利(Frank Thilly)所指出的那样:"本原……既无起点又无终点,不依赖于它外面的任何东西,它是无原因的或不可解释的。但我们必须坚持,本原在它被规律支配、它展示了行动的一致性的意义上是被决定的。可是,这并不意味着它是被迫或强制运动的,而是说它是有规律地始终一致地运动着。"②

在当代语境下,意义问题之所以能成为人们关注的焦点,其原因正在于,随着个性化、民主化思潮的出现,对意义的解释已经由宗教或政治威权所独享的"专利"转变为了任何独立自主的个体均可自由参与的"公共事件"。当然,这种转变在带来主体精神的高扬的同时,也隐含着巨大的疑问:解释者的自由权利与自由泛滥所带来的"狼藉一片"究竟相隔多远?而在这两种极端状态之间是否存在着调和与斡旋的余地?显而易见,通过自己的思考,赫施从道德向度为上述问题提供了某种解答。

三 一种精神职责的坚守

康德曾这样强调了作为一个伦理命题的"责任"(responsibility)对于人类精神文化生活所具有的奠基意义:"责任应该是一切行为的实践必然性。所以,它适用于一切有理性的东西……正是由于这样缘

---

① [德]康德:《实践理性批判》,邓晓芒译,人民出版社2003年版,第39页。
② [美]弗兰克·梯利:《伦理学导论》,何意译,广西师范大学出版社2002年版,第213页。

故,它才成为对一切人类意志都有效的规律。"① 无论是对于自我与他者关系的阐释,还是围绕自由同限制的辩证法的思索,其实都最终将赫施的意图理论引向了与人类精神职责密切关联的更为重要的层面。不难见出,赫施在意图问题上的坚定立场从根本上反映了他的如下追问:我们应仅仅把解释当作一种无足轻重的"技艺"而轻慢地对待,还是应将之视为一项承载着众多期许并面临着严峻考验的庄重的事业?毫无疑问,在两者之间,赫施义不容辞地选择了后者,也正是这样的选择确立了他的理论所具有的令人钦佩的品格。

赫施在"责任"问题上的思考缘起于他对解释所固有的"自我确证能力"(self-confirmability)的观察。在他眼中,解释往往意味着一个借助已知之物来充实、填补未知对象的过程。具体说来,人们在解释陌生的事物时,总是倾向于从自身的既有经验与要求出发,通过早已掌握的现成材料而给予其貌似合乎情理的说明与阐发。比如说,在破译失传已久的远古文字时,译解者的一个常见做法便是立足于当前通行的语用方式和语法规范,努力将陌生的符号序列纳入自己熟悉的思维模式之中。一个更形象的例证,是"人道主义"(Humanitarianism)这一"舶来品"在中国文化语境下的传播和接受。众所周知,在西方世界,人道主义除了表示对人的关怀与尊重外,还负载着为打破等级的分化和制度的压抑而凸显个性乃至张扬肉体的激进内涵:如在薄伽丘(Giovanni Boccaccio)的《十日谈》(*The Decameron*)中,一连串惊世骇俗的故事在揭开封建僧侣的伪善面纱的同时,也不遗余力地展现了人类最原始欲望的萌芽与滋长;而拉伯雷(Francois Rabelais)的《巨人传》(*Gargantua and Pantagruel*)更是凭借充溢着感官愉悦的"狂欢化"表演,以一种貌似夸大、实则无比真诚的方式触及了人性最敏感的内核。然而,"人道主义"这一语词在流传到中国后,却时常被人们按照在本土根深蒂固的儒家文化传统而解释为一种"温良恭俭让"的品质上的杰出,一种对待自我的持守、克制与对待他人的仁义、友爱。上述事例有力地证明了这样的论断:"被译解的

---

① [德] 康德:《道德形而上学原理》,苗力田译,上海人民出版社1986年版,第77页。

元素被用来建构使这些元素得以生成的普遍系统。如果文本确切可靠地验证了某种理论，那是因为，该文本中没有什么不是率先由这一理论所激发的：从一个沉默而不可测知的符号序列中所能够提取的唯一意义正是由这些意义声称论证的理论所激发的东西。"① 赫施认为，这种借助熟悉以解释陌生、从而又能从陌生中见出熟悉的循环特质（circularity），在解释的疆域内形构了一种类似于"近亲相奸的关系"（incestuous relationship）。这种畸形关系使解释者往往偏执地尊奉本人的一己之见，从而卷入了与他人意见的激烈冲突之中，也正是上述状况在我们对解释的定位过程中制造了严重的阻碍：

> 这种观点的膨胀荒谬地导致了不合情理的乐观主义（unwarranted optimism）与不合情理的犬儒主义（unwarranted cynicism）。乐观主义者假定，众多既有坚定信念又有能力的读者都是不会犯错的，因此他不认为解释者之间的差异表征了真正的意见分歧，而是认为，这些差异反映了文本的不同方面与可能性。……另一方面，犬儒主义者……观察到，一位解释者很少能够说服别的解释者，因为每个解释者都像犬儒主义者一样，只相信自己的观点。因此，他得出结论，解释者的确信并不是建基于客观依据之上的，而是来源于解释者本人的独特构造——他的历史，心理，个性，等等。最终，批评家对于某种解读方式的选择必须归结为他的个人偏好。②

简而言之，乐观主义者声称，不同的解释本质上处于持续而稳定的和谐状态，在它们之间并不存在任何原则性的矛盾与冲突；与此相反，犬儒主义者则断言，由于每一次解释都来源于解释者自身的文化给定性，因而，不同解释的分歧往往是具有决定意义而无法消除的。在赫施看来，犬儒主义者在某种程度上意识到了解释所应有的独立自

---

① E. D. Hirsch, Jr., *Validity in Interpretation*, New Haven: Yale University Press, 1967, p. 165.

② E. D. Hirsch, Jr., *Validity in Interpretation*, pp. 167–168.

主性，但他同时指出，这样的思想倾向实际上暴露了严重的问题：犬儒主义在承认不同解释所共同具备的合法化依据的同时，也"对所有的解释报以怀疑"①，它那种一团和气的折中主义态度实际上无法形成任何稳定的准则与牢固的坐标。相较之下，赫施更加青睐的是那些乐观主义者，因为他们至少相信规范与标准的存在，至少相信一致性可以获取。但同时，赫施又指出，这种理论取向同样存在着令人难以容忍的悖谬：乐观主义者总是想当然地认为，解释的标准或归宿实际上是无需任何努力便可以一挥而就的，而这种简单化的想法恰恰掩饰了对解释的差异加以弥合所需要付出的艰辛努力，于是，"乐观主义者在掩饰现实存在的分歧的同时也回避了理性选择的责任"②。

总的说来，赫施认为，以上两种态度其实"都同样表征了智力上的卑劣的屈服，表征了对于职责的背弃"③。需要注意，他的这种严肃批判绝非无的放矢，而是不留情面地指向了当下文学理论，尤其是解释学理论所固有的某种症候。可以说，自 20 世纪下半叶以来，无论是巴尔特对文本的欢悦的描述，还是桑塔格对建立所谓"艺术色情学"的热切呼唤，实际上都试图通过一种所谓"反对阐释"（against interpretation）的理论姿态，将意义的辨析置换为充满感官挑逗的游戏，从而使读者一味沉溺于浅表层次的漫无边际的欢愉之中，将传统意义上作为解释者的存在依据与立足根基的精神职责消解殆尽。④ 与此相对，赫施义无反顾地将自己抛入了一种带有神圣色彩的解释使命之中："解释的职业总是负载着伦理的职责。……一位专业的解释者

---

① E. D. Hirsch, Jr., *Validity in Interpretation*, New Haven: Yale University Press, 1967, p. 167.
② E. D. Hirsch, Jr., *Validity in Interpretation*, pp. 167 - 168.
③ E. D. Hirsch, Jr., *Validity in Interpretation*, p. 168.
④ 不能忽视的是，在桑塔格等人的思想深处，其实仍包含着强大的能动精神与丰富的革命因子。他们希望通过对艺术体验中的快感的张扬来反对传统意义上由"浅表"抵达"深层"的阐释模式，从而在"虚无化"的表象下彰显了一种真正激进的生存态度：即拒斥现代工业社会中僵化、滞重的生活与感受方式，解放我们因机械的工作而日益麻痹、钝化的神经，努力回归最单纯而本真的人性。只不过，在赫施看来，这种姿态完全是没有必要的，它同样无助于摆脱"消极逃避"的控诉。

有义务像共享其他社会价值一样共享知识,而这种共享的知识也暗示了一种共享的解释规范。"① 在他看来,这种解释的规范性目标不仅是切实存在的,更是每一位有责任感的解释者必须付出艰苦努力去加以接近的对象,而毫无疑问,这种探寻规范的行动同样必须将作者意图视为其最根本的依靠:"解释者,就像任何其他人一样,都受到了言语的基本道德必要性的左右,也就是说,要尊重作者的意图。这就是为什么按照伦理的术语,初始意义是'最好的意义'。"② 不论合理与否,在人们往往甘愿沉溺于游戏的快感,而忘却责任与义务的当代语境下,赫施的理论取向无疑能依凭其对于人类精神职责的热烈呼唤而展现独特的魅力。

第三节 对意图论伦理观的反思

毫无疑问,对意图之伦理特质的宣扬是赫施理论中一条持之以恒的精神脉络,也是支撑其整个思想体系的最重要基石,而这种倾向无疑在现今文化语境下彰显了弥足珍贵的价值。

首先,借助一种真切而深沉的伦理关怀,赫施试图为这个道德意识薄弱的当下社会提供疗救之道。可以说,现代化的飞速演进在带来物质文明的高度繁荣的同时,也无可挽回地制造了世风日下、人欲横流的残酷现实。如利奥塔(Jean-Francois Lyotard)便这样感叹:"当今,生活快速变化。生活使所有的道德化为乌有。"③ 而麦金泰尔(Alasdair MacIntyre)则更是认为,人们在当前正面临着道德语言的无序与道德精神的急剧萎缩:"我们诚然还拥有道德的幻象,我们也继续运用许多关键性的语汇,但是无论理论上还是实践上我们都已极大

---

① E. D. Hirsch, Jr., *The Aims of Interpretation*, Chicago: University of Chicago Press, 1976, pp. 91–92.
② E. D. Hirsch, Jr., *The Aims of Interpretation*, p. 92.
③ [法]让-弗朗索瓦·利奥塔:《后现代道德》,莫伟民等译,学林出版社2000年版,"引言"第1页。

地（如果不是完全地）丧失了我们对于道德的把握力。"① 可想而知，在这个因剧烈变革而面临着"道德虚无主义"危机的当代文化氛围中，赫施所从事的恰恰在于透过意义与解释的维度而重新对那种关乎人类生存的道德意识加以真挚的呼唤，而他所探讨的许多问题、所开启的种种思路无疑将有效地弥补当代人内心世界的分裂、贫乏、麻木与枯燥。

其次，赫施的理论还体现了文学理论在当代由"内部"转向"外部"，由单纯的技术性考量转向更加开阔的社会文化关怀的普遍趋势。自 20 世纪 60 年代以来，将文学置于"真空"之中加以抽象分析的科学主义方法便遭受了愈发尖锐的指责。美国学者韦恩·布斯（Wayne C. Booth）提出了这样的疑问："人们花了大量时间和笔墨在小说艺术上，将小说视为诗歌，视为一个精致的瓮。这是否代表了一种有意义的生活呢？"② 他认为，文学绝不简单等同于全然自律的审美对象，而是不可避免地掺杂着某种价值判断与伦理诉求。可以说，赫施的观点同布斯形成了某种呼应：在他看来，对作者意图的捍卫已不再停留于一种理论化的操作手段，而是成为了充溢着强烈当下色彩的、同人类精神生活休戚与共的全新的伦理诉求。也正是这样的特质，使赫施的理论区别于以文本分析为主要特征的"伦理批评"（ethical criticism）而呈现出了更加宏大、开阔的视野与眼光。

当然，赫施围绕意图所进行的伦理思考也绝非无懈可击，相反，它为我们进一步的追问与反思留下了巨大的空间。首先，我们必须关注的是，作者意图是否始终都值得我们依赖，是否始终都能像赫施所设想的一般占据道德上的"制高点"？显而易见，情况并非赫施所描述的那样简单。却尔曾经提到，一个故意在饮用水中投毒的人，可以将自己的意图归结为"维持自己的生命"或是"帮助那些善良的人

---

① ［美］A. 麦金泰尔：《追寻美德：道德理论研究》，宋继杰译，译林出版社 2008 年版，第 2 页。
② ［美］韦恩·C. 布斯：《修辞的复兴：韦恩·布斯精粹》，穆雷等译，译林出版社 2009 年版，第 203 页。

获得勇气",而这样的辩解是丝毫没有说服力的。① 同样,在文学活动中,作者绝不能等同于不容非议的铁一般的律令,在他的意图中也可能隐藏着令人毛骨悚然的卑劣算计。因此,作者看似振振有词的表述在任何时刻都必须接受谨慎的分辨与严厉的拷问。可以说,在这个问题上,赫施陷入了对意图所拥有的道德权威加以盲目夸大的误区。

其次,正如密特谢林所认为的那样:"赫施的错误在于认为,由于再认知性解释在某些情境中是一种在伦理上合理的解释实践,因而它在任何情境下便都是唯一在伦理上合理的解释性实践类型。"② 毋庸置疑,伦理上的必要性并不是驱使我们对作者意图加以推崇的唯一理由。举例而言,法律文书明确要求解读者必须将撰写人的初始意图纳入关注的视域,但与此同时,这种对原作者意图的尊重绝不单单出自一种道德上的需要,它更多起源于维护宪法的神圣不可侵犯的必然要求与保障市民社会的和平稳定的公共义务。毫无疑问,赫施在这个问题上同样出现了某种"绝对化"的偏颇。

再次,如果说,文学文本是赫施对意图与伦理关系加以阐明的最主要阵地的话,那么,赫施理论所面临的最大困惑便在于:如何实现从那种康德式的、关于人与人性的伦理思考到针对文学作品意义的起源与存在方式的探讨的全方位转化或者说是"无缝对接"?对于这个问题,赫施的态度是一目了然的:"如果看到在'文学'与其他种类的书写言语之间并不存在切实可行的区别的话,那么人们也便会认识到:语言的伦理学对于所有的语言使用而言都是行之有效的,无论是口头语还是书面语,无论是在诗歌还是在哲学中。"③ 在他看来,既然各种类型的书写之间并不存在明确的界限,那么,对伦理问题的观照便理所当然地适用于包括文学文本在内的所有言语序列,因而"一

---

① 参见[美]P. D. 却尔《解释:文学批评的哲学》,吴启之等译,文化艺术出版社1991年版,第122页。
② Jeff Mitscherling, Tanya DiTommaso and Aref Nayed, *The Author's Intention*, Lanham, Md.: Lexington Books, 2004, p. 87.
③ E. D. Hirsch, Jr., *The Aims of Interpretation*, Chicago: University of Chicago Press, 1976, pp. 90–91.

切都被作者意图伦理地支配着"①。显然，赫施在很大程度上抹杀了作为一种独特存在的文学文本与其他类型的精神性建构之间所存在的种种重大区别，而这种态度实际上始终都影响着他的论述的可靠性和说服力，因此不仅成为了其意图论观点的一个严重局限，更进一步演化为困扰其整个解释学理论并使之引发诸多争议的核心问题之一。

论及理解与人类生存之间意味深长的关联，有学者曾这样说道：

> 理解对人生负有双重的责任：它使人与生活及文化传统建立起意义联系的同时，彰显出人的自我理解。
>
> 由理解酝酿生成的意义，浸透于人生的各个层面——意图、目的、情绪、思想、价值。理解展开的是一个人生存在的精神世界。
>
> 人在理解中意识到他存在的意义与价值，理解同时也拓宽了人生的境界。人生每时每刻都卷入理解，失去理解，人生变为一片无意义的阴影。因而，理解是构成人存在的一种基本状态与方式。②

也正是这种理解与个体人内在生命的紧密交织，使得解释学有机会超越文本的局限，并最终转向一种关涉人类生存的道德考量。其实，早在赫施之前，阿斯特、施莱尔马赫、贝蒂、海德格尔、伽达默尔等人就已经或多或少地将诸如善、德性、义务等伦理问题掺杂到了关于解释理论的思考之中，不过，将伦理问题与作者意图融会贯通而形成独具一格的风貌，却是赫施的首创。当然，赫施对"意图"同"伦理"关系的思考也存在着诸多难以遮掩的弊病与缺失，也正是为了对这些不足之处加以弥补，他进一步针对作者意图的本体构成而进行了全方位的考察，本书在下一编中将围绕这个问题展开集中讨论。

---

① E. D. Hirsch, Jr., *The Aims of Interpretation*, Chicago: University of Chicago Press, 1976, p. 91.
② 殷鼎：《理解的命运：解释学初论》，生活·读书·新知三联书店1988年版，第1页。

中　编

张力与悖论
——赫施对作者意图的多重建构

本编将重心落实到作者意图在赫施理论中的本体构成问题上，讨论赫施对意图所做出的不同于传统观点的独特界定。在针对赫施的理论展开具体分析之前，必须强调指出，与我们今天的普遍看法有所不同，在赫施眼中，作者意图（即作者所意指的意义）绝不单单是文本意义的一个组成部分或启迪人们对这样的意义加以把握的一条线索，相反，"意图"完全可以同"意义"相提并论，并且在具体应用中彼此替换。在奠定自己解释学理论基调的长文《客观的解释》中，赫施开宗明义地指出，解释者在面对文本时，必须致力于从其中揭示出坚实而稳固的意义，而"这个恒定的意义是并且只能是作者的意义"[①]。概而言之，他始终致力于从自己的意图论立场出发，在作者意图与文本意义之间形成最为彻底的认同，也正是这样的态度成为了赫施理论观点中最为鲜明、突出的坐标。与此同时，正如威尔森所指出的那样，"赫施并未提供一条论点以确证文本意义必定是作者意指的意义"[②]。在承认存在着切实、可靠的文本意义的大前提下，人们常常会提出这样的疑问：作者意图是否能真正成为这种意义的一个不可撼动的基点？可以说，这样的疑问一直是悬挂在赫施头上的一把"达摩克利斯之剑"，从而也成为了人们往往将赫施的意图论观点视为陈旧、过时之物，并对之全盘否定的最主要理由。

在很多人看来，赫施所坚持的是一种盛行于传统"作者中心"时代，而在当下却濒临淘汰边缘的落后观点。然而，如果要对他的意图理念加以细致梳理的话，我们还必须注意到赫施对其做出的更具包容性的理解。应当承认，当前针对作者意图的主流定义大多仍深受英美新批评观念的影响，在新批评代表人物维姆萨特和比尔兹利看来，"所谓意图就是作者内心的构思或计划。意图同作者对自己作品的态度，他的看法，他动笔的始因等有着显著的关联"[③]。不难见出，他

---

① E. D. Hirsch, Jr., "Objective Interpretation", *PMLA*, Vol. 75, No. 4, 1960, p.466.
② B. A. Wilson, "Hirsch's Hermeneutics: A Critical Examination", *Philosophy Today*, Vol. 12, No. 1, 1978, p.24.
③ ［美］威廉·K.维姆萨特、［美］蒙罗·C.比尔兹利：《意图谬见》，载赵毅衡编选《"新批评"文集》，百花文艺出版社2001年版，第234页。

们对意图的解释主要还停留于一种类似于传记研究的简单化状态。不过，令人遗憾的是，针对赫施观点的指责往往也正是从这种草率、笼统的定义出发，将意图不加分辨地等同于文本生产者的具体的内心活动，将赫施维护这种意图的要求武断地宣判为对作者的背景材料加以传记式研究的简单冲动，从而忽视了赫施在自己的理论框架中对作者意图所进行的较为细致的说明与限定。正如帕尔默敏锐指出的那样，赫施的方法论"在今天需要一种关于解释学问题的超越性视野"①。仅仅由于赫施貌似保守的姿态而失去了对其理论加以深入分析的兴趣，这不能不说是一个巨大的遗憾。毫无疑问，赫施的意图概念绝对不能与一种单调、同质的僵死存在画上等号，相反，作者意图在他的理论中呈现出了复杂、多元的意义建构，进而以一种概念的强大张力展示出了别具一格的理论贡献。

---

① Richard E. Palmer, "Review", *Journal of the American Academy of Religion*, Vol. 36, No. 3, 1968, p. 246.

第四章　意图和意向性

自20世纪以来,"意向性"(intentionality)便始终是现象学、分析哲学乃至整个人文学术研究中无法回避的重要课题。英语词汇"intentionality"来源于拉丁文"intendere",用来表示拉开弓弦以使箭射中标靶的行为。① 而意向性这一术语的正式使用则首见于中世纪的经院哲学,用以在"思想中的客体"同"实际的客体"之间做出区分。经过数百年的沉寂之后,这一语词由德国学者布伦塔诺(Franz Brentano)在1874年复兴。布伦塔诺在心理与物理两种现象之间进行了区分,并将意向性指认为心理现象的最突出特质:"这种意向性的内存在是为心理现象所专有的。没有任何物理现象能够表现出类似的性质,所以,我们完全能够为心理现象下这样一个定义,即它们都意向性地把对象包含于自身之中。"② 因此,在他看来,精神现象应当成为一片具备自身合法性的独特场域,而不应当卑微地沦落为物理现象的一个分支。布伦塔诺的学生胡塞尔在他的影响之下对意向性理论做出了大幅度的推进,从而为当代语境下关于意向性问题的踊跃讨论提供了最为浓重的背景。

尽管人们在诸如意向性的本质构成及存在方式等问题上还存有不小的争议,但对于这一术语的基本认同依然十分显著:意向性始终致力于呈现某种特定情境下的精神状况,它代表着思想、信念、欲求、

---

① Pierre Jacob, "Intentionality (addendum)", *Encyclopedia of Philosophy vol. 4*, Donald M. Borchert ed., Detroit: Thomson Gale, 2006, p. 708.
② [德] 弗兰茨·布伦塔诺:《心理现象与物理现象的区别》,载倪梁康主编《面对事实本身——现象学经典文选》,东方出版社2000年版,第50页。

希望等"将自身指向其他事物的能力"①。因此,从某种意义上说,作为精神现象的意图仅仅与意向性保持着一种非本质的关联;意向性并非一个凝固的概念,而是充满无限可能的关系化的存在,任何具体的意图则只不过是林林总总的意向性状况(intentional states)中的一种而已。对于这一点,赫施有着清醒的认识,正是通过将围绕意图所做出的具体阐发融入了作为普遍关系的意向性范畴之中,他才迈出了自己捍卫作者意图的坚实的第一步。

第一节 意图作为"意向性对象"

赫施作者意图理论亟须克服的一个巨大困难是所谓"心理主义"(psychologism)的责难。这种心理主义背后的思想依据在于:既然个体人之间的性格、气质、思维方式都各不相同,其置身的社会文化背景也有所区别,那么相应地,通过他们各自的心理体验而得以传达的具体事物也将呈现出多样化的面貌。在这一点上,一切的观照对象都概莫能外。无论是那句人们耳熟能详的"一千个读者眼中有一千个哈姆雷特",还是中国俗语"仁者见仁,智者见智",抑或经典诗句"横看成岭侧成峰,远近高低各不同",无不从不同侧面触及了这种心理主义取向的某些特质。而英国经验主义者休谟(David Hume)则从学理上对此做出了说明,他坚信,感官经验是我们对事物加以把握并形成理性认知的唯一基础,与此同时,他又承认,感觉受时间、地点、心理状态等局限所产生的片面性又使得它很难形成对事物的完整而清晰的印象:"我们的感官显然不把它们的印象呈现为某一种个别的、独立的和外在的事物意象;因为它们只给我们传达来一个单纯的知觉,而毫不以任何外在事物提示我们。"② 这种心理主义趋向落实到对意图理论的反拨中,便凝聚为这样的信念:在具体的解释行为

---

① Tim Crane, "Intentionality", *The Shorter Routledge Encyclopedia of Philosophy*, Edward Craig ed., London and New York: Routledge, 2005, p. 454.
② [英]休谟:《人性论》(上册),关文运译,商务印书馆1980年版,第215页。

中，正因为解释者和作者分属于具有不同心理体验的个体存在，因此，解释者绝不可能穿越一己之见而抵达作者所指涉的确切含义；即使充当解释者的正是作者本人，他对自身意图的刻画也会由于现实条件的变化和情感态度的推移而成为一项无法完成的任务。因此，心理主义者相信，所谓作者意图仅仅是一座建立在幻想当中的"空中楼阁"，它在本质上不可能获取完整的把握与真切的呈现。作为对这种观点的回应，赫施针锋相对地宣称，心理主义的理论前提，在于想当然地将我们对于对象的纯粹的感觉经验与客观存在的对象本身加以混淆。因此，具体到意图问题上，心理主义的最严重错误便在于盲目地使意图与"种种精神过程，而不是与这些过程的目标相互认同"[①]。但毫无疑问，作为目标而存在的意图与围绕意图所进行的精神活动是绝不能轻易画上等号的。由此出发，赫施借用胡塞尔的意向性理论而展开了对心理主义观点的进一步批驳。

在自己的代表作《逻辑研究》中，胡塞尔对意向性概念进行过详尽的阐发。他认为，意向性主要呈现了作为意识投射者的主体或"自我"与作为投射对象的"意向性对象"（intentional object）之间的密不可分的关联，这种关系形象化地表现为意识主体针对意识对象所具有的某种"指向性"（directness）或是"关联性"（aboutness）。正如倪梁康指出的那样："'意向性'既意味着进行我思的自我极，也意味着通过我思而被构造的对象极。这两者在'意向性'概念的标题下融为一体……"[②] 在先验现象学的视域内，胡塞尔的意向性概念并未封存于主体或客体的某一极之中，它可以经由主客体的交互运动而在两者之间畅通无阻地穿行，从而彰显出了主客体之间彼此信赖、相互依存的基本格局。具体说来，在胡塞尔眼中，任何意识行为总是难以摆脱地拥有自身的指涉对象，总是通过特定方式与这样的对象建立起种种难以割裂的精神性关联，与此相应，所有的意识对象也只有在

[①] E. D. Hirsch, Jr., *Validity in Interpretation*, New Haven: Yale University Press, 1967, p. 32.

[②] 倪梁康：《胡塞尔现象学概念通释》，生活·读书·新知三联书店1999年版，第251页。

主体意向性投射的辉映之下才能够获取其最根本的存在。然而，胡塞尔同样强调，在主观的意向行为与客观的意向对象之间，依然存在着某种原则性的区分，这是因为，"被感觉的内容的存在完全不同于被感觉的对象的存在，后者通过前者而得到体现……但却不是实项地被意识"①。由此出发，他进一步做出了如下引申：

> 在任何一个行为中都有一个对象"被表象"为那样或那样确定了的对象，并且，正是作为这样的对象，它在可能的情况下是变换不定的意向目标，即判断的、感受的、欲求的意向等等的目标。……所有这些表象恰恰根据这个客观的认识统一而能够提出这样的要求，即：它们表象的是同一个对象。于是，在所有这些表象之中，被意指的对象都是同一个，但在每一个表象之中，意向都是不同的，每一个意向都以不同的方式意指这个对象。②

简而言之，作为意识目标的意向性对象绝不能简单地与主体的"意向性行为"（intentional acts）混为一谈，它始终能够穿透主体精神的层层环绕而显示出自身的完满而充实的存在。很明显，正是对胡塞尔理论的创造性发挥使赫施掌握了一件对抗心理主义观点的利器。他首先致力于在作者意图与现象学意义上的意向性对象之间建立起一种对等关系，在他看来，意图也就相当于一种特殊的意向性对象："它的显著特质在于其超个人的属性（supra-personal character）。它不仅仅是对单个人，而是对许多人——潜在地对所有人而言的'意向性对象'。"③ 正因为如此，在意向性活动的框架之下，任何种类的意图都将类似于一个具有明晰界限的实体，从而也能够与种种外在于自身的事物相互区分。当然，意图必须通过阅读行为而得以具体化，但这种意图绝不能草率地与读者的主观精神活动画上等号。在此基础上，

---

① ［德］埃德蒙德·胡塞尔：《逻辑研究》（第二卷第一部分），倪梁康译，上海译文出版社2006年版，第449页。
② ［德］埃德蒙德·胡塞尔：《逻辑研究》（第二卷第一部分），倪梁康译，第466页。
③ E. D. Hirsch, Jr., "Objective Interpretation", *PMLA*, Vol. 75, No. 4, 1960, p. 467.

赫施进一步指出，解释活动与作为解释对象的意图分属于同一枚硬币的两面，它们是相互参照而又并行不悖的，而正如无数的意向性行为可以意指并"表象"恒定不变的意向性对象一般，纷纭复杂的解释行为也可以同时指向具备自我同一性的作者意图，而不会对之造成丝毫的改变：

> 我注视一个盒子，接着闭上双眼，然后再睁开，我第二次看见的是与我先前见到的相一致的盒子。然而，即使我所感知的是同样的盒子，两次看的行为也是不同的——在这种情况下是时间的差异。……如果我来到屋子的另一头或是站在椅子上，我实际"看到"的东西随着视角的转换而发生变化，但我所"感知"的仍然是同一个盒子……更进一步，如果我离开了屋子，并且只是对盒子加以回忆，我依然知道我所回忆的与看到的对象是同样的。①

时间、地点、情绪状貌等的差异自然引发了人们对盒子的不同体验，但这些体验所聚焦的无疑仍然是一个具备高度统一性的、实实在在的盒子。借助这样一种视觉化的隐喻，赫施试图说明，正如不同的精神活动可以指向共同的物象那样，纷纭多样的解释行为也同样可以将唯一的客观意图指认为思考的依据与关注的核心。进而言之，也正是因为作为意向性对象而存在的意图所具备的绝对的同一性，它才能在无数各不相同的解释行为中维持其一贯的持久与稳定。而这种坚定的自我同一性无疑还引申出了某种"可复制性"（reproducibility）特质："言语意义是言说者的'意向性对象'中能够被分有的'内容'……既然这种意义既是不变的，又是出于个体之间的，那么，它便能够为不同人的精神性行为所复制。"② 显而易见，正是意图所

---

① E. D. Hirsch, Jr., "Objective Interpretation", *PMLA*, Vol. 75, No. 4, 1960, pp. 466 – 467.

② E. D. Hirsch, Jr., "Objective Interpretation", *PMLA*, Vol. 75, No. 4, 1960, p. 467.

具备的同一性品格,使它可以为不同的观照目光"拷贝"而保持其最基本的稳定,也可以说,同一性在这里充当了可复制性的基础,而可复制性则成为了同一性的必然的延伸。

因此,在赫施的理论视域内,解释行为的最高宗旨便在于对那个充实、完整的作者意图加以再次体认或"心理重建"。在这一点上,赫施进一步体现出了与胡塞尔观点的同构之处。胡塞尔主张,我们应当努力"面向事实本身",这样的"事实本身"(subject matter)并非泛指现实生活中的一切,而是特指呈现于人类主观意识之中的绝对的对象,于是,"面向事实本身"也就意味着拨开世俗生活纷繁复杂的面纱,而直接触碰那具备本体论意义的唯一不变的精神现实。为此,胡塞尔主张进行一种"现象学的还原"(phenomenological reduction):"只有通过还原……我才能获得一种绝对的、不提供任何超越的被给予性。"① 具体说来,应当通过"悬搁"(epoché)的方式,将一切与最本质的意识对象无关的外在的附加物圈入括号(bracketing),存而不论,从而在排除所有干扰的前提下凝神观照那纯粹、不变的精神现象本身。日内瓦学派的乔治·布莱(Georges Paulet)则通过对阅读体验的描述回应了胡塞尔的论说,他强调,阅读的最理想状态在于,作者能够通过读者的主观解读而对其自身的存在加以揭示:"实际上,任何文学作品都浸透了作者的精神。在让我们阅读的时候,他就在我们身上唤醒一种与他之所想或所感相类似的东西。理解一部文学作品,就是让写这本书的那个人在我们身上向我显露出来。"② 与此相似,赫施坚信,对意图的把握应当从包括现成在手的书本在内的种种给定状况中超脱,而迈向与作者主观世界的交汇、融合,应当抛开全部的外在羁绊而探析其具备绝对同一性的存在本身。可以说,这样的理论姿态恰如其分地体现了他对胡塞尔精神的更加深入的演绎。

应当看到,赫施对意图的见解的确在某种程度上道出了文学研究

---

① [德]埃德蒙德·胡塞尔:《现象学的观念》,倪梁康译,上海译文出版社1986年版,第40页。
② [比]乔治·布莱:《批评意识》,郭宏安译,广西师范大学出版社2002年版,第244页。

中的常态。鲁迅曾这样描述过《红楼梦》解读中所呈现的多元化状况："谁是作者和续者姑且勿论，单是命意，就因读者的眼光而有种种：经学家看见《易》，道学家看见淫，才子看见缠绵，革命家看见排满，流言家看见宫闱秘事……在我的眼下的宝玉，却看见他看见许多死亡……"① 很明显，不同个体分别从各自的情境出发，对《红楼梦》进行了纷繁驳杂的解读，但同时必须注意，这一系列解读作为多样化的意识行为，却能够不约而同地指向作者所传达的某些最朴素而基本的精神内容，倘若不存在这样一些奠基性的前提条件，上述琳琅满目的阐发与联想无疑将成为无源之水、无本之木。

然而，赫施对胡塞尔理论的援引实际上也隐含着某种危险的征兆。就像伊格尔顿指出的那样，胡塞尔生活在一个"形形色色的相对主义和非理性主义猖獗一时"的西方语境下，而他的最大愿望正是在这个人类文明行将土崩瓦解的时代实现那弥足珍贵的"精神再生"。② 于是，正如玛格欧纳所观察到的那样，胡塞尔热衷于谈论的意义从来就不是一个单纯的意向性对象，"相反，意义总是一种意向性的行为，也即作者在指定一种所指……时的行为，或读者通过意向性客体……而复制作者意思的行为"③。最终，胡塞尔的立足点必须落实到对于人类心灵世界的开拓之上，他的意向性概念也因此而更类似于一种建立在主体内在精神之上的"心—物"统一结构。因此，作为这个统一体之重要组成部分的意向性对象，自然也应当区别于盒子一类的现实物品，从而在存在方式上更接近一种充满动态可能性与广泛发展空间的独特的构造。在这个问题上，赫施显得有些迟钝，他近乎偏执地强调了意向性对象与意向性行为之间所存在的巨大间离，进而推演出了一个有些"早熟"的结论：意图必须作为某种永恒不变的东西而获

---

① 鲁迅：《〈绛洞花主〉小引》，载《鲁迅全集》（第七卷），人民文学出版社1981年版，第419页。
② 参见［英］特里·伊格尔顿《二十世纪西方文学理论》，伍晓明译，北京大学出版社2007年版，第53页。
③ ［美］R. 玛格欧纳：《文艺现象学》，王岳川等译，文化艺术出版社1992年版，第113页。

取其充分的存在依据。由此可见，赫施理论的不足之处正在于对充当意向性对象的作者意图加以片面化的理解，并使之凝固、僵化。也正是基于这样的认识，麦迪逊才会不无遗憾地指出："说意识是意向性的并不仅仅意味着，就像赫施所看到的那样，意识超越了自身，并且指向了其对象。……说意识是意向性的也意味着——但赫施缺乏这种认识——对象始终被赋予了意识，并且实际上，在离开意识的情况下便不会拥有意义，不会拥有意味深长的存在。"①

第二节　历史的超越与意图的延伸

前面提到，赫施对胡塞尔意向性理论的片面汲取使他对作者意图的论说陷入了一种不言而喻的困境：在强调意图作为意向性对象所具备的可复制性与自我同一性的同时，他忽视了这种意图所理应包含的、指向更加广阔的未来生成的"创造性"特质。面对这样的困境，赫施并未保持自欺欺人的沉默，早在20世纪60年代中期，他便已经承认，在貌似同质化的作者意图中，其实也包含着一种依凭后世读者的解读而得以伸展的潜能："特定的文本，如共和国宪法与《圣经》，似乎都要求意义超越一个人性化的、历史性的作者所能够欲求的东西。同样的问题通常出现在学者对文学作品加以解释的过程中。"② 进入80年代之后，他更是在自己对意向性的固有理解之上做出了大幅度的推进。借助对莎士比亚（William Shakespeare）第55首十四行诗的征引，赫施开始了自己的论述：

> 没有云石或王公们金的墓碑
> 能够和我这些强劲的诗比寿；
> 你将永远闪耀于这些诗篇里，

---

① G. B. Madison, *The Hermeneutics of Postmodernity: Figures and Themes*, Bloomington and Indianapolis: Indiana University Press, 1988, p. 9.

② E. D. Hirsch, Jr., *Validity in Interpretation*, New Haven: Yale University Press, 1967, pp. 121-122.

> 远胜过那被时光涂脏的石头。
> 当着残暴的战争把铜像推翻,
> 或内讧把城池扫荡成一片废墟,
> 无论战神的剑或战争的烈焰
> 都毁不掉你的遗芳的活历史。
> 突破死亡和湮没一切的仇恨,
> 你将昂然站起来:对你的赞美
> 将在万世万代的眼睛里彪炳,
> 直到这世界消耗完了的末日。
> 这样,直到最后审判把你唤醒,
> 你长在诗里和情人眼里辉映。①

不管是记忆的封存、战争的损毁还是死亡的侵袭,都无法令动人的诗行如尘世之物一般灰飞烟灭,相反,诗人的吟诵将如同璀璨的宝石一般,历经时间之流的一次次冲刷而愈发熠熠生辉。这样的描述很容易让人联想到中国古人对"立言"之不朽功绩的颂扬,然而,赫施却将其融入了自己关于意图的论说之中,从而营造了更加深沉、隽永的理论氛围。

在赫施看来,作者意图在本质上蕴含着一种强有力的未来指向性,这种意图的根本目标在于超越"此时此地"的局限,而达成同一切可能的接受者的交流与沟通,在于源源不断地为后世的读者带来开掘、提炼与升华的可能。这样的例子在具体的文学活动中并不罕见。如鲁迅创作《阿Q正传》主要是为了鞭挞懦弱、愚昧、麻木的国民劣根性,呼唤国人在肉体同精神上的双重觉醒,而当前的一些学者却从中发掘出了远远超越作者时代的更加"前卫"的内涵,认为小说表现的是个体人在失去一切依靠的境遇下所面临的孤独、无助与

---

① E. D. Hirsch, Jr., "Meaning and Significance Reinterpreted", *Critical Inquiry*, Vol. 11, No. 2, 1984, p. 205. 译文参见[英]莎士比亚《莎士比亚全集》(六),朱生豪等译,人民文学出版社1994年版,第579页。

彷徨，从而扣合了现代主义的思想真谛。类似的情形更生动地表现在荷马史诗《奥德赛》（*Odyssey*）的接受中。虽然其真实作者尚不为人知，但这部作品在古希腊时期的初始意义却是一目了然的，即通过一段波澜壮阔的旅程而烘托出一位智慧、坚定而勇敢的英雄，以此来赞扬人类所拥有的巨大力量。然而，法兰克福学派代表阿多诺（Theodor W. Adorno）和霍克海默（Max Horkheimer）却对《奥德赛》做出了与众不同的解读。他们指出，主人公在返乡途中的克制以及克制之后的暴敛，恰恰如一个魔咒般预示了启蒙运动扭曲、压抑人性的本质。毫无疑问，这样的解读方式只属于两位研究者所置身的那个启蒙理性逐渐走入困境乃至穷途末路的年代。更进一步，赫施强调，上述情形不单单适用于包括小说、诗歌在内的所有文学作品，也同样真切地发生在法律、宗教、哲学、政治等一切类型的文本领域。

  在这里，赫施实际上暗示了那种蕴含于语言文字之中的作者意图所独有的魅力。正如人是始终处于交往状态的社会性动物一样，人的意图传达也不可能局限于一种孤立、封闭的单向度模式，而是必须有所指向、有所作用，必须在某种具体、生动的语境中接受人们的感知与检验。在日常生活的实际交往中，人们所使用的语言天然地包孕着一种因果的自我指涉性。具体说来，言语行为的结束往往会引发这样或那样的后续结果，而这种结果则成为了判定包含于语言之中的意图是否成功传达的标准。如纳托尔（Anthony D. Nuttall）便认为，意图的实现与否取决于预先存在的精神状况与特定的公共行为之间相契合的程度。[①] 塞尔（John R. Searle）则进一步指出，意图在语言交流中体现出了一种"适应指向"的基本属性："每一种意向状态都由处于一种心理模式当中的意向内容组成。当这种内容是一个完整的命题并且存在一种适应指向时，这种意向内容便决定了满足条件。既然满足条件是由意向内容来决定的，那么，意向状态要想得到满足，满足条

[①] Anthony David Nuttall, *The Stoic in Love: Selected Essays on Literature and Ideas*, Savage: Barnes & Noble Books, 1989, pp. 197–198.

件就必定存在。"① 换言之，在说话人的意图与随之而来的实际情形之间，存在着相互参照与印证的必然性。例如，当某人带着回家的意图而说出"我要回家"这句话时，检验其意图是否得以完成的标准恰恰就是他有没有真的回家而不是去干别的事。反之，通过此人回家的具体行为，我们也能够对其言语中隐含的基本意图进行大致的揣测。

然而，在语言文字作品中，意图与具体现实之间的这种紧密契合却遭到了极大的削弱。众所周知，书面语言往往并非锚定于某个特定的时间、地点，而是能"跨越式"地运用于更加丰富的情境与更漫长的时间段。以此类推，形诸言辞的意图同样不可能如现实言说者的意图一般在不久的将来即告兑现。实际上，这种意图的具体效果是很难经受实证性的当下检验的，它至多只能牵涉到接受者的主观感受、心绪、意愿等种种难以被"精确化"的因素。可想而知，这样的状况不仅为初始意图的寻觅与判定带来了逻辑上的困难，同时，也为这种意图的演绎提供了巨大的开放性空间，从而令其始终处于指向未来的模糊与不确定状态，始终处于无法被精确预判的流变不定之中。如塞万提斯（Cervantes）在塑造堂·吉诃德（Don Quixote）这一形象时，更多在其中注入了讽刺与戏谑的意涵，其目的在于对当时日薄西山的骑士制度加以抨击。而在当代读者眼中，堂·吉诃德却更多作为一个可笑又可爱、疯狂与执着交织的人物而变得亲切起来。再如《水浒传》的作者施耐庵在创作小说时，更多从一种维护大一统中央集权的"忠""义"原则出发，对宋江等江湖人士的"被招安"表示同情与赞许。然而，当同样的文本摆放到今天的接受者面前时，却更容易引发混合着同情、愤懑、悲伤的更加复杂的感受。在这个问题的认识上，赫施经历了一个逐步明确化的过程。他坚持主张，意图作为一种精神状态而与人类意识存在着紧密的关联。在《解释的有效性》中，

---

① [美]约翰·R. 塞尔：《意向性：论心灵哲学》，刘叶涛译，上海译文出版社 2007 年版。塞尔所说的"意向"在含义上与"意图"基本一致，它被定义为作为主体心灵状态的"意向性"的一种表现形式。

他这样宣称:"在人类意识之外,并不存在一块关于意义的神秘大陆。"① 随着时间的推移,他越发清晰地意识到:文本作者作为受限定的存在,总是具有一种令意图凌驾于人们在任何时间点上的全部把握能力之上的冲动。依凭书面表达的独特渠道,意图可以超越一切暂存性的制约,并进一步呈现出充满悬念的"未完成"特色。而这种未完成性也正是作品能引发此起彼伏的讨论的最根本理由。由此出发,赫施更改了自己围绕意图与意识关系的既有论说:"我早先所说的本应是:在包括过去、现在以及未来在内的整个人类意识之外,并不存在一块关于意义的神秘大陆。"② 对他说来,"未来"应当被定义为驱策意图超越"过去"与"当下"的真正的动力源泉。

在此基础上,赫施还进一步展现了自己对胡塞尔理论的更深入理解。在解释学研究的较早阶段,他曾把包括作者意指意义在内的物质与文化客体统统归入"意向性对象"的范围之内,同时指出,它们都能在多元杂陈的意向性投射之下维持最坚定的自我同一。随着理解的不断深化,赫施也慢慢领会到了作者意图的独特品格。他强调指出,物理对象能够为我们关于其不可见方面的追问提供明确的回答,这就好比我们只能看见盒子的三个面,倘若想看到其他面是什么样子,我们只需走到盒子背后,或直接把盒子翻过来,便一定可以得到自己希求的答案(这一点至少对行动者本人而言是成立的)。然而,作者意图则与之不同:"关于其未知方面的回答从来都不是确切无疑的。这未被发现之处并非'就在那儿'(just there)。"③ 如果说,在人们与物理对象的交接中,视觉、听觉、触觉等生理层面的检验至少能引发一定限度内的确定感受的话,那么,落实到意图问题上,经验的实证性解答便显得可有可无了。赫施敏锐地观察到,意图作为一种

---

① E. D. Hirsch, Jr., *Validity in Interpretation*, New Haven: Yale University Press, 1967, p. 4.

② E. D. Hirsch, Jr., "Meaning and Significance Reinterpreted", *Critical Inquiry*, Vol. 11, No. 2, 1984, p. 202.

③ E. D. Hirsch, Jr., "Meaning and Significance Reinterpreted", *Critical Inquiry*, Vol. 11, No. 2, 1984, p. 203.

与人类心灵相沟通的、别具一格的精神建构，不应当仅仅被追溯到某种明确的思绪或某个具体的事件。在他看来，意图得以确立的根基应当被指认为一种具备较大涵盖面与包容性的"初始性契机"（originating moment）。这一契机只是为我们对意图的推断提供了某些框架性的大致原则，而并没有用绝对的限定性来掩盖所有难以预见的可能。例如，布莱克诗中的大量意象，如猛虎、羔羊、玫瑰、孩童、行吟者等，往往都并未传达出一种绝对精确的原初意义，相反，它们可以通过后世读者的不断咀嚼、反复品味而不断衍生出新意。因此，赫施断言："当我们致力于暴露种种不可见的方面时，一种自我同一的言语意义将给予我们较之一个自我同一的物质对象多得多的策略性空间。"[①] 由此可见，意图绝不能被草率等同于一个凝固的给定物，相反，它总是能依凭其独特的精神属性而带给人难以穷尽的开掘可能。

赫施对意图的这种态度其实很接近现象学和接受美学围绕审美体验的相关论说。英加登（Roman Ingarden）认为，艺术作品作为一种区别于外在寻常之物的"纯粹的意向性对象"（pure intentional object）而存在，总是能通过自身的"空白"与"不确定性"而召唤读者的意向性参与："同它的具体化相对照，文学作品本身是一个图式化构成（a schematic formation）。这就是说：它的某些层次，特别是被再现的客体层次和外观层次，包含着若干'不定点'（places of indeterminacy）。这些不定点在具体化中部分地消除了。"[②] 正是依凭读者的具体化工作，处于单质状态的虚拟文本才会呈现出朝气蓬勃的生动面貌。杜夫海纳（Mikel Dufrenne）在所谓"艺术作品"（artistic work）与"审美对象"（artistic object）之间进行了辨析，其中艺术作品只是作为一种孤立、片面的庸常存在而被世人认可，而"审美对象乃是作为艺术作品被感知的艺术作品，这个艺术作品获得了它所要求的和应得的、在欣赏者顺从的意识中完成的知觉。简言之，审美对象是作为

[①] E. D. Hirsch, Jr., "Meaning and Significance Reinterpreted", *Critical Inquiry*, Vol. 11, No. 2, 1984, p. 204.

[②] ［波］罗曼·英加登：《对文学的艺术作品的认识》，陈燕谷等译，中国文联出版公司1988年版，第12页。

被知觉的艺术作品"①。他坚信，艺术作品只有经过接受者审美眼光的凝视、体察与感悟，只有在成为审美对象的前提下，才能如尘封多年的宝库一般敞开其绚烂、丰厚的内涵。接受美学家伊瑟尔（Wolfgang Iser）则在英加登的影响下进一步推导出了文本的"空白"（blank）观念："空白打破了图式的关联性，这样，空白便将选择标准和视点各部分集合为一个未完成的、反事实的、对比鲜明的、或者迭进的序列，打破'成功的延续'的期待。"② 空白并非一种匮乏，而是作为某种暗示诱导着读者的积极想象、介入和参与，它经由读者的再造、重组而不断充实，又伴随着这种充实而不断地生成、蔓延，从而永远处于期待"被建构"的悬而未决之中。在这一点上，赫施体现出了与上述学者的强烈共鸣。对他说来，作者意图绝不仅仅是一个纯而又纯的同质化的存在，而是始终处于一种不断生成的"未完成"状态之中。因此，对意图的观照也顺理成章地包含着数不胜数的填空、介入与深化，包含着作者意向与读者接受的能动的相互作用——甚至可以说，意图在很大程度上正是针对读者并从读者向度而加以形构的。③

当然，在同英加登等人的相互参照中，赫施的观点也显现了理论取向上的鲜明特色。首先，在适用范围上，英伽登等人所关注的主要是传统意义上的文学艺术作品，赫施则将论域扩展到了包括"艺术"与"非艺术"在内的整个书面语言表达，从而展示了更强大的包容力。其次是聚焦核心，在英伽登等人眼中，文艺作品依靠自身的独立

---

① ［法］米·杜夫海纳：《审美经验现象学》（上），韩树站译，文化艺术出版社1996年版，第8页。

② ［德］沃尔夫冈·伊瑟尔：《阅读活动——审美反应理论》，金元浦等译，中国社会科学出版社1991年版，第224页。

③ 在中国古代文论中，其实也存在着大量类似的思想资源。如南朝钟嵘在《诗品序》中推崇的"使味之者无极，闻之者动心"的"滋味"，唐代司空图在《与李生论诗书》等作品中宣扬的所谓"韵外之致""味外之旨""象外之象""景外之景"，以及被清人王士禛奉为品评诗歌的最高标准的"神韵"，无不倡导读者立足于自己的审美经验，充分调动统觉、想象、联想等多种心理机制，努力从有限的字里行间召唤、品味并呈现出无限丰富的意蕴和旨趣。当然，以上术语所强调的更多还是某种生动而鲜活的阅读与鉴赏经验，同英伽登等人具备深厚现象学渊源的理论主张依然存在着较大的区别。

自在而彰显着无限的诱惑力，从而理所当然地成为了人们集中关注的对象，由于作者意图已经内化于文本之中，因而无须我们进行吹毛求疵的专门考察。相较之下，赫施则将作者意图指认为了一个能提供巨大解读空间的、充满能动性的生产源泉，意图也因此而成为了人们进行理论探究的最根本的动力与支柱。最后也是最饶有趣味的一点，是对待时间的态度。如果说，英伽登们偏重的是共时状态下对于意向性对象的凝神观照的话，那么，赫施则试图借用一种指向未来的历时性姿态来清除可能出现的凝固与僵化，从而使意图在历史的持续演进中得以不断延伸。这同时也涉及他对以伽达默尔为代表的所谓"激进的历史主义"（radical historicism）的微妙态度。伽达默尔承袭了海德格尔在《存在与时间》（*Being and Time*）中将理解与人类存在紧密关联的基本思路，在他看来，每一代解释者作为"被抛入"的个体，都无以抗拒地为身处其中的现实境遇所牢牢掌控，都必然携带着各不相同的"前见"（prejudices）而打量周遭的世界。循此思路，伽达默尔宣称：

> 现在，时间不再主要是一种由于其分开和远离而必须被沟通的鸿沟，时间其实乃是现在植根于其中的事件的根本基础。……事实上，重要的问题在于把时间距离看成是理解的一种积极的创造性的可能性。时间距离不是一个张着大口的鸿沟，而是由习俗和传统的连续性所填满，正是由于这种连续性，一切流传物才向我们呈现了出来。在这里，无论怎么讲一种事件的真正创造性也不过分。①

在伽达默尔看来，既然历史间距是创造性得以涌流的真正源泉，那么，任何试图克服时间障碍并直达初始意图的举动都将成为一种不切实际的假设。对于伽氏的主张，赫施始终持强烈的抗拒态度，他认

---

① ［德］汉斯-格奥尔格·加达默尔：《真理与方法：哲学诠释学的基本特征》（上卷），洪汉鼎译，上海译文出版社2004年版，第384页。

为，这种观点倾向于消除蕴含在历史变迁之中的同一性感受，并且使人们很容易为这样一种虚妄的观念所左右：即他们不可能从真正意义上理解由另一个时代流传下来的文本。不过，在解释学研究的后期，赫施也表现出了对伽达默尔的某种认可，他指出，自己曾经将历史性意图锁定为某种纯粹而固定的因素，却没有注意到，这种意图"也可能成为一个多样化的、指向未来的意图，就像莎士比亚的第55首十四行诗那样……"① 因此，他同样强调了作者意图的历史生长性，及其为解释者的能动参与所预留的广阔空间。但赫施与伽达默尔的根本区别在于，他认为，意图的历史性并不意味着解释者可以走向相对主义的极端，并最终将初始意图置之度外。在他看来，作者塑造了意图，同时也为这些意图的解读制定了任何人都不能轻易逾越的最基本的规范。对于布莱克的神秘主义诗歌，不同历史阶段的人们可以从其中读出悲天悯人的宗教情怀，厌恶都市而渴望回归自然的梦想，或是后现代语境下人类生存困境的写照。但毫无疑问，如果有谁妄图从诗中阐发出量子力学的基本原理，那么他无疑将违逆诗人的底线而滑天下之大稽。② 因此，赫施再次申明，"有效的解释并不是被一个它们必须遵从的客体（意义）控制，而是由一个过去的意图控制，这个意图支配了所有随之而来的决定性程序"③。

第三节 一种"主体间性"格局

综上所述，意图在赫施的理论视域内呈现出了这样两幅面孔，一方面，它表征着一个稳固的基点，一个纯粹、整一而又难以撼动的"精神客观化物"；另一方面，它作为充溢着大量不确定点的能动创

---

① E. D. Hirsch, Jr., "Meaning and Significance Reinterpreted", *Critical Inquiry*, Vol. 11, No. 2, 1984, p. 205.

② 以上论述实际上引出了这样一个绕不过的问题：怎样明确把握这种隐含于意图之中的初始性规范？本书在下编中将介绍赫施对这一问题所做出的解答。

③ E. D. Hirsch, Jr., "Coming with Terms to Meaning", *Critical Inquiry*, Vol. 12, No. 3, 1986, p. 629. 关于意图之历史性的思考还将在第八章中结合"意义"与"指意"这两个关键概念而加以更集中呈现。

造的源头而存在，并进一步为接踵而至的解释行为提供了历史演进的充分可能。正是这样的双重立场将赫施的理论逐步推向了一种"主体间性"（intersubjectivity）的动态格局。

所谓"主体间性"产生于对过度膨胀的传统主体性概念的逆反，并日益发展成为了当代西方文化之中的一个重要命题。按照金元浦的看法，它"代表着共主体性与互主体性，它展示的是一种'主体—主体'结构。交流，其实就是互为主体的主体之间所进行的相互作用、相互对话、相互沟通、相互理解，这是人的基本存在方式"①。可以说，主体间性在哲学、社会学、伦理学、心理学、教育学等诸多领域都有所反映，而它的种种品质又最为具体、生动地表现在人们对文学解释的探讨之中。

解释学意义上的主体间性来源于胡塞尔为摆脱其思想中隐含的"唯我论"（solipsism）缺陷而做出的补救工作。在自己理论生涯的晚期，胡塞尔试图打破现代人习以为常的"主客二分"的僵化局面。因此，他希望消解传统意义上"自我"所占据的绝对的权威地位，继而努力营造一种自我与他者相互参照、彼此沟通的全新境界："我就是在我自身内，在我的先验还原了的纯粹意识生活中，与其他人一道，在可以说不是我个人综合构成的，而是对我来说陌生的、交互主体经验的意义上来经验这个世界的。"② 在他看来，主体间性意味着主客体依凭共同的中介而相互交流、彼此依赖，永远不会从属并消融于一个更高的存在之中。于是，正如丹麦学者扎哈维（Dan Zahavi）所指出的那样，当自我与他者真正走向摒弃成见、相得益彰的平等交流时，自我才会意识到，自己看待世界的方式只不过是众多可能方式中的微不足道的一种而已，而这种意识一旦产生，"我便再也不能在与对于对象的经验的关系中保持一个具有特权的地位"③。

---

① 金元浦：《文学解释学》，东北师范大学出版社1997年版，第123页。
② ［德］胡塞尔：《〈笛卡尔的沉思〉第五沉思——对作为单子论的交互主体性的先验存在领域的揭示》，载倪梁康选编《胡塞尔选集》，上海三联书店1997年版，第878页。
③ ［丹］丹·扎哈维：《胡塞尔现象学》，李伟忠译，上海译文出版社2007年版，第126页。

毋庸置疑，胡塞尔针对主体间性的思考同样在赫施的意图理论中得到了明显的体现。赫施坦言："意义是一件关乎意识的事，而不是物理的符号或事件。相应地，意识是一个与人相关联的问题，而参与到文本解释中的人是作者和读者。"① 也正是通过作者与读者之间的这种交互作用，赫施为人们呈现了一幅主体间性的鲜活画面：作为主体性之一端的创作者借助限定条件下的主动设计、安排、筹划，为读者游刃有余的开拓与发挥提供了充裕的空间；作为主体性之另一端的解读者则依凭持续不断的积极参与，在历史的超越性进程中彰显了自身存在的昂扬生机。在这样的背景下，传统意义上的"主客之分"早已不复存在，作者与读者彼此将对方奉为圭臬，并最终共同昭示了主体之间动态和谐的生动面貌。② 当然，必须承认，这种主体意向的双重投射必然是在将意图作为其绝对核心的基础之上才能够发生的，作者与读者切实地维护了意图的稳定与一致，又同时围绕意图这一枢纽而相互交织、融会贯通。

然而，还须看到，在主体间性理论中同样隐含着难以消解的矛盾与悖谬。具体到胡塞尔身上，对主体间性的推崇实际上并没有祛除他对于自我的热衷。正如倪良康指出的那样："在对交互主体性问题的分析中，意识所具有的一种特殊构造功能成为中心的课题，这个特殊的构造功能是指：一个单个主体的意识如何能够从自身出发并且超越出自身而构造出另一个主体。"③ 在胡塞尔展望的主体间性规划中，自我依然充当着一个不容置疑的绝对的"制高点"，由自我主导的意向性投射也依然是烛照万物并使之在人类意识中敞亮的最根本保障。在这一点上，赫施基本上重蹈了胡塞尔的覆辙。塔塔尔认为，赫施宣称"意义既是主体对初始情境加以重构的对象，又向未来的应用开

---

① E. D. Hirsch, Jr., *Validity in Interpretation*, New Haven: Yale University Press, 1967, p. 23.

② 本书第三章同样谈到过赫施对主体之间关系的思考，但当时的着眼点主要在于开掘赫施意图理论的道德上的深层动因，而此处的论述则试图从哲学角度切入，在本体论的思辨层面上探讨意图在赫施理论中所具备的基本品格。

③ 倪梁康：《现象学及其效应：胡塞尔与当代德国哲学》，生活·读书·新知三联书店1994年版，第146页。

放。……然而，赫施……依然预设了过去能够依凭其自身而得以被了解"①。诚如此言，赫施坚持将历史性意图视为其理论得以确立的第一出发点，而这样的态度从一开始便注定了作为意图之"起点"的作者将占据更大的优势地位，并最终获取难以撼动的绝对权威。于是，与胡塞尔相似，人们从赫施理论中所感受到的"交互主体性"在本质上其实是不平衡的，它至多只不过是一种稍纵即逝的幻象而已。②

---

① Burhanettin Tatar, *Interpretation and the Problem of the Intention of the Author: H. -G. Gadamer vs E. D. Hirsch*, Washington, D. C. : Council for Research in Values and Philosophy, 1998, pp. 2 – 3.

② 这种不平衡性在同伽达默尔类似观点的对照中得到了更加鲜明的体现。伽达默尔认为，历史性作品并非呆板、生硬的遗留物，而是一个与作为解读者的"我"处于对话情境中的"你"。在他眼中，我与你的最理想关系在于：我"真正把'你'作为'你'来经验，也就是说，不要忽视他的要求，并听取他对我们所说的东西。……对他人的开放性包含这样一种承认，即我必须接受某些反对我自己的东西，即使没有任何其他人要求我这样做"。不难见出，较之于伽达默尔所崇尚的这种主体之间的了无牵挂的开放状态，赫施在更大程度上强调了"我"对于隐藏于文本之中的"你"的无条件遵从。参见［德］汉斯－格奥尔格·加达默尔《真理与方法：哲学诠释学的基本特征》（上卷），洪汉鼎译，上海译文出版社2004年版，第469页。

第五章　意图和语言

语言，一直是个体生存、发展中不可或缺的维度。《文心雕龙·原道篇》有言："心生而言立，言立而文明，自然之道也。"① 海德格尔谈道："语言是存在之家。人居住在语言的寓所中。"② 维特根斯坦（Ludwig Wittgenstein）更是发出过这样的慨叹："我的语言的界限意谓我的世界的界限。"③ 可以说，人类自诞生伊始，便宿命般地浸泡在语言的海洋之中，并时时刻刻受到语言的限定、规划与塑造。毋庸置疑，在赫施的意图论思想体系中，语言始终占据着至关重要的地位，正是通过语言学层面上的敏锐诠释、持续开掘与积极建构，他不仅使作者意图呈现出了较之传统观点远为生动、丰富的面貌，同时也进一步推动了当代学术界围绕"意图"和"语言"关系的更深入思考。

第一节　问题的引入：亨普蒂·邓普蒂式的疑难

"我不明白你说'荣耀'（glory）是什么意思。"爱丽丝说。

亨普蒂·邓普蒂轻蔑地笑笑。"在我告诉你之前，你当然不会明白。我的意思是'你有一个无法反驳的论点'（there's a nice

---

① 周振甫：《文心雕龙今译》，中华书局1986年版，第10页。
② ［德］海德格尔：《路标》，孙周兴译，商务印书馆2000年版，第266页。
③ ［奥］路德维希·维特根斯坦：《逻辑哲学论》，贺绍甲译，商务印书馆1996年版，第85页。

knock-down argument for you)！"

"然而'荣耀'的意思并不是'无法反驳的论点'呀。"爱丽丝提出了异议。

"我用一个字眼的时候，"亨普蒂·邓普蒂显出一副瞧不起人的样子，"它的意思就是我要它表明的意思——不多不少。"

"问题在于，"爱丽丝说，"你不能让同一个字眼表明许多不同的东西。"

"问题在于，"亨普蒂·邓普蒂说，"哪一样东西为主——就是这么一回事。"①

赫施常常引用的上述桥段出自英国作家卡罗尔（Lewis Carroll）的《爱丽丝镜中奇遇》（*Through the Looking Glass*），在这篇童话中，亨普蒂·邓普蒂（Humpty Dumpty）这个坐在墙头的矮胖子展示出了令爱丽丝（Alice）啼笑皆非的逻辑，他认为，自己拥有对语言肆意差遣的绝对的统治力，甚至可以向语言"支付工资"来驱使其完成职责以外的任务。稍加留心不难发现，潜藏在亨氏论述之中的思路在于：言说者的主观意愿在同语言的对照中拥有绝对的优势，语词意义并非由语言使用的公共规范所决定，而是由使用者一手操控，并遵循其特定需求而得以生成。不难想见，在很多人看来，这样的观点无疑是荒谬异常的，它意味着对人际交往中的种种不容置疑的准则的强暴："语言的惯例支配着语词的意义，而意图无力对之横加干涉。"②换句话说，既然"荣耀"在约定俗成的语言体系中不可能等同于"无法反驳的论点"，那么，不管亨普蒂·邓普蒂的主观意愿如何，他都没有资格令这一语词表露出他所一厢情愿的意义。这就好比，我们无法用一串"吱吱嘎嘎"的杂音来表示"如果不下雨我就出门散

---

① E. D. Hirsch, Jr., *The Aims of Interpretation*, Chicago: University of Chicago Press, 1976, pp. 51-52. 译文参见［英］刘易斯·卡罗尔《爱丽丝漫游奇境（镜中奇遇）》，王永年译，中央编译出版社2003年版，第300页。

② Keith S. Donnellan, "Putting Humpty Dumpty Together Again", *The Philosophical Review*, Vol. 77, No. 2, 1968, p. 203.

步"。然而，与此同时，另一些人也提出，亨氏的高谈阔论并非全然荒诞不经，它由于突出了主体在意义分配中理应占据的优势地位而具备了一定程度上的合理性："语言规范促进了言语意义的交流……但它并没有建构言语意义。反之，任何陈述的意义都是言说者实际上意欲令其听众理解的东西。"① 这种观点认为，亨普蒂·邓普蒂是一位在语言的威权面前依然能不卑不亢地沉着思索的孤胆英雄，他其实是想通过某种激进的方式提醒人们：在对语言的效力顶礼膜拜的同时，也应当保持清醒的头脑，保持一份主体性的自觉。

不难想见，正是上述的意见分歧使亨普蒂·邓普蒂成为了解释学和语言哲学领域中长期为人们津津乐道的论题。而隐含于该论题之中的则是这样一个恒久的疑难：我们应当采取怎样的态度来对待语言，是不由分说地对之完全接管，还是唯唯诺诺地屈服、顺从？再或者，在以上两者之间是否还存在着调和性的"第三条道路"？在这个愈发与语言学产生密切关联的当代语境下，这样的问题显得更加尖锐，更具有现实意义。赫施从自己坚持的意图论立场出发，对上述问题做出了富有个性色彩的解答，并藉此继续推进了自己有关作者意图的理论思考。

第二节 意图先于语言：赫施对"语言学转向"的诊断

毫无疑问，"语言学转向"（the linguistic turn）可以算作是 20 世纪以来西方文论界最具震撼效应的变革之一。这一变革主要以哲学，尤其是英美分析哲学研究为起点，并逐步扩散到包括文学理论在内的当代欧美学术的整个领域之中。罗蒂认为，语言学转向的贡献在于"推动了从谈论一种表现媒介（medium）之经验到谈论作为媒介的语言本身的转变"②。哈比卜（M. A. R. Habib）指出，在 20 世纪，"几

---

① Michael Hancher, "Humpty Dumpty and Verbal Meaning", *The Journal of Aesthetics and Art Criticism*, Vol. 40, No. 1, 1981, p. 56.
② Richard M. Rorty, "Twenty-Five Years After", *The Linguistic Turn: Essays in Philosophical Method*, Richard M. Rorty ed., Chicago: The University of Chicago Press, 1992, p. 373.

乎所有的批评运动都将人类主体性视为语言的一种功能……"① 而克里斯蒂娜·拉方特（Cristina Lafont）则紧扣语言学转向的实质而做出了更为详尽的阐发："这种语言分析中的传统的哲学兴趣并非仅仅来自语言在我们同客观世界的关联中所扮演的关键角色……语言也被当作是我们与世界（它在本质上依赖于主体之间的交流）的交往，甚至是我们对自身的主观世界（它只有通过语言才能成为可表达的）加以体验的枢纽。"② 显而易见，蕴含于语言学转向之中的基本精神主要表现为：语言在人们眼中已经摆脱了被动的从属地位，转而跃升为了言说的前提、运思的目标乃至生存的最根本皈依。可以说，作为赫施理论创作高峰的 20 世纪六七十年代，恰恰也正是语言学转向在西方语境下如火如荼地开展的时期。不过，赫施并没有因此而迷失方向，相反，他始终对语言的优越地位保持着一份反思性的批判态度，这种批判最集中地表现在他对新批评和哲学解释学的相关论调的诊断之中。

一 对"语义自律论"的批驳

首先，赫施指出，语词序列无法将意图抛诸脑后而独自充当解释的依据和文本意义的源泉，这就涉及他对新批评所主张的那种孤立、自足的文本观的态度。正像罗伊斯·泰森（Lois Tyson）指出的那样，"文本自身"（the text itself）始终是新批评最为鲜明突出、最具战斗性的口号。③ 新批评的理论家们坚信，关于作者写作状况的林林总总的追问更多应当被归入传记写作者、心理学家、历史学家的关注范围，对于文学解释而言，它们只能提供少得可怜的帮助。以此出发，他们强调，作品意义只能产生于解释者对文本本身的观照，而与包括

---

① M. A. R. Habib, *A History of Literary Criticism: From Plato to the Present*, Oxford: Blackwell Publishing, 2005, p. 569.
② Cristina Lafont, *The Linguistic Turn in Hermeneutic Philosophy*, Cambridge: The MIT Press, 1999, X.
③ Lois Tyson, *Critical Theory Today: A User Friendly-guide*, New York and London: Routledge, 2006, p. 136.

作者意图在内的、外在于文本的其他一切因素无关。韦勒克（René Wellek）等人虽然指出了掌握作者信息对于批评工作所可能产生的辅助性价值，但同时也明确宣称："那种认为艺术纯粹是自我表现，是个人感情和经验的再现的观点，显然是错误的。"① 维姆萨特和比尔兹利则指出，将创作者的主观意图指认为文学作品的起源只会令我们陷入所谓"意图谬见"（intention fallacy）的误区："意图谬见在于将诗和诗的产生过程混淆……其始是从写诗的心理原因中推衍批评标准，其终则是传记式批评和相对主义。"② 他们认为，作者意图绝不可能成为对文学作品加以评判的适当依据，相反，一味执着于意图只会为批评活动带来沉重的桎梏与难以克服的障碍：这就好比在一个原本单纯、透明的晶体中掺入了许多杂质，从而使人们很难形成有关对象本身的清晰体认。因此，新批评所崇尚的是一种"删削""简化"与"剥离"的研究方式，它的最终目标在于针对语言文本自身的种种形式技巧而进行抽象、封闭的"细读"（close reading）式考察。

赫施认为，新批评完全架空文学作品的尝试可以被归入一种"语义自律论"（semantic autonomism）的范畴之内，而这种将全部希望寄托于文本本身的理论诉求其实只不过是一种自欺欺人的幻觉。在他看来，意义同意识相关而与语词无涉，"一串语词序列什么都不能表示，除非某人通过它而意指或是理解了某些东西"③。具体说来，文本在真空状况下只不过意味着囊括了音素、单词、短语、句子等语言单位的集合体，它本身并未携带丝毫的倾向性，自然也无法成为作品意义的最终裁决者。因此，新批评全身心专注于文本的姿态只不过是人为打造的虚假的面具，它同样必须依赖读者听凭主观召唤所进行的积极建构和参与。更为严重的是，由于读者可以从共同的语词序列中激发

---

① ［美］勒内·韦勒克、［美］奥斯汀·沃伦：《文学理论》，刘象愚等译，江苏教育出版社 2005 年版，第 79 页。
② ［美］威廉·K. 维姆萨特、［美］蒙罗·C. 比尔兹利：《感受谬见》，载赵毅衡编选《"新批评"文集》，百花文艺出版社 2001 年版，第 257 页。
③ E. D. Hirsch, Jr., *Validity in Interpretation*, New Haven: Yale University Press, 1967, p. 4.

各不相同的意义，而文本自身又无法为解释提供任何行之有效的标准，因此，所有的读者都有理由相信，自己正确地揭示了文本所理应表达的东西。正是基于对这一问题的认识，赫施宣称，语义自律论实际上堕入了一个难以挣脱的圈套：它将使人们对文本的任何解读都显得"似乎有效"。而最终，新批评企图以一种"与世隔绝"的方式来把握客观、可靠意义的努力只会带来适得其反的效果，执着于沉默不言的文本本身的意义探析只可能导致更加众说纷纭的混乱："它为主观主义（subjectivism）和相对主义（relativism）敞开了大门，因为，语言规范能够被应用以支持任何在字面上可能的意义。"① 无独有偶，赫施的看法恰恰在不少新批评代表人物的身上得到了强有力的回应。如艾略特便意识到，在针对诗歌文本的"原子化"考察中，诗歌意义将转化为"诗歌向各不相同的敏感的读者所意指的东西"②。燕卜荪（William Empsoon）则借助文学解读中特有的"朦胧"（ambiguity）现象而表达了类似的看法："我认为，当我们感到作者所指的东西并不清楚明了，同时，即使对原文没有误解也可能产生多种解释的时候，在这样的情况下，作品该处便可称之为朦胧。"③ 虽然他将朦胧（或译为"含混"）指认为诗歌中最具魅力的元素之一，但也并未否认，导致朦胧出现的源头恰恰是过分执着于文本所造成的认识上的莫衷一是。以上事实充分说明，赫施的观点在很大程度上道出了新批评理论中难以消除的困惑。

在此基础上，赫施重申，作者意图与这种意图所产生的实际效果是应当相互区分而不应彼此混淆的。他引用具体事例深化了自己的观点：如果一位诗人想要用自己的作品传达出一种荒凉（desolation）之感，而这首诗在读者那里却只能引起诸如"温润海滩"或是"晚霞降临"等多种体验的话，那么，这首诗中唯一的普遍意图依然是一种对荒凉的感受；也正是这种意图传达的成功或失败，成为了人们鉴别

---

① E. D. Hirsch, Jr., "Objective Interpretation", *PMLA*, Vol. 75, No. 4, 1960, p. 471.
② Thomas Stearns Eliot, *On Poetry and Poets*, New York: Octagon Books, 1975, p. 23.
③ [英]威廉·燕卜荪：《朦胧的七种类型》，周邦宪等译，中国美术学院出版社1996年版，"序言"第4页。

诗句之优劣的标准。借用这个例子，赫施试图说明，将文本完全置于公共性的评论之中其实是一种不负责任的逃避。这种做法只会带来各种反应的庞杂、混乱的堆砌，因此，即使是公众的意见也必须经受某种提示、规范和导引。而作者意图便当仁不让地成为了人们对文本意义加以限定的真正的律令："如果文本的意义不属于作者的话，便没有任何解释可能与文本意义相符合，因为在这种情况下，文本压根就无法拥有确定的或能够被确定的意义。"① 相较之下，语言文本对意义的生成只可能产生一种非决定性的补充作用："一个文本仅仅是意义的一个契机（occasion），它自身是一种模糊的形式，缺少意义所能够驻足的意识。"② 毫无疑问，赫施的论说再次触及了新批评理论中包藏的悖谬：既然新批评致力于开掘的种种结构、组织都是在创作者有意识的安排与筹划之下而得以完成的，那么，它实际上已经默认了使这些组织、结构得以生成的意图（或类似于意图的特征）的存在。这就如安妮·谢泼德（Anne Sheppard）谈到的那样："尽管形式主义（作者在此处将新批评归入了"形式主义"的范围之内——引者注）通常是与坚定地拒绝对艺术家意向的任何参照联系在一起的，但是，就形式主义者在一个艺术作品中寻找秩序和连贯性的过程而言，他实际上所寻找的，就是一个被具有意向的艺术家创作的对象所具有的那种模式特征。"③

二 对"本体论语言观"的审判

更进一步，赫施针对伽达默尔所代表的"本体论语言观"（ontological linguistics）而展开了审判。与前文提到的"语义自律论"相似，本体论语言观同样突出了语言作为文学研究的主要对象所具有的

---

① E. D. Hirsch, Jr., *Validity in Interpretation*, New Haven: Yale University Press, 1967, pp. 5 – 6.
② E. D. Hirsch, Jr., *The Aims of Interpretation*, Chicago: University of Chicago Press, 1976, p. 76.
③ ［英］安妮·谢泼德：《美学：艺术哲学引论》，艾彦译，辽宁教育出版社1998年版，第156页。

重大价值，但二者之间的差异仍然十分明显：如果说，语义自律论主要立足于一种科学主义的研究态度，将文本视为一个可进行抽象分析并提炼出若干规律的独立、自足的对象的话；那么，本体论语言观的倡导者则更倾向于透过形而上的哲性维度来描述语言所具有的无远弗届的强大能量。在他们看来，语言并不是可有可无的外在的"附庸"，而是早已内化为人类最刻骨铭心的思维与感受方式。人们总是为语言所环绕、包裹，并通过语词的吐露来昭示自身的存在。也正是基于这样的理由，语言将凌驾于包括意图在内的一切因素而成为意义的最终主宰。

　　本体论语言观的理论主张并非想当然地生成，而是遵循了一条循序渐进的发展线路。在人类文明的很长一个时段，语言都被贬低为人际交往的全然被动的"工具"。如亚里士多德很早便在其《解释篇》（"De Interpretaione"）中指出："口语是心灵的经验的符号，而文字则是口语的符号。"① 在他看来，语言的存在固然使人类的一切交流与表达行为得以发生，但同时，语言又仅仅充当着传递思想的"中介"或是"载体"，仅仅是某种被人们随意征用的消极的对象。而中国古代的"文以载道""词达而已矣"等说法无不暗示出了对待语言的类似态度。对于这一点，德国语言学家洪堡特（Wilhelm von Humboldts）从19世纪开始便提出了反对意见："我们不应把语言视为僵死的制成品……而是必须在很大程度上将语言看作一种创造……"② 他认为，人们无须过分关注语言所起到的命名或表达作用，而应当强调其作为一种能动、开放的创造性活动与人类内在精神的相互影响。继洪堡特之后，海德格尔指出，语言是最切近人类本质的所在，我们不能借助其他因素而擅自规定语言的本质，相反，我们必须恭敬地沉潜于语言之中，并全心全意地听从其召唤："对语言的深思便要求我们深入到语言之说话中去，以便在语言那里，也即在语言之说话而不

---

① ［古希腊］亚里士多德：《范畴篇 解释篇》，方书春译，商务印书馆1959年版，第55页。
② ［德］威廉·冯·洪堡特：《论人类语言结构的差异及其对人类精神发展的影响》，姚小平译，商务印书馆1999年版，第55页。

是在我们人之说话中，取得居留之所。"① 于是，不是我们在说出语言，而是我们在懵懂惶惑之际为语言所倾诉，作为"必死之躯"的人类唯有将自己卑微的生命交付给语言的支配，才可能获取其存在的最基本保障。伽达默尔进一步发展了海氏的既有主张，在他的理论视域内，通常被理解为理性之代言人的"逻各斯"（logos）在更大程度上应当回归其语言层面的初始意义，语言也因此拒绝一切偶缘性而化身为世界、历史、文化等因素得以成立的先决条件。具体到解释学领域，伽达默尔提出："能被理解的存在就是语言（Sein, das verstanden werden Rann, ist Sprache）。"② 在他看来，理解的目的并非刺破语言的外壳而洞悉深层的真理，相反，语言始终是理解的先决条件、本质内容与最终的归宿。当人们意识到这一点时，他必将心甘情愿地接受语言所带来的形而上学之光的洗礼。因此，较之于语言所展现的全部生命力与无限可能性，环绕在其周遭的一切都将被视作某种无关紧要的点缀，其中主体性的意图维度也不例外。正是基于上述理由，在讨论艺术语言和艺术家的关系时，伽达默尔才会明确指出，艺术语言本身便意味着一种难以穷尽的意义的充盈，而这也在一定程度上意味着作者意图在艺术解释中的失效：

> 当然，艺术家本人在他的这一部或另一部作品中对他所说的内容加以评论可能是有趣的。但是艺术语言意味着在作品自身中所呈现的意义过剩。将艺术语言与所有概念翻译加以区分的不可穷尽性依靠的就是这种意义过剩。由此可以推断：在理解一件艺术作品中，我们不可能满足于这一珍爱的解释学规则，即作者的意图（mens auctoris）限制了本文（即"文本"——引者注）中提出的理解的任务。相反，正是这种包容了艺术语言的解释学透视的扩大，才使得这一点变得明显起来，即意义行为的主观性很

---

① ［德］海德格尔：《在通向语言的途中》，孙周兴译，商务印书馆1997年版，第3页。
② ［德］汉斯-格奥尔格·加达默尔：《真理与方法：哲学诠释学的基本特征》（下卷），洪汉鼎译，上海译文出版社2004年版，第615页。

少足以表示理解的客体。①

本体论语言观的倡导者相信,语言不可逆转地统摄了包括个体思维与行动方式在内的整个世界。针对这样的见解,赫施提出了自己的疑问,他指出,本体论语言观实际上来源于对语言之功效的过度夸大,而他所担负的任务正是"拒绝对变动不居的、地方性的语言效果加以绝对先验的普遍化"②。他主要从两方面展开了自己的论说。首先,我们必须正视存在于日常生活中的大量无法用语言表达的经验。举例而言,许多独特而私人化的姿态、情绪、状况,如情侣之间的呢喃,通行于小圈子之内的暗号,个体在特定的时间、地点所获取的仅仅属于自己的感受,等等,尽管与之搭配的专门术语尚未出现,但它们无疑是真切存在并可以为人们所体察和感悟的。在此基础上,赫施指出,对于这些难以言表的复杂现象,人们往往倾向于依托既有的感受,在内心搭建起某种轮廓性的意义框架,然后再搜肠刮肚地寻找甚至创造适当的语汇而对其加以表述。因此,很明显,说语言始终先于意义在逻辑上是蹊跷而站不住脚的。③

更进一步,赫施指出,语言并不能毫无保留地覆盖一切的解释活动,相反,在某些情况下,语言也可能暴露出自身为意图所左右的属性。在这里,赫施借鉴了索绪尔对"语言"(language)和"言语"(parole)的区分。索绪尔指出,对人类语言活动的研究应当是一分为二的:"一部分是主要的,它以实质上是社会的、不依赖于个人的语

---

① [德]伽达默尔:《美学与解释学》,严平译,载严平编选《伽达默尔集》,上海远东出版社1997年版,第479—480页。

② E. D. Hirsch, Jr., *Validity in Interpretation*, New Haven: Yale University Press, 1967, p. 29.

③ 在聚焦于阅读与写作教学的后期研究中,赫施从心理学层面切入,从而进一步巩固了自己的论点。他发现,在阅读一个由很多语词组成的段落时,读者常常无法记住该段落中较早出现的词汇与句法形式,在他脑海中留下深刻印象的,往往是那些作为意义(而不是作为语言)而得以呈现的东西。因此,赫施再次强调:"是意义,而不是语言形式为读者提供了理解其正在阅读的话语内容的一个至关重要的背景。"参见 E. D. Hirsch, Jr., *The Philosophy of Composition*, Chicago: University of Chicago Press, 1977, p. 86。

言为研究对象，这种研究纯粹是心理的；另一部分是次要的，它以言语活动的个人部分，即言语，其中包括发音，为研究对象，它是心理·物理的。"① 在他看来，语言是一种人际交往的普遍的公共契约，同时又是一种潜在而广泛的"可能性"系统；言语则是由个体积极、主动的选择所形构的语言符号的集合，它代表着对语言的具体而多元的现实应用，包括文学创作在内的种种书写行为其实也正是这种应用的鲜活而生动的写照。举例而言，语言就像车站的时刻表，它为每一辆列车何时出发、何时抵达设立了最基本的规定；而言语就像每一辆列车出发或抵达的实际情况，它将抽象的规定贯彻到了具体的行为之中。诚然，语言的重要性是不容撼动的，它可以为纷繁多样的言语活动提供某种规范性的指引。但同时，索绪尔也承认，语言并不能依凭其抽象结构而指涉任何确切的对象。只有当深入到实际的言语行为之中并为个体意识所体认时，语言才可能结束自己同现实情境之间的分离而获取切实可行的意义。以之为依据，赫施指出，伽达默尔在一味强调语言所具有的令人折服的本体论效应的同时，也戏剧性地忽视了无数个体人在言语层面上的千差万别的表意实践。按照伽达默尔对语言的理解，我们无法决定文本在给定时刻所传达的具体意义，因为在他的预设之下，语言是永远处于未完成状态，永远漫无边际而无法落到实处的，自然，人们也"无法从原则上，更不用说在实践中，来区分什么是意义，什么不是"②。因此，赫施主张，人们不应该像伽达默尔一般沉溺于对神秘而漂浮不定的语言的礼赞之中，他们更应当关注的，是语言在当下情境的具体应用及其特定表现形态，"这是因为，只有当一件文本意指某些东西，而不仅仅是任何东西时，解释才能成为一项足以依凭的规划"③。

---

① ［瑞士］费迪南·德·索绪尔：《普通语言学教程》，高名凯译，商务印书馆1980年版，第41页。
② E. D. Hirsch, Jr., "Truth and Method in Interpretation", *The Review of Metaphysics*, Vol. 18, No. 3, 1965, p. 493.
③ E. D. Hirsch, Jr., "Truth and Method in Interpretation", *The Review of Metaphysics*, Vol. 18, No. 3, 1965, pp. 492–493.

由此出发，赫施再次凸显了作者意图对于理解的决定作用。他指出，总体性的语言规范固然可以为意义的生成划定一条基本的界限，但同时，这种规范也必将伴随具体使用情境的转换和表达者精神状况的差异而衍生出意义的多种可能性状态，因而，它"既不是统一的，也不是稳固的，它伴随着每一种有待解释的特定表述而发生变化"①。面对这样的情况，言语行为的意义在很大程度上就必须依靠追溯作者意图而得以彰显。赫施以"bachelor"和"unmarried man"这两个单词的使用为例来说明自己的论点，其中前者在英语中是一个正式的用语，通常表示"单身汉"或"学士学位"，而后者则代表对"未婚男子"的通俗称呼。很明显，从最一般的语言规范来看，两者在孤立状况下是绝对不能相提并论的。然而，在一段单身贵族俱乐部的章程中，情况却发生了变化：

> 这是一间为单身汉（bachelors）准备的俱乐部。经验告诉我们，这个小镇既不能为未婚男子（unmarried men）提供吃饭、饮酒，以及安静地和同行的单身汉（bachelors）闲聊的便利场所，也无法为他们提供任何可以自由地吸引单身女性目光的地方。作为署名人的我们特此创立了保尔俱乐部（Bower Club）并为其发放许可证，只有未婚男子（unmarried men），也就是说，只有单身汉（bachelors）能够作为会员或嘉宾而进入这一区域。②

不难见出，在上述包含特定目标的言语序列中，"bachelor"和"unmarried man"的含义变得无限接近。借助这样的例证，赫施雄辩地宣称：语言在实际运用之中的超乎想象的"弹性"既可以令不同的语词在意义上相互交叠，也能够在同一个词语当中引发严重的"人格分裂"。既然具体的语言表达是如此的微妙而难以把握，那么最终，

---

① E. D. Hirsch, Jr., *Validity in Interpretation*, New Haven: Yale University Press, 1967, p. 31.

② E. D. Hirsch, Jr., *The Aims of Interpretation*, Chicago: University of Chicago Press, 1976, p. 61.

对语言使用者（在此处是这条章程的撰写者）本人意图的探知，便顺理成章地成为了使语词意义得以明确化的最为切实可行的保障。

综上可知，经由对语义自律论的批驳，以及对本体论语言观的审判，赫施展开了对"语言学转向"的深度反思和敏锐批判。赫施对语言的态度在中国古代文论中同样能找到回应。《周易·系辞上》有言："书不尽言，言不尽意。"① 这样的见解使人们认识到，任何语言都无法对人类纷繁、复杂的表意世界加以淋漓尽致的摹写与刻画。庄子在《外物》篇中则进一步谈道："筌者所以在鱼，得鱼而忘筌；蹄者所以在兔，得兔而忘蹄；言者所以在意，得意而忘言。"② 由此出发，他鼓励人们抛去语言的桎梏，去追寻一种朦胧含蓄、"言有尽而意无穷"的高妙境界。无可否认，赫施的观点与上述说法有着鲜明的相似之处，即强调了语言所根深蒂固的局限性，以及意义凌驾于语言之上的优越地位。然而，相较于中国古代哲人对于语言之效用的淡漠乃至消解，在赫施看来，即便是作者意图也无法将语言的效力一笔勾销。接下来，我们还将发现，意图和语言在赫施的理论中呈现出了更加耐人寻味的纠缠与交织状态。

第三节 "言说主体"与意图理论的"作者建构"

维特根斯坦曾经谈到，假如我们每个人都有着一个对他人而言绝对私密的盒子，盒子里装的东西各有不同，我们都把自己的东西叫作"甲虫"，并且唯有在看到这种东西后才知道所谓的甲虫是什么，那么实际上，能够在人与人之间有效传达的便只不过是"甲虫"这一称谓，而我们具体拥有的东西则显得无关紧要："盒子里的东西在该语言游戏中根本没有位置；甚至作为某种东西也不行，因为盒子甚至可能是空的。——不，盒子里的东西可以被完全'约简'；它被消去

---

① 周振甫译注：《周易译注》，中华书局1991年版，第250页。
② 陈鼓应注译：《庄子今注今译》，中华书局1983年版，第725页。

了，无论它是什么。"① 借用这一巧妙的譬喻，维特根斯坦试图说明，语言的本性在于向公众的交流开放，真正秘而不宣的语言是完全不存在的，因此，任何个性化的意图要想为人理解，就必须依赖语言的传导作用并同时接受公共语言规范的约束。按照这种看法，亨普蒂·邓普蒂的主张无疑陷入了一种不可理喻的集权主义逻辑：不难想见，如果一味夸大主观意图对于语言的塑造作用，那么，人们将不必为自己说错的话负责，因为他可以为此辩解，我本来的意思是如何如何。如此一来，奥威尔（George Orwell）笔下那种肆意曲解语义而奴化民众的阴谋也必然会在现实生活中大行其道。

可以说，赫施在某种程度上吸纳了维特根斯坦的精神。他指出，强调意图先于语言并非不分青红皂白地将语言拒之门外，相反，一切经由文本而传达的意义都将在某种程度上同语言挂钩，因此也无法消除蕴含于语言之中的形而上律令的影响。于是，意图在对语义加以限定的同时，也同样必须接受语言的强有力的支配："爱丽丝说得对，亨普蒂·邓普蒂不能令语词成功地表示他所期许的任何意义。"② 在这种认识的引导下，赫施提出，解释者应尽量避免"使诗人的态度比诗歌本身更加重要"的错误，他必须以文本为基础而展开对意义的开掘工作。更进一步，赫施通过对"言说主体"（speaking subject）这一概念的打造而推进了自己的论述，从而实现了对"意图"和"语言"关系的更为细致的梳理。

早在 1960 年，赫施就已经对把握作者意图的基本方式做出了明确的规定，他相信，解释者的主要任务在于努力重建包括思维逻辑、情绪态度、文化背景在内的作者的整个世界，而这一切的重建无不又必须归结到"想象性地重构言说主体"之上。③ 在这里，赫施实际上表达了这样的意思：任何对于意图的追问都必须落实到创作者的主体性层面，然而，这种作为主体的作者又绝不能简单等同于现实生活中

---

① ［奥］维特根斯坦：《哲学研究》，李步楼译，商务印书馆1996年版，第150页。
② E. D. Hirsch, Jr., *Validity in Interpretation*, New Haven: Yale University Press, 1967, p. 27.
③ E. D. Hirsch, Jr., "Objective Interpretation", *PMLA*, Vol. 75, No. 4, 1960, p. 478.

血肉丰满的个体生命，他必须被置换为某种立足于文本之中，并同时和语言相互交织的特定"构成物"。在他眼中，言说主体只不过是作者全部主体性之中的一个非常有限的方面，"也就是说，它代表着作者对言语意义加以确定和具体化的'部分'"①。具体说来，言说主体起到的是一种中介式的转换作用，它使得意图不再意味着一种纯粹主观的、充满变数的模糊存在，而是成为了作者意指意义在文本之中的具体实现，成为了真切呈现于语言表现之中的，相对固着、确定的对象。不难见出，言说主体的形成受到了德国哲学家卡西尔（Ernst Cassirer）的深刻影响，卡西尔在其代表作《人论》（*An Essay on Man*）中这样谈道：

> 人不再生活在一个单纯的物理宇宙之中，而是生活在一个符号宇宙之中。语言、神话、艺术和宗教则是这个符号宇宙的各部分，它们是组成符号之网的不同丝线，是人类经验的交织之网。人类在思想和经验之中取得的一切进步都使这符号之网更为精巧和牢固。②

依照卡西尔之见，人类自诞生伊始，便被形形色色的符号（symbols）所裹挟包围，故而，人并非理性的动物，而更莫过于一种"符号的动物"（animal symbolicum）。进而言之，在人与符号之间，还存在着意味深长的交互作用：一方面，符号为人们提供了体察现实生活的恰切路径，并不断编织、塑造着人类的经验网络；另一方面，正是通过主体对符号世界的持续介入，包括语言、神话、艺术和宗教在内的种种符号才能够伴随人类活动而得以不断延续和拓展。赫施由此推断，在人类主体同客观化的语言符号之间存在着一种相互持存的关系。而他围绕言说主体所进行的阐发，实际上也生动形象地演绎了这种主客体之间融会贯通的基本思路。可以说，在这样的理论背景下，

---

① E. D. Hirsch, Jr., "Objective Interpretation", *PMLA*, Vol. 75, No. 4, 1960, p. 478.
② ［德］恩斯特·卡西尔：《人论》，甘阳译，上海译文出版社1985年版，第33页。

围绕意图的探讨便既要考虑到对于作者主观精神的叩问,又必须借助切入语言的方式,从文本自身去寻找答案。

赫施设立言说主体的最直接动机在于澄清有关意图的种种先入之见。人们通常认为,对作者意图的探究只不过是一句永远也兑现不了的诺言。这是因为:其一,关于作者的信息无法轻易获取。开个玩笑,我们不可能向莎士比亚打电话询问《哈姆雷特》的写作背景,或是上门拜访乔伊斯(James Joyce),请他为我们讲解《芬尼根守灵夜》(*Finnegans Wake*)的思想内涵。其二,即使侥幸同作者相遇,并说服其接受自己的盘问,我们所得到的情报仍然很可能是误导性的,这是因为,作者或者不愿让我们了解其内心的真实想法,从而故意设下某种"陷阱"或"圈套";或者即便对自己的创作心态也还是一片茫然;再或者,他的见解本来就处于不断的变化、演进之中:"艺术家们对其意向的陈述时常是不可用的。……我们并不总是自己的行动的最可靠的解释者,而艺术家们也并不总是他们自己的艺术作品的最可靠的解释者。"① 赫施提出,上述批评的错误在于将意图理论草率等同于那种"对文学史加以实证研究的天真的想法"②,即主张借助因果上的必然关联,从作者的生平经历、兴趣爱好等资料出发而对其意图加以追问。他强调,意图绝不能被简单指认为创作时在作者头脑中发生的一切,相反,作者纷繁驳杂的内心活动只有在凝固为某种"给定物"的瞬间,才能被归入意图之列并对解释负责,而言说主体所担负的便恰恰是这种"具体化"的工作。他举出说谎的例子来阐明自己的论点,在说谎行为中,说话人看似严肃、认真地表达着自己的意见,而他内心的真实想法却与其所言截然相反——那么,谎言真正意指的又是什么?赫施认为,这段谎言的意义就在于谎言本身,也就是说,就在于言说主体在一段相对凝固的语词序列中所确立下来的

---

① [英]安妮·谢泼德:《美学:艺术哲学引论》,艾彦译,辽宁教育出版社1998年版,第132页。
② E. D. Hirsch, Jr., *Validity in Interpretation*, New Haven: Yale University Press, 1967, p. 3.

内容，而谎言欺骗的成功也证实了讲述者意图的有效传达。① 同理，在文学解释中，言说主体其实充当着使意图得以有效表达的最重要环节，它所支撑的并不是作者如大海般汪洋恣肆的感觉与经验体系，而是其主观精神在现实交往中，在公共语言规范的指引、调节、控制下所呈现出的真切可感的现实状貌。诚然，这种"现实化物"在同作者整个内在世界的对照中只不过是沧海一粟，但它无疑为我们对作者意图的观照提供了最为坚实而稳固的契机。因此，赫施认为，在言说主体的作用下，意图已不再是那种难以捉摸的"物自体"般的存在，而是能获取确切、可靠的体察与把握。例如，在阅读王尔德（Oscar Wilde）的《道林·格雷的画像》（*The Picture of Dorian Gray*）时，人们不必纠结于作者的创作声明、情趣秉性，乃至日常生活中的花边八卦等琐屑、私密的材料，相反，他们所应当关注的是呈现于自己眼前的实实在在的语言文字，以及作者隐含于其中的具体、可感的精神脉络。这就像霍埃观察到的那样，赫施将意图视为了"一个语言术语，基本上可以共享的文字含义；而不是一个心理学术语，作者心中私有的含义"。②

言说主体的另一个作用是淡化所谓现实作者"不可考证"的问题。人们常常相信，如果无法为一部作品确立一位名副其实的作者的话，那么，读者便无法通过对作者的种种外在状况的追问而达成关于其初始意图的理解——直到某个切实、可信的作者被发现为止。对于上述看法，赫施提出了明确的反对意见，他这样论述了对待"无名氏"作者之文本的应有态度："关键在于，不仅仅要设置某个作者或是其他什么人，而且还要设置一种特定的主观立场……所有的文本，包括匿名的文本，都是'被归诸（attributed）某人的'。"③ 毋庸置疑，这个被归结的对象正是驻扎于文本之内的言说主体，由于它主要涉及作者精神为具体的语言表述所落实的成分，因此，与这种表述无

---

① E. D. Hirsch, Jr., "Objective Interpretation", *PMLA*, Vol. 75, No. 4, 1960, p. 478.
② ［美］D. C. 霍埃：《批评的循环——文史哲解释学》，兰金仁译，辽宁人民出版社1987年版，第36页。
③ E. D. Hirsch, Jr., "Objective Interpretation", *PMLA*, Vol. 75, No. 4, 1960, p. 477.

关的作者的额外状况便显得可有可无了。也正是基于这样的理由，即使《旧约·雅歌》部分的作者至今尚不得人知，我们仍然可以从作品的字里行间体会到较为明确的意图的传达，并进而从现实生活中丰富多彩的男女恋情上升到一种庄重的"神性之爱"；即使《金瓶梅》的作者"兰陵笑笑生"只不过是一个假托的称号，但这样的局面同样无法阻碍我们感受作者所塑造的驳杂、丰富的市井生活，以及弥漫于其中的情欲解放的暧昧气息。

在此基础上，言说主体还同新批评等学派的相关论说产生了相互比照的可能。首先，言说主体与新批评关于"有戏剧表现力的说话者"（dramatic speaker）发生了微妙的关联。在《意图谬见》一文中，维姆萨特等人承认，诗歌可能携带作者的某些个性化特征，但同时又指出，这些个体因素是假借某个潜藏于诗歌文本之内的"说话者"而得以呈现的："但即使一首短短的抒情诗也是有戏剧性的，也是一位说话人（无论其构思多么抽象）对于某一特定处境（无论其多么具有普遍意义）的反应。我们应当把诗中的思想、观点直接归于那有戏剧表现力的说话者……"[①] 表面上看，言说主体与新批评的这一概念在性质和功能上十分相似，但实际上，两者之间还是存在着原则性的区别：在新批评理论家眼中，作品自诞生伊始便截断了同作者的血脉关联，而不再轻易接受其意念的支配，在这样的前提下，有戏剧表现力的说话者便更类似于一种朝向读者开放的、客观化的"公共事件"，它充其量不过是一种表面上接近作者的存在而已。相较之下，言说主体所呈现的意义则实实在在地来源于对现实作者所意欲之内容的部分占有，甚至可以说，言说主体的重要性正是通过作者在现实层面上的意义赋予而得以凸显的。

其次，言说主体还与叙事学中的"隐含作者"（implied author）命题存在着类比空间。所谓隐含作者，来源于赫施好友、芝加哥学派领袖韦恩·布斯在《小说修辞学》（*The Rhetoric of Fiction*）中的相

---

① ［美］威廉·K.维姆萨特、［美］蒙罗·C.比尔兹利：《意图谬见》，载赵毅衡编选《"新批评"文集》，百花文艺出版社2001年版，第235—236页。

关论说，主要指现实作者安置于文本之中的、凝聚着自己价值观念的"替身"式存在："我们必须说各种替身，因为不管一位作者怎样试图一贯真诚，他的不同作品都将含有不同的替身，即不同的思想规范组成的理想。正如一个人的私人信件，根据与每个通信人的不同关系和每封信的目的，含有他的自我的不同替身，因此，作家也根据具体作品的需要，用不同的态度表明自己。"① 在通常意义上，隐含作者作为真实作者"第二自我"的显现，必然携带着真实作者的某种情感与期许，从而与具体承载作者意图的言说主体产生了某些共鸣。但无法否认的是，隐含作者作为一个严格意义上的叙事单位，必然又与言说主体存在着较大的差异：一方面，潜伏于文本之中的隐含作者仅仅是沟通真实作者与文本叙述者的一段桥梁，只能通过种种暗示性的表现来召唤读者的发掘、体悟；另一方面，相对而言，隐含作者具有更加自由的发挥余地，它可以与真实作者的见解基本一致，也可能由于种种难以预料的状况而与之严重抵牾。与之不同，在赫施这里，言说主体同现实作者在意向层面上保持着更加紧密的关联。

从本质上看，言说主体所对应的其实是一种与意图理论相匹配的"作者建构"（author construct）。如前所述，埃尔文曾借助一种灵活的、观念性的"建构"（construct）来描述作者身份在当代语境下多元化的演绎方式，而他本人的目标则锁定在发展出一种适用于意图论解释学的作者建构之上。在这一点上，埃尔文受到了福柯的启发，他意识到，福柯通过对"作者"（author）与"书写者"（writer）的界定，而大致地区分了我们在解释中所构造的作者形象和具体生产出文本的历史性动因。由此出发，埃尔文试图对福柯的论说加以提升，借助在德语中表示"起源"的前缀"ur"，他将指向意图的解释命名为"源解释"（urinterpretation），与之呼应，这种解释所聚焦的对象便应当被冠以"源作者"（urauthor）的称号。在他眼中，源作者并不是文

---

① ［美］W. C. 布斯：《小说修辞学》，华明等译，北京大学出版社1987年版，第80—81页。

本的实际创造者，而是"在一切相关方面尽可能类似于历史性生产者的一种精神构成物"①。这种构成物促使解释者不再苦心孤诣地在那个实存的作者身上锱铢必较，转而将关注的范围缩减为了更为关键且更宜于把握的主体精神的特定层面，从而不仅提供了切近作者意图的最足资依凭的渠道，也当之无愧地成为了一种真正与意图论解释学彼此契合的、理想的作者建构。更进一步，埃尔文指出，从根本上说，源作者是体现于语言性维度之中，并借助对文本的考察而得以领会的："作者的在场是否可以在逻辑上暗示作者建构的在场？这是可以的，只要我们将某事物承认为文本。"② 显而易见，赫施的言说主体实际上顺应并充实了埃尔文关于作者建构的既有论说，它使人们对意图的解释不再是一种凭空伸入作者主观世界的、缘木求鱼式的追问，而是获得了立足于语言规范的坚实根基。

不过，必须看到，在两人的理论姿态上同样存在着较为显著的差异。埃尔文始终信奉的是一种激进化的意图论主张，他声称，文本在意图面前始终是苍白无力的，"它自身为作者意图——也就是说，为作者意欲通过文本而传达的东西——所决定"③。与之不同，赫施的言说主体则更加关注语言性文本对于主体意图的实现所发挥的重要效用。在他看来，由于读者往往倾向于在不同情境下采取不同的态度，因此，如实、客观地呈现在他们面前的文本，才是引领其通达作者意图的最为可靠的线索。当然，赫施也并未因此而轻率否弃意图在自己的理论中所占据的"第一性"位置。他坚信，纵使文本始终占据着某种居高临下的权威般的位置，解释者也应当竭尽所能地实现对这种权威的彻底超越，"惟其如此，他才可能避免那恶劣的循环"④。而在他眼中，作者意图无疑便充当着这种超越的终极旨归。可以说，在对

---

① William Irwin, *Intentionalist Interpretation: A Philosophical Explanation and Defense*, Westport, Conn: Greenwood Press, 1999, p. 61.
② William Irwin, *Intentionalist Interpretation: A Philosophical Explanation and Defense*, p. 31.
③ William Irwin, *Intentionalist Interpretation: A Philosophical Explanation and Defense*, p. 39.
④ E. D. Hirsch, Jr., "Objective Interpretation", *PMLA*, Vol. 75, No. 4, 1960, p. 478. 所谓"恶劣的循环"，在此指过度执着于语言所带来的种种成见、矛盾与偏颇。

待语言形式的态度上,我们能清晰体察到贝蒂"富有意义的形式"观念对赫施的巨大影响。

应该看到,赫施对意图与语言关系的探讨在现今文化背景下具有突出的价值。一个必须承认的事实是,"语言学转向"在依凭其巨大的建构作用而引人瞩目的同时,更因为暗含于其中的某种极端化倾向而引发了越来越多的反思:"人类'理解'的范围并非由语言所界划,相反,语言仅仅是一种表达的模式,通过这种模式,我们试图理解并传达出我们自己的经验,包括我们的前语言的经验(prelinguistic experience)。"① 然而,正如福柯所说的那样:"为了弄清楚什么是文学,我不会去研究它的内在结构。我更愿去了解某种被遗忘、被忽视的非文学的话语是怎样通过一系列的运动和过程进入到文学领域中去的。"② 为了抵制过分依赖语言所造成的负面效应,人们往往又轻易地走向另一个极端,他们沉迷于所谓的"外部研究",完全从权力、性别、种族、阶级、意识形态等外在于文本的"背景"出发对意义加以开掘,相应地忽视了作为"公共存在"的语言所具有的独特价值。③ 在这种不太正常的学术氛围中,赫施的思考实际上发挥了一种居间协调的作用:一方面,他强调了作者意图的主观能动特质,驳斥了种种对语言的本体论地位加以片面夸大的盲目冲动;另一方面,他也并未忽视,由语言所形构的文学文本是意义得以维系的最基本载体,也是解释者探寻意义的最可靠途径。也正是这样的理论姿态,使赫施在主观化、私人性的意图维度与客观化、社会性的语言维度之间实现了微妙而别具意味的调和。

不过,就像塔塔尔点明的那样:"既然语言太过灵活,以至于无

---

① Jeff Mitscherling, Tanya DiTommaso and Aref Nayed, *The Author's Intention*, Lanham, Md.: Lexington Books, 2004, pp. 1 – 2.
② [法]福柯:《文化的斜坡》,严锋译,载包亚明主编《权力的眼睛——福柯访谈录》,上海人民出版社1997年版,第90页。
③ 法国批评家伊里加雷(Luce Irigaray)对此深有体会。她观察到,当代人文学术的一大症候,在于"关于内容的争论几乎没有考虑到内容信息的'载体'"。参见[法]吕斯·伊里加雷《三种风格》,傅其林译,载阎嘉主编《文学理论精粹读本》,中国人民大学出版社2006年版,第41页。

法关联到历史性作者的确切意图,而历史性作者的完成又反映在文本的语言之中,那么,这种完成便太过模糊,以至于无法指涉作者的明确的欲想或是愿望。"① 在现实的文学创作中,意图同语言之间的关系是十分复杂的,两者之间的相互转换也无疑是一个极端繁琐而难以被"定型"的过程,它并非突然到来的、被凝固的瞬间,而是经历了持续不断的发展与变迁。在这样的过程中,意图可能由一种粗疏而短暂的灵感或思绪逐步走向成熟、丰满、完善,也可能因为作者人生经历的改变或思考的加深而面临巨大的调整,更可能在具体落实于文字之际出现一种"难以尽意"的情形。在这个问题上,郑板桥有关"眼中之竹""胸中之竹"和"手中之竹"之间难以通约的描述为我们带来了最为生动、形象的说明:

> 江馆清秋,晨起看竹。烟光、日影、露气,皆浮动于疏枝密叶之间。胸中勃勃,遂有画意。其实胸中之竹,并不是眼中之竹也。因而磨墨展纸,落笔倏作变相,手中之竹又不是胸中之竹也。②

如果将郑板桥的绘画经验挪用到文学创作之中的话,那么,大体上看,"眼中之竹"代表了催动作者意图产生的直观、生动的外在形象,"胸中之竹"对应着作者借助回忆、沉思、想象、联想、简化、综合等心理活动而形构的大致明确的创作意图,"手中之竹"则类似于这种意图通过作者的遣词造句而在语言文字符号中的具体表现。显然,在上述三种状态之间存在着极为复杂的关系,它们是绝不可能被"一对一"地相互置换的。然而,赫施却笃信,从现实作者到言说主体的转化是一挥而就的,也是能绝对而彻底地达成的,从而将个体主观性与文本的客观持存之间所存在的巨大"间隙"视为无物。正是

---

① Burhanettin Tatar, *Interpretation and the Problem of the Intention of the Author: H.-G. Gadamer vs E. D. Hirsch*, Washington, D. C.: Council for Research in Values and Philosophy, 1998, p. 51.

② [清]郑燮:《郑板桥集》(下册),台北:新兴书局1966年版,第283—284页。

出于这样的理由，那种被"具体化"的作者意图便更类似于赫施依凭一己之念所轻易拟定的构想，而不是一个能接受实践检验的合格的实体，赫施的理论也因此而呈现出了过分理想化乃至极端武断的面貌。

第六章　意图和语境

在上文谈论意图和语言的关系时，一个同样重要的问题其实已经浮出了水面，那便是任何陈述（statements）都必不可少地发生于其中的"语境"（context）。埃利斯（John M. Ellis）敏锐地观察到了这一点，他指出，赫施关于"bachelor"和"unmarried man"在特定句段中能够相互替换的论述，不仅突出了创作主体在词义赋予中所占据的优势地位，同时也暗示，正是他刻意拟定的语境在不断敦促人们忘却这两个语词之间原本存在的种种分歧："这一语境有效地要求我们只去关注二者在功能上的相似性，同时对处于意义重叠处之外的任何东西都不予理会。"[1]

毋庸置疑，语境始终在包括语言和非语言、私人和公开、正式和非正式在内的一切交往活动中占据着至关重要的位置。"context"一词来源于拉丁语"contextus"，用以表示"一种安排好的规划"或是"被联接的状况"[2]。贡斯塔德（Sigmund Ongstad）认为，语境是一种关于文本的"非文本"（nontexts）现象，因而也是一种关系性（relational）的现象，它往往被视为"嵌入特定陈述之中的文本性因素，以及围绕特定事件的外在环境"[3]。应当看到，语境并不是一种关乎语言使用的预先给定的状况，相反，它被灵活地织入了具体、多样的表达行为之

---

[1] John M. Ellis, "Review", *Comparative Literature*, Vol. 31, No. 4, 1979, p. 419.

[2] Hadumod Bussmann, *Routledge Dictionary of Language and Linguistics*, London and New York: Routledge, 2006, p. 245.

[3] Sigmund Ongstad, "Context", *Encyclopedia of Linguistics vol. 1*, Philipp Strazny ed., New York: Fitzroy Dearborn, 2005, p. 237.

中，从而也引发了文本意涵的种种潜移默化的微妙转折。① 比如说，一句"once upon a time"在童话故事和历史研究的叙述情境中所负载的内涵便是截然不同的；而更明显的案例来自英语中"look out"的使用，这个短语在"有人从窗外叫你"和"汽车高速冲来"的语境下能够呈现出大相径庭的意义，前者意味着"看外边"，而后者则是在提醒"危险"。正因为如此，在文学批评中，语境能通过对特定经验的引入而弥补语言符号在孤立状况下所面临的某种匮乏，进而使得其意义的涵盖面缩减到足以被确切体察的幅度。也可以说，唯有依靠语境的提示，人们才可能获取一种理解的"参照系"而避免盲目、空泛的误读，这就像格雷西亚所说的那样："很多文本是省略的，语境却可补足读者在理解文本时所需的缺失部分。这正好表明了有些文本的意义依赖于语境。"② 在语境问题上，赫施同样做出了富有建设性的思考，也正是这样的思考为他对意图的界定添上了最后一块拼图。

第一节 "视域"："融合"之外的另一种选择

赫施认为，语境包含了一系列非常复杂而又未经区分的相关因

---

① 当代文学批评对所谓"文本"（text）的看法主要包括如下三种：首先，"按照语文学的理解，文本是指'某个意义序列的语言表达'，即作品言语本身的层面，这一层面在作品中与具体的形象层面（作品世界）和主题思想层面（艺术内容）相并列"；其次，"最近几十年，术语'文本'还广泛使用于语文学（语言学和文学学）领域之外。被看作是符号现象的文本，以及被确定为'有联系的符号综合体'的文本不仅仅建立在自然语言之上。同时还有非语言的文本，它们直接诉诸视觉（地图、造型艺术作品），或听觉（声音信号系统、音乐作品），或者同时诉诸视觉和听觉（仪式语言，例如礼拜仪式的语言；戏剧艺术、影视新闻）"；第三，是一种后现代意义上的文本观，"这种观点完全抛弃了我们所提到的对于文本的习惯性认识。可以称之为无边文本的理论，或称之为对现实性不断加以文本化的观念"。实际上，文本在赫施理论中主要携带的是第一重意义，即语言符号所形构的言说或书写序列，而毫无疑问，如果按照后两种定义，与文本密切关联的语境问题将变得更加复杂。参见［俄］瓦·叶·哈利泽夫《文学学导论》，周启超等译，北京大学出版社2006年版，第299—304页。

② ［美］乔治·J. E. 格雷西亚：《文本性理论：逻辑与认识论》，汪信砚等译，人民出版社2009年版，第49页。

素,"它由围绕着核心问题的语词起步,并逐渐扩展到了陈述于其中发生的,包括生理、心理、社会、历史在内的整个背景之中"①。在他看来,创作者和解释者都无可避免地受到了自身语境的限定:一方面,语境为创作者带来了左右其意图传达的先在条件或基本框架;另一方面,语境又表征着某种始终与读者相伴随的文化给定性,从而强有力地干预了他对文本意义的开掘与建构。然而,赫施并没有否认作为主体的作者和解释者在语境的制约下所能够发挥的积极作用。在他看来,正是作者的表意实践将语境的影响由一种单纯的"可能性"状况落实到了具体的言语传递之中;进而言之,更为重要的是,解释者并没有无能为力地听任语境的摆布,他同样能依凭主动的安排、筹划而在某种程度上实现对语境的间离与超越,并逐步搭建起通往作者意图的最稳固桥梁,这一点在赫施对伽达默尔"视域融合"(fusion of horizons)理念的反拨中得到了首当其冲的展现。

"视域"(horizon)一词发轫于希腊文"horizōn",最初用以表示"边界"(boundary)、"限制"(limit)之意。② 在西方哲学史上,康德率先发现了一种类似于视域的存在。他在《纯粹理性批判》(*The Critique of Pure Reason*)的开篇指出,在"后天的"(a posteriori)、依赖经验而得以感知的人类知识之外,还存在着一种绝对、普遍、必然的"先天的"(a priori)知识,正是这样的"先天知识"为主体的认识行为提供了一个先验的构架,一种使事物得以显现的前提或是"形式"(Form)。③ 以此为依据,胡塞尔和尼采对视域概念做出了更为细致的审视。胡塞尔在视域之基本内涵的基础上衍生出了"边缘域"(Horizont)命题:"每一现在体验都具有一个体验边缘域,它也具有同样的'现在'原初性形式,并这样构成了纯粹自我的一个原初性

---

① E. D. Hirsch, Jr., *Validity in Interpretation*, New Haven: Yale University Press, 1967, p.86.

② Philip Babcock Gove and the Merriam-Webster Editorial Staff, eds., *Webster's Third New International Dictionary of the English Language Unabridged*, Springfield: G. & Merriam Company, 1961, p.1090.

③ 参见[德]康德《纯粹理性批判》,邓晓芒译,人民出版社2004年版,第1—7页。

边缘域，即它的完全原初性的先在意识。"① 他认为，边缘域是存在于作为"纯粹自我"的个体与作为"无限统一体"的世界之间的至关重要的纽带，它的价值正在于驱策人们超越"此在"的局限而走向那不断丰富、完善的总体化境界。尼采将绘画中常用的术语"透视"（perspective）引入了自己的思想体系，从而不加掩饰地强调了一种相对、小写、异质的思维方式对传统"人类中心主义"认识论所起到的颠覆作用。他宣称，既然每个人在生理构造、内心活动、利益追求等方面都存在着数不胜数的分歧，那么相应地，他们对周遭世界加以解读与阐释的途径也必将呈现出多元、丰富的面貌："并没有自在的事件……发生的东西，就是由某个解释者所挑选和概括的一组现象。"②

在前人观点的基础之上，伽达默尔进一步从本体论解释学的向度出发，将视域同主体的生存景况紧密结合而加以考量。伽达默尔相信，人们总是宿命般地被安置于某种解释学的境遇之中。具体说来，他们的思维活动往往不可摆脱地为既有的知识、经历、认识、价值观所囿，因此，他们必将被牢牢圈定在各自有限的文化精神空间之内，必将透过特定的视域而打量眼前的对象。于是，视域在本质上就"属于处境概念。视域就是看视的区域……这个区域囊括和包容了从某个立足点出发所能看到的一切"③。伽达默尔指出，就像一扇窗户时常将临窗眺望者的目光引向特定景物那样，视域的出现无疑使人们观照的方式与内容受到了难以消解的约束，但他也承认，视域同时还维系着某种自我开放的品格：正如人的心灵并非封尘于孤立的绝缘状态，而总是甘愿为他者敞开一般，视域在本质上始终都处于永不止息的游移与运动之中。在实际的理解活动中，作为历史传承物而存在的文本

---

① ［德］胡塞尔：《纯粹现象学通论：纯粹现象学与现象学的观念》（第一卷），李幼蒸译，商务印书馆1992年版，第207页。
② ［德］尼采：《权力意志——1885—1889年遗稿》（上卷），孙周兴译，商务印书馆2007年版，第37页。
③ ［德］汉斯-格奥尔格·加达默尔：《真理与方法：哲学诠释学的基本特征》（上卷），洪汉鼎译，上海译文出版社2004年版，第391页。

自然包蕴着创作者的初始视域。与之相应，文本的接受者则携带着一种与众不同的当下视域。而这两种视域的最终归宿则在于设身处地的相互交融："我们必须也把自身一起带到这个其他的处境中。只有这样，才实现了自我置入的意义。"① 必须看到，这种置入并非将读者的主体性圆滑地融入作者的主体性之中，也不是强迫作者放弃既定的原则而屈从于读者的管辖与宰制。相反，类似于中国人"和而不同"的审美理想，它意味着作者和读者竞相抛却固有的成见和偏颇，并最终使双方的视域融汇于一个具备高度普遍性的、更加宽广的视域之中。对此，伽达默尔有详尽阐述：

> 这样一种自身置入，既不是一个个性移入另一个个性中，也不是使另一个人受制于我们自己的标准，而总是意味着向一个更高的普遍性的提升，这种普遍性不仅克服了我们自己的个别性，而且也克服了那个他人的个别性。……获得一个视域，这总是意味着，我们学会了超出近在咫尺的东西去观看，但这不是为了避而不见这种东西，而是为了在一个更大的整体中按照一个更正确的尺度去更好地观看这种东西。②

由此可知，文本解释的理想状态恰恰便在于两种差异性视域的紧密结合、水乳交融，而真正的洞见也正是通过这种视域的交互作用而得以源源不断地生成。如黑格尔在针对古希腊悲剧《安提戈涅》（Antigone）的分析中，便巧妙地将自己聚焦于"绝对理念"之矛盾与分裂的当下视域融入了索福克勒斯（Sophocles）创作的原初视域之中，从而不仅对作品本身做出了不同于古典主义者的颇有说服力的诠释，更进一步发展出了有关两种必然性力量激烈冲撞而难以调和的划时代的悲剧理论。

---

① ［德］汉斯－格奥尔格·加达默尔：《真理与方法：哲学诠释学的基本特征》（上卷），洪汉鼎译，上海译文出版社2004年版，第394页。
② ［德］汉斯－格奥尔格·加达默尔：《真理与方法：哲学诠释学的基本特征》（上卷），第394—395页。

赫施清楚地意识到，视域从根本上说正是一个关涉语境的范畴："'视域'也就是我们通常称为'语境'的那个事物的本质方面。它代表着对于整体的一种不甚明朗的感受，这种感受来源于呈现在意识面前的明晰的意义。"① 换言之，视域实际上体现了具体语境在个体精神深处所打下的烙印，它凝聚着解释者基于某种文化给定性而形成的对待问题的别具一格的姿态与策略。由此出发，赫施明确指出，伽达默尔竭力推崇的"融合"状态其实隐含着致命的缺陷。这种缺陷首先表现为逻辑上的难以自圆其说：如果人们真的能够像伽达默尔所期盼的那样轻易打破自己的视域而倾心于另一个陌生视域的话，那么，植根于伽氏理论之中的最基本预设便必将随之而土崩瓦解。这是因为，伽达默尔曾经如此信誓旦旦地一口咬定，解释者永远也无法摆脱自己的先在处境，以及由这种处境所带来的独特的视域。更进一步，赫施宣称，伽达默尔孜孜以求的视域融合刻意回避了"融合"得以发生的一个最关键环节，即解释者其实已经通过某种方式将初始性的视域据为己有，并且将其与自己的视域相互结合。通俗地讲，只有当黑格尔实现了对索福克勒斯原意的大致领会之后，他才有资格尝试将《安提戈涅》的思想内涵与自己"否定之否定"的辩证精神熔铸为一个有机的整体。因此，伽达默尔观点的深层次悖谬也便在于，他只是一味渲染视域融合的美好前景，而绝口不谈实现融合所需要付出的认知上的艰辛努力。而毫无疑问，在解释者并未真正洞悉作者原初视域的前提下，所谓的"融合"只会是镜花水月般的泡影而已。赫施由此强调，伽达默尔始终拒绝直面的问题正在于："何以要断言文本的初始意义是我们无法企及的，同时，何以要断言有效的解释是可能达到的？"② 也就是说，伽达默尔轻易地放弃了对于理解的切实可靠的追求，他只是寄希望于出现一个神迹般的瞬间来实现作者同接受者视域的彼此沟通。不难想见，这种过分理想化的境界必将在现实

---

① E. D. Hirsch, Jr., "Objective Interpretation", *PMLA*, Vol. 75, No. 4, 1960, p. 468.

② E. D. Hirsch, Jr., "Truth and Method in Interpretation", *The Review of Metaphysics*, Vol. 18, No. 3, 1965, p. 497.

的打击下溃不成军，而围绕这种境界所做出的各种阐发也终究会暴露出类似于拽着自己的头发而离开地球的捉襟见肘。有学者同样捕捉到了伽氏学说中的这一漏洞："我们试图性急地将过去的原文同化为现在所期待的意思。然而，在过去和现在之间存在着'时代的间隔'。所以，试图将过去和现在放在同一个平面上来理解本身就说明我们忽视了倾听过去的真理要求。"①

借助对伽达默尔观点的评判，赫施阐明了他所认为的对待视域的更合理态度："解释者的目标就是假想地设定作者的视域，并且谨慎地排除自己偶然的联想。"② 他坚定不移地认为，解释者必须努力克服由语境所造成的种种局限，并进一步对创作主体的表意过程加以真切的描摹与虔敬的观照，惟其如此，个体精神之间的融合才不会尴尬地沦落为一张"空头支票"。这样的见解也从侧面印证了弗兰克·伦特里奇亚对赫施所做出的评价："当批评家祛除其自身的所有个人性和历史性，将自己提升到作者的视域，并且在自己的话语中对这种视域加以重构时，解释行为才会变得令人信服。"③ 不难见出，赫施的论断实际上再次回到了对作者意图的凸显之上，而这样的理论取向也同法国解释学家利科尔对所谓"占有"（appropriation，又译作"据为己有"）的界说形成了某些呼应。利科尔指出，在解释者和解释对象之间总是存在着某种多少有些令人焦虑的"间距"（distanciation）。倘若解释者想要对间距加以填补的话，他便必须主动摒除自身的种种独特性而完全沉浸于对象之中，完全被对象据为己有："占有不再表现为一种拥有，作为一种掌握方式……相反，它包含了一种自恋的自我被剥夺的因素，这种剥夺过程，是那种由说明程序包含的一般性和非暂时性的作品。"④ 在不断为对象所同化的过程中，解释者并没有

---

① ［日］丸山高司：《伽达默尔：视野融合》，刘文柱等译，河北教育出版社 2002 年版，第 101 页。
② E. D. Hirsch, Jr., "Objective Interpretation", *PMLA*, Vol. 75, No. 4, 1960, p. 469.
③ Frank Lentricchia, *After the New Criticism*, Chicago: University of Chicago Press, 1980, p. 270.
④ ［法］保罗·利科尔：《解释学与人文科学》，陶远华等译，河北人民出版社 1987 年版，第 200 页。

丧失自己的固有属性，相反，正是依凭这种主动的撤离与驯服，他不仅达成了对既定目标的真切领悟，更进一步实现了自身主体性的张扬与拓展。可以说，赫施与利科尔所共同倡导的，正在于解释者以自我的"隐退"为代价而达成对解释对象的尽可能趋近。当然，两人在观点上还是存在着较明显的区别：首先，利科尔操持的基本上是一副"文本中心主义者"的腔调，他始终将文本定位为解释行为的绝对主导和意义生成的最重要策源地，从而与赫施视作者为绝对核心的理念产生了原则性的冲突；其次，更进一步，相较于利科尔对形而上哲性思辨的钟爱，赫施更详尽地拟定了在解释实践中抵达作者意图的基本路径，这一点最集中地表现在他围绕"范型"（genre）概念所进行的论说之中。

第二节　从语境通往意图："范型"概念的提出

"Genre"一词最早见于古法语，在英文中通常含有"种类""类别""样式"之意。① 艾布拉姆斯更进一步指出，这一术语在文学批评中具体表示"文学作品的类型、种类，或者是我们现在常常采用的叫法——'文学形式'"②。在赫施的理论中，范型同样保留着上述"文体"或"文类"的常规意义，它被用来指涉一种存在于文本解读之前的、对于文类的固有把握："范型提供了一种对整体的感受，一种对独特意义成分的观念。因此，在我们解释文本之前，我们时常将这一文本划归为'非正式的谈话''抒情诗''军事指令''科技论文''肆意挥洒的诗行''小说''史诗'，等等。"③ 通过对文本类别的划分，解释者也就能很自然地将这些类别所代表的风格、模式或效

---

① J. A. Simpson and E. S. Weiner, eds., *The Oxford English Dictionary* Ⅶ, Oxford: Clarendon Press, 1989, p. 446.
② [美] M. H. 艾布拉姆斯：《欧美文学术语辞典》，朱金鹏等译，北京大学出版社1990年版，第126页。
③ E. D. Hirsch, Jr., "Objective Interpretation", *PMLA*, Vol. 75, No. 4, 1960, p. 469.

果预期纳入自己先行设定的范围之内。正因为每一文类都拥有其独特的品格，而作者又很难借助该文类传达出与这种品格不相协调的东西，所以，解释者才可能在文本解读的过程中确定作者表意的大致方向，才不至于希望从散文中获取阅读小说的感受，或者将一张便条的表述理解为抒情诗的情感传达。同时，必须看到，范型所产生的影响并没有就此止步，可以说，赫施时刻都致力于超越单纯的文体学考量，从而将关注的目光投向了更加发人深省的维度。

在《解释的有效性》中，赫施借助对两段相似文字的比较而开始了自己的论述，其中一段来自他对英国哲学家布雷斯维特（Richard B. Braithwaite）著作的摘引：

> 似乎有这样两种方法存在，依靠这些方法，这些超三角形的领域能够以一种不那么武断的方式而得以确定。我们也许会赞同以尽可能扩大化的方式来确定它们。或者我们也许会以尽可能缩小化的方式来确定它们。

另一段则源于赫施本人的改写：

> 看上去有这样两种方法存在，依靠这些方法，我们能够以一种不那么武断的方式来确定这些三角形之外的领域。我们也许会赞同让它们尽可能地大。或者我们也许会让它们尽可能地小。①

赫施指出，在具体的阅读过程中，读者往往倾向于从文体形式切入，并针对两段文字的区别而罗列出一串长长的清单：如前者更加抽

---

① E. D. Hirsch, Jr., *Validity in Interpretation*, New Haven: Yale University Press, 1967, p. 117. 两段陈述的英文原文分别为：1. There would seem to be two methods by which these extra-triangular regions might be fixed in a less arbitrary way. We might agree to fix them as being as large as possible. Or we might fix them as being as small as possible. 2. There would seem to be two methods by which we can fix these regions outside the triangle in a less arbitrary way. We might agree to make them as large as possible. Or, we might make them as small as possible.

象，在技术上更为审慎、周密，后者则更加具体生动，且更偏重于直抒胸臆；前者使用被动语态，后者则多用主动语态；前者体现出了一种冷静的非个人化姿态，后者则暗示了更强烈的坚定性和明晰性，等等。最终，他们时常心安理得地将这种文体上的差异延伸到言语意义的范围之内："如果有谁说第一个段落在意义上与第二个段落相同，那么，我们的大学生们或许会像他们的许多老师那样对此深感讶异。"① 由此出发，赫施提出了自己的批判意见，他认为，一味执着于文类分析的研究态度是片面而完全不合时宜的，它所引发的只是对差异的过分夸大，以及对关注重心的盲目扭曲，因而也必将导致错误解释的层出不穷。以之为前提，赫施宣称，上面两段话的意义"在布雷斯维特写作的特定范型中是完全能够等量齐观的"②。具体说来，人们在处理作者意图时，往往既不能够也不愿意如机械操作一般将其缩减为绝对凝固的条条款款，相反，他们更倾向于将意图理解为一种无法被精确到细节的基本态势，一种作者在特定语境下进行意义表达的大致的可能性范围，而范型其实正代表了他们对这种意义的可能性加以推测所得出的结果。赫施深信，在解释者眼中，任何被列入了同一范型之内的表述，都将因为其指向的大体一致而产生某种呼应或是契合。还是以布雷斯维特的文字为例，稍加思索不难发现，这段话所包含的范型实际上也就是一组富有概括力的数学公式："$\lambda \leftarrow\rightarrow ((\gamma\upsilon\alpha)\ \upsilon\beta')$, $\mu \leftarrow\rightarrow (\alpha\upsilon\beta)$, $\nu \leftarrow\rightarrow (\beta\upsilon\gamma)$。"因此，在同一个范型的统摄之下，人们可以不费吹灰之力地将"超三角形"(extra-triangular) 与"三角形之外"(outside the triangle) 的含义彼此等同，也可以不戴有色眼镜地看待主动和被动这两种相互对立的语态。原因很简单，就读者所掌握的范型而言，无论是原作，还是赫施的改写都能够被囊括进作者可能传达的意义范围之内，只不过二者在表现形态上存在着细微的差别而已。

---

① E. D. Hirsch, Jr., *Validity in Interpretation*, New Haven: Yale University Press, 1967, p.118.

② E. D. Hirsch, Jr., *Validity in Interpretation*, p.120.

于是，在赫施的理论视域内，范型便自然而然地超越其表示文类的原初意义，进而同语境紧密关联。赫施曾这样说道："我们用'语境'来意指关于总体意义的一个推断性构想，这种构想足够严格，因而能明确某个部分的意义，与此同时，我们用这一语词来表示某一背景下的给定物，这种背景能够帮助我们形成有关整体的正确构想。"[①]这句似乎是在绕圈子的话实际上包含了一个十分浅显易懂的道理：既然语境的存在无时无刻不牵制、规范并塑造着作者意图的表达，那么，解释者对于作者表意之可能性——也就是范型——的领悟，便必须仰仗对这种语境的深入开掘而得以完成。如果说，语境在此主要指笼罩于作者创作活动之上的某种难以回避的"给定物"的话，那么，范型便类似于读者通过这种给定物而推演出来的意义的集合体，类似于他在同陌生语境的具体交接中所体会到的全部可能性的综合。正因为如此，在具体的解释实践中，解释者对范型加以把握的先决条件便在于：努力从自身境遇所形构的主观偏见中挣脱出来，转而全身心地沉浸于作者创作的既有语境之中，通过对语境的不断熟悉而逐渐勾勒出作者意图的基本状貌。换句话说，解释者必须通过自身的"去语境化"（decontextualizing）而达成对作者意图的"再度语境化"（recontextualizing）。之所以要这样做，是因为赫施始终笃信，"说明某种解读较之另一种更具说服力且更加连贯的方式，便是去说明某种语境在成立的可能性上超越了另一种"[②]。而在他眼中，这种具备最大可信度的语境，无疑便是作者意图在其中得以形构的最为真切的初始语境。

需要注意，赫施的语境观念同新批评的类似主张存在着较明显的区别。可以说，新批评喜爱谈论的"语境"在很大程度上依然局限于一种封闭、孤立的方法论层面。埃利斯指出，在新批评拥趸的心目中，关注语境便意味着将具体交流中的种种细节排除在外，转而将目

---

① E. D. Hirsch, Jr., *Validity in Interpretation*, New Haven: Yale University Press, 1967, p. 87.

② E. D. Hirsch, Jr., "Objective Interpretation", *PMLA*, Vol. 75, No. 4, 1960, p. 476.

光汇聚于文本各组成部分所共同营造的内在格局:"唯有对文本自身意义的理解,使得对文本之起源的研究成为了可行而又合情合理的(即使从一种解释性立场来看依然是不可用的)。"① 而"语境批评"(contextual criticism) 的倡导者莫瑞·克里格则声称,作品本身便提供了一个紧凑而引人入胜的语境,这种语境应当被评判为一个与任何外在因素无关的、绝对的审美对象,因此,研究者理应"维系语境的独立自足(self-contained);也就是说,有必要将这样一些意义拒之门外,它们在那个由言辞之间的交互关系所形成的有机而封闭的体系中并不具备存在的必要"②。与之相对,在赫施的理论中,语境不单单停留于那种与新批评细读观相伴随的,全神贯注于谋篇、布局、措辞、组织等技术性环节的"小写"状态。借助这一概念,赫施进一步烘托出的是一种"入乎文本之内"而又能远远"超乎文本之外"的,由形形色色的习俗、规约、文化认同所凝聚而成的"大写"的语境:"我们指的是言说者所依赖的传统和惯例,指的是言说者的态度、目的、所使用词汇的种类、与其听众的关系,我们还可以用这一范畴来表示许许多多其他的东西。"③ 正因为这种广义上的语境的存在,解释者对于范型的推演才得以超越单纯的文本层面,而深入到更加开阔、广博的维度。例如,要想判断莎士比亚到底有没有将一种"恋母情结"寄寓于《哈姆雷特》的本意之中,人们便必须努力趋近英国文艺复兴的整个时代氛围,通过莎翁人生际遇的变迁,他的手迹、书信等材料,他对自己过去作品的修改,他的单篇剧作在整个创作体系中所占据的地位等若干因素来圈定其意图传达的最基本框架。可想而知,由这种方式所提炼出的范型也具备了较之纯粹的语言性考察而言远为丰富的启示意义,它"可以提供一种途径,依靠这种途

---

① John M. Ellis, "The Relevant Context of a Literary Text", *Twentieth-Century Literary Theory: A Reader*, K. M. Newton ed., New York: Macmillan Press Ltd, 1997, p. 34.

② Murray Krieger, *The New Apologists for Poetry*, Minnesota: University of Minnesota Press, 1956, p. 135.

③ E. D. Hirsch, Jr., *Validity in Interpretation*, New Haven: Yale University Press, 1967, pp. 86–87.

径，作者能够确定，而读者能够识别一种'社会化的期待'（socialization of expectation）"①。至此不难发现，范型实际上体现了赫施对读者掌握信息之能力的较高要求——甚至是脱离实际的、过于"理想化"的预设，这一点也成为了赫施理论中最为引人诟病的问题之一。

赫施对语境的关注使人们认识到，他并没有全然否定传统意图论观点中的合理之处，而他对证据、材料等"背景知识"的强调，更是在某种程度上响应了注重实证的中国古典考据学方法。然而，赫施的独特之处体现在，他从本体论高度上肯定了经由语境所获取的范型的根深蒂固的"未完成性"。赫施相信，范型绝不可以被轻率贬低为僵化、凝滞的机械状态，相反，它始终都处于不断微妙调整的过程之中，充其量只能在特定阶段拥有某种相对稳固的暂时形态。赫施指出，范型观念令人们注意到了"自我批判在解释中所具有的重要性，因为没有必然的确定性可以保证，我们关于文本之范型的初步估测是正确的"②。在他看来，范型只是对作者意图加以探寻的手段，而绝非不容撼动的至高的律令。范型往往首先表现为一种宽泛而模糊的大致的轮廓，并随着解释者对于语境的谙熟以及由此引发的理解的深入而得以逐步调整。例如，在阅读弥尔顿（John Milton）的代表作《失乐园》（Paradise Lost）时，读者首先可对其"基督教—人文主义史诗"的总体表意框架加以大致的把握，然后再通过对作品产生之语境的更为细致的领会，使这种粗率的总体性意义变得愈发凝练、鲜明、突出，如从中体会到诗人对反叛权威者的歌颂，对自由精神的礼赞，等等。同时，赫施也意识到，范型的变动并不是一种"基因突变"式的大幅度的更替，相反，它意味着建立在既有范型之上的循序渐进的修正与"精确化"："目前，一个范型也就是这样一种陈述，这种陈述的规范和惯例部分地通过其过去的使用而得以固定。……在已传达的语言中，并不存在彻头彻尾的新的范型，因为按照语言和社会的

---

① Henry W. Sams, "Review: A New Direction for Literary Discussion", *The Journal of General Education*, Vol. 21, No. 1, 1969, p. 78.
② E. D. Hirsch, Jr., "Truth and Method in Interpretation", *The Review of Metaphysics*, Vol. 18, No. 3, 1965, p. 507.

必要性来看，所谓的新范型时常是对既存规范和惯例的延展与变相表现。"① 事实上，这种范型的完善甚至可以被无休止地推演下去，相应地，解释者确切领会作者意图的可能性也将伴随这种完善而得以持续不断地增长。

当然，赫施并未排除所谓"内在范型"（intrinsic genre）最终出现的可能，他强调，内在范型是那种不差分毫地涵盖作者可能传达的一切的绝对精准的估测："语境的本质部分正是陈述的内在范型。一切语境之外的东西只是提供了对内在范型的一种暗示，它们自身并不具备共同决定某部分意义的强制性力量。"② 当解释者通过对语境的完美体认而促使"范型"发展为"内在范型"时，他便能真正实现对作者意义的毫无疏漏的呈现："我们现在可以对内在范型加以非常准确的定义。它是一种对于整体的感受，通过这种感受，解释者就能正确地理解这种确定性整体的每一部分。"③ 不过，这种内在范型更多还只是一种高度理想化的预设，它很难在实际的解释学经验中得到具体的考察与检验："内在范型总是被构想（construed）的，也就是说，是被猜测（guessed）而得出的，它永远不会在任何重要意义上被预先给定。"④ 由是观之，基于语境而生成的范型是确切存在并始终能发挥其规范性作用的，与此同时，这种范型又总是很难被真正一览无余的。可以说，这种在确定与不确定、必然与偶然之间周旋的对于"调和性"的迷恋，正是赫施意图理论的最鲜明特色之一，同时也体现了他在解释问题上不同于种种固执己见的实证式研究的独到眼光。

在对待语境的态度上，赫施的理论取向还与美国学者杰罗德·列文森（Jerrold Levinson）所提出的"假设的意图主义"（hypothetical

---

① E. D. Hirsch, Jr., "Truth and Method in Interpretation" *The Review of Metaphysics*, Vol. 18, No. 3, 1965, p. 506.
② E. D. Hirsch, Jr., *Validity in Interpretation*, New Haven: Yale University Press, 1967, pp. 87–88.
③ E. D. Hirsch, Jr., *Validity in Interpretation*, p. 86.
④ E. D. Hirsch, Jr., *Validity in Interpretation*, p. 120.

intentionalism）产生了某些交集。列文森认为，传统的意图论观点之所以会饱受非议，关键便在于，这种观点将解释的目标狭隘地限定于对作者实际意图的精确把握。他强调，意图并非由现实生活中的创作者直接决定，相反，它主要依凭读者的想象性假设而得以生成。这就要求读者具备观察、判断、演绎的非凡眼光，并且能够对"文本的内在特征，文类的有效惯例与规则，还有一些既是公共的、又是特殊的语境因素"了如指掌。① 不难发现，列文森与赫施有着观念上的相似之处：他们都试图调动读者的主观能动性，通过对语境的深入开掘而实现对作者表意范围的大致勾勒。不过，在二者之间还是存在着较明显的差异。首先，诚如卡罗尔（Noël Carroll）所言："假设的意图主义者主张，因为其特殊的兴趣，文学解释对被证明正当有理的确定性的珍视要胜过对作者意图的真实情况的珍视……"② 这就是说，假设的意图主义所追求的并不是对真实的作者意图的如实还原，当解释者认为自己所假定的意图较之作者原意要更加合理时，他们完全有理由将初始意图弃置一旁而不予理会；而在赫施看来，作者所意指的意义无疑是解释中最不可或缺的立足根基。其次，从本质上讲，列文森所重视的读者是一种能够将特定解读能力内化于自身精神结构的"理想的读者"（ideal reader），这种读者对语境的开掘是一次性地彻底完成的，也是高度理想化而极其完备的；相反，赫施坚信，任何范型都不会是毫无瑕疵的，它必将伴随读者对语境的深入体认而得到持续不断的修缮。可以说，这样的态度也显示了赫施理论中谨慎而务实的一面。

第三节　面向语境：价值及其缺憾

"文学文本的语境问题是相当重要的，因为它是更多为人熟知的

---

① Jerrold Levinson, *The Pleasures of Aesthetics*: *Philosophical Essays*, Ithaca, New York: Cornell University Press, 1996, p. 207.

② ［美］卡罗尔：《超越美学》，李媛媛译，商务印书馆2006年版，第339页。

问题的基础,这些问题涉及哪些知识对文学作品的理解而言是必不可少的。"① 依靠一系列别出心裁的理论操作,尤其是依靠范型概念的提出,赫施在意图同语境之间建立起了较为密切的关联,从而在多个层面上产生了积极的建构作用。

第一,对语境的关注满足了解释实践的需求。不容否认,在具体的文学批评中,时常会出现一些同作品原意大相径庭而令人无所适从的解读。如《诗经》中的《国风》部分作为周王朝各地风土歌谣的荟萃,往往凝聚着庶民阶层在日常生活中最为真挚的爱恨情仇,但汉代儒家学者却喜爱从大一统的封建伦常出发,对其进行意识形态化的歪曲——孔颖达在《毛诗正义》中将原本书写男女之情的《关雎》解释为对"后妃之德"的颂扬,便是其中最突出的个案。再如唐人韦应物的"春潮带雨晚来急,野渡无人舟自横"本是描绘雨中迤逦风光并抒发诗人旷达心绪的山水佳句,却在后世学者的牵强附会下成为了抱怨"君子在下小人在上之象"的政治口号,最终境界全失。在这样的情况下,鼓励人们介入作者创作的原初语境之中,从而尽可能把握其意图传达的真实状貌,无疑是更加妥善且行之有效的建议。

第二,语境问题的引入使关于意图的探讨扩展到了更加丰富、多元的维度,并获取了更加开阔的学术视野。斯文顿(Patrick Swinden)认为,现今意图论观点的一个重大误区,在于将作者意图当作某种纯粹主观的、不可见的因素而加以对待,这样的做法必然导致意图被视为包括文学创作在内的"所有人类交流中的非公共的私人特质"②。很明显,赫施理论的着眼点正在于克服上述不足,他对语境的重视使意图告别了单质的精神状态,而牵涉到了"作者"—"文本"—"读者"三者在特定社会、文化情境下的相互作用,牵涉到了人际交往中更为复杂、更具分量的非主体性的公共层面,从而也为人们对意图的更深入分析开辟了一片全新的天地。在这一点上,艺术史家巴克

---

① John M. Ellis, "The Relevant Context of a Literary Text", *Twentieth-Century Literary Theory: A Reader*, K. M. Newton ed., New York: Macmillan Press Ltd, 1997, p. 34.

② Patrick Swinden, *Literature and the Philosophy of Intention*, London: Macmillan Press Ltd, 1999, Ⅹ-Ⅺ.

森德尔（Michael Baxandall）有着类似的体会，他坚持认为，对意图的观照应当追溯到"物象"（即作为"文本"的艺术成品）同语境交互作用的基础之上："意图在此指涉图画，而不是画家。在个案中，它是一种对图画与其环境的关系的结构描述。在一般例证中，意图性还是行为中假定的一种模式，以便赋予环境事实和描述性概念以一个基本结构。"① 虽然巴克森德尔谈论的主要是更一目了然的图像艺术而非抽象的语言文字作品，但这种从外部环境入手对意图加以开掘的理论诉求，其实是与赫施如出一辙的。

第三，应当看到，学界对赫施理论的最尖锐批判主要集中于解释者从主观向度出发推求客观意图的不可能性。帕尔默认为，人们宣称发现的作者意义实际上仍来源于其自身的当下状况："如果这样的规范被宣布发现，那么，我们何以确定它是否有效？我们再次回到了现在。"② 而一些国内学者则更加直白地指出："作家意图本身就是批评家解释文本的结果，而不是文本所包含的事实。因此，作为解释的依据的作家意图本身可能具有假定性，甚至虚构性或创造性。"③ 在这种情况下，赫施对语境的强调无疑极大地化解了其可能遭受的非议。按照他的说法，在不断调整、校正范型的过程中，人们不再将对于意图的把握简单指认为读者之主体性朝向作者之主体性的神秘莫测的置入，而是将其转换为了依靠对语境的深入领会而逐步接近作者原意的探索工作。可以说，正是在语境的参与下，解释者对作者意图的追溯才得以表现为一种具备客观化色彩的、相对有章可循的实践活动。

当然，赫施对语境的论说同样也存在着许多无法忽视的弊病。首先，正如相信人们绝不能摆脱语境所造就的"视域"意味着盲目和偏颇一般，断言解释者可以天然地超越语境的束缚而无牵无挂地投入

---

① ［英］巴克森德尔：《意图的模式：关于图画的历史说明》，曹意强等译，中国美术学院出版社1997年版，第50页。

② Richard E. Palmer, *Hermeneutics: Interpretation Theory in Schleiermacher, Dilthey, Heidegger, and Gadamer*, Evanston: Northwestern University Press, 1969, p. 65.

③ 姚基：《向文学本体论批评挑战——现代意图质疑理论述评》，《外国文学评论》1991年第3期。

另一重语境之中，其实也暴露出了类似的片面化倾向。这是因为，人毕竟是一种社会的、文化的动物，他不可能远离种种外在因素的影响而表现出不带丝毫倾向性的、绝对公正的态度。其次，从根本上说，即便经过了语境的调节与过渡，解释者对作者表意之可能性的推测其实依然是立足于自己的主观立场的。赫施早就注意到了自己所面临的这个难以解脱的困境："我的出发点也许可以被归纳为这样的悖论，文本解释的客观性要求明确地指涉言说者的主观性。"① 换言之，只要解释者仍然是一个具备独立精神的个体，它便不可能将隐匿于解释过程中的主观因子完全驱散。再次，更为重要的是，语境实际上包含着某种无限延伸、扩张乃至无法被轻易确定的品格。在某些情况下，语境的存在的确可以使意义变得单纯、稳固、明晰，但在另一些情况下，语境那难以穷尽的特质也可能使意义陷入漫无边际的延宕状态。卡勒说过：

> 关于意义的争论永远都是存在的，在这个意义上，它是没有定论的，永远有待决定的，而结论又总是可以改变的。如果我们一定要一个总的原则或者公式的话，或许可以说，意义是由语境决定的。因为语境包括语言规则、作者和读者的背景，以及任何其他能想象得出的相关的东西。但是，如果我们说意义是由语境限定的，那我们必须要补充说明一点，即语境是没有限定的：没有什么可以预先决定哪些是相关的，也不能决定什么样的语境扩展可能会改变我们认定的文本的意义。意义由语境限定，但语境没有限定。②

诚如此言，如果说，语境的效应本来便是虚无缥缈而难以真正兑现的，那么，依靠语境来界定作者意图的努力便很可能成为一种不切

---

① E. D. Hirsch, Jr., "Objective Interpretation", *PMLA*, Vol. 75, No. 4, 1960, p. 475.
② [美] 乔纳森·卡勒：《文学理论入门》，李平译，译林出版社2008年版，第70—71页。

实际的美好愿望。打个比方，人们可以对李商隐的《锦瑟》做出诸如人生际遇的喟叹、对逝去爱情的追思、对亡妻的哀悼乃至对乐器的描写等形形色色的阐发，也可以从卡夫卡（Franz Kafka）的《城堡》（*The Castle*）中发掘出存在主义悲天悯人的荒谬、基督教神学对上帝的惶恐、精神分析意义上童年阴霾的变相演绎等多重意蕴。然而，他们又很难真正结合语境来判断作者从未将何种意涵安置于自己的初始意图之中。由此可见，困扰赫施理论的其实不单单在于由"主观"向"客观"推进的悖谬，更在于人们对意图的限定性追求同那种难以被彻底限定的语境之间的持续不断的角力。①

"自比尔兹利和维姆萨特的《意图谬见》在20世纪中叶出版以来，意图问题及其与解释的关联便已经显现出了持续地制造争议的能力。"② 围绕作者意图在当代文化背景下的复杂内涵，赫施同样做出了富有开创精神的思考：其一，他将意图构想为一个坚实、稳固的"意向性对象"，在此基础上，通过对胡塞尔意向性理论的更深入理解，他又进一步点明了这种意图面向读者开放的历史延续性；其二，他强调了意图较之于语言的优越地位，同时又承认，意图不可能完全脱离语言而存在，它必须通过公共性语言的作用而得以具体化和彰显；其三，他肯定了意图同语境之间的密切关联，进而主张，意图应当被定位为一种建基于语境之上的、大致的"可能性"状态，它必须通过解释者对语境的持续开掘而得以不断精确化。上述三个环节交相呼应，彼此激荡，形成共鸣，共同塑造了作者意图在赫施理论体系中的生动面貌。

当然，赫施对意图的阐发在显示出新意的同时，也由于自身所无

---

① 当然，这样说并不是要否认语境在解释中所起到的至关重要的指示作用。当人们在相对封闭的情境下面对一个短促而清晰的言语序列时，语境所发挥的提示与导向作用自然会显得十分突出；然而，当人们不得不处理一个像法律文书或文学作品那样穿越时空的精神性客体时，语境所具有的流动性和不稳定性便很可能真正令他们茫然无措。

② Gary Iseminger, "Intentional Fallacy", *Encyclopedia of Aesthetics vol. 2*, Michael Kelly ed., Oxford: Oxford University Press, 1998, p. 515.

法抹杀的悖论而成为了一次不完全成功的尝试。这种悖论主要表现在如下三个方面：首先，当赫施在意图与意向性之间建立起某种逻辑关联时，他的探讨主要集中于一种涉及主体精神层面的、形而上的哲性分析，然而，当他从语言性的文本或是社会性、文化性的语境出发对意图加以开掘时，他的研究又呈现出了一种实证式的、相对客观化的姿态；其次，当赫施从语言层面入手对意图加以把握时，他所面对的，其实是一个局限于特定时空之中的，相对凝固、不变的对象，然而，当他将意图视为一个不断演绎、延伸的"意向性对象"，或是一个在语境的作用下不断展现其可能性的意义的"集合体"时，他实际上强调了意图所具有的动态性、生长性特质；再次，当赫施试图通过对语境的探讨而勾勒作者表意的大致范围时，他的论说实际上体现出了一种偏重信息搜集与材料整理的研究策略，从而与关注作者生平经历的传统意图论观点产生了某些共鸣，然而，当他从意向性或是语言的维度对意图加以聚焦时，他的理论无疑又具备了不同于以往的更加"前卫"的形态。不难见出，赫施试图在诸多异质的因素之间加以协调，从而以尽可能全面的方式对意图做出学理上的界定。但令人遗憾的是，赫施在驾驭上述因素的过程中显得力不从心，他无法消除潜藏于自己理论之中的种种难以调和的矛盾与抵牾之处。这样的局面再次暴露出了赫施在论述方式上过于理想化的弊端。然而，无论如何，我们都应当看到，作者意图并非赫施一时心血来潮的草率想象，而是他细致推敲与耐心琢磨的产物。在赫施的理论中，意图不仅体现了理论家试图对形形色色的陈旧观点加以扬弃的努力，更充当了将人们引向某种深层次追问的必不可少的途径抑或契机。这一点也将成为本书在下编中重点讨论的内容。

下 编

意义的"确定性"
——赫施意图理论的深层追问

本编承接上一编的内容，进一步探讨赫施由作者意图所引发的、对于意义之确定性问题的相关思考。意义问题是包括文学理论在内的20世纪人文学术研究的焦点之一，而关于意义的"确定性"（determinacy）与"不确定性"（indeterminacy）的争论则更是焦点中的焦点。

作为一位对后现代解构思潮深感疑虑的人文知识分子，赫施无疑是"确定性"意义观的忠实拥趸。对此，不少研究者已深有体会。艾斯明格认为，在赫施关于作者意图的阐发与建构中，意义之确定性始终是无法等闲视之的理论支柱。① 夏博特（C. Barry Chabot）指出，赫施"利用欧洲解释学传统来颠覆'意图谬见'的神圣不可侵犯性，并通过坚持对意图的指涉来确保文学文本（或任何人类艺术作品）的意义的稳定"②。帕尔默则强调，借助捍卫作者意图的坚定姿态，赫施试图确证，言语意义是"某种可以被客观而肯定地设立的，独立、不变而确定的东西"③。以上描述简洁而贴切地概括了赫施理论体系的基本面貌。如果说，伦理上的责任与义务是赫施作者意图理论的最重要立论依据和最具原创性的切入点的话，那么，对于确定性的捍卫便可以被界定为这种理论的最深刻情感寄托与最为举足轻重的本质性诉求。在稳固而同质的中心化意义不断遭受削减的当代背景下，赫施的思考无疑产生了极为重要的影响。

需要认识到，在赫施的理论中，确定性绝不能泛泛等同于那种被当代学者肆意鞭挞的、顽固不化的存在。这一点在赫施的意义理论同"本质主义"（essentialism）意义观的参照中表现得颇为明显。所谓本质主义，来源于科学哲学家波普尔（Karl Popper）的经典之作《开放社会及其敌人》（*The Open Society and Its Enemies: Hegel and Marx*）。在探讨柏拉图的"理式论"时，波普尔这样说道：

---

① Gary Iseminger, "Introduction", *Intention and Interpretation*, Gary Iseminger ed., Philadelphia: Temple University Press, 1992, p. 7.
② C. Barry Chabot, "Review", *World Literature Today*, Vol. 51, No. 4, 1977, p. 684.
③ Richard E. Palmer, *Hermeneutics: Interpretation Theory in Schleiermacher, Dilthey, Heidegger, and Gadamer*, Evanston: Northwestern University Press, 1969, p. 63.

我用方法论本质主义这个名称来表示柏拉图和许多他的后继者所主张的观点。这种观点认为，纯粹知识或"科学"的任务是去发现和描述事物的真正本性，即隐藏在它们背后的那个实在或本质。柏拉图尤其相信，可感知事物的本质可以在较真实的其他事物中找到，即在它们的始祖或形式中找到。①

落实到文本解释领域，本质主义的核心理念在于：努力从变化多端的"表象"下发掘出能够涵盖事物的总体面貌与根本属性的唯一的意义，将这样的意义命名为"本质"，认为依靠这一本质便可以对文本加以充实、有力的把握与完整、清晰的描述。不难想见，在对待意义的态度上，赫施与本质主义存在着某些相似之处，即共同主张捍卫那作为认知基点的、明确而具体的意义。然而，不同于本质主义将种种"非本质"因素完全拒之门外的激进态度，赫施注意到，"本质"的内涵始终都处于调整、演进的过程之中，如若将本质过分拔高，认为把握本质便能够天经地义地洞悉整个世界的全部奥秘，则完全有可能迈上一条认知的不归之途。由此出发，赫施在坚守确定性意义的同时，又始终致力于以自己的意图理论为基点而对其加以一系列复杂、精细的规划、安排与塑造，从而避免了滑向绝对的客观与确定的泥潭。有鉴于此，在本编中，我们一方面将介绍赫施对种种"不确定"意义观的反思和祛魅；另一方面，也将说明赫施是如何通过对"意义"与"指意"的区分，对意义之为"意欲类型"的描述，以及对"或然性判断""有效性验定"等解释策略的具体运用，使确定性意义摆脱本质主义的阴霾，而呈现出更加灵活、包容、能动的形态。

---

① [英]卡尔·波普尔：《开放社会及其敌人》（第一卷），陆衡等译，中国社会科学出版社1999年版，第66页。

第七章　反认知的"无神论"：赫施对"不确定"意义观的批判

第一节　"不确定"的当下景观

自古希腊以来，意义这一命题便始终无法摆脱"确定"与"不确定"这两种立场的相互交织。洪汉鼎认为，在古代解释学中，"首先出现的一个问题是，语词或文本究竟只有一个意义还是有多种意义，这里出现了两种不同的诠释学"①。其中前者致力于将唯一的规范化意义设置为所有人必须无条件遵从的标准；后者则强调，意义总是处于内在的"充盈"抑或"过剩"状态，从而也将表现为一个囊括了"字面义""比喻义""教谕义"乃至形而上"神秘义"等等在内的耐人寻味的综合体。在此基础上，盛行于中世纪的"名实之辩"更进一步暗示了这种确定性与非确定性的如影随形：新柏拉图主义（Neo-Platonism）的"唯实论"（realism）声称，意义是"先于事物的实在的东西"或"在事物之中的实在的东西"，因而也具备了完整、独立而永恒的存在可能；新亚里士多德主义（Neo-Aristotelianism）的唯名论（nominalism）则相信，意义"仅仅是个别事物的名称，不先于事物，也不在事物之中，而是在事物以后"，不难想见，这种被后天赋予的、"非共相"的意义自然也会随着时间与场景的变迁而不断地改头换面。②　不过，在神权崇拜臻于顶峰的中世纪，意义作为上帝

---

① 洪汉鼎：《诠释学——它的历史和当代发展》，人民出版社2001年版，第31页。
② 参见［美］梯利《西方哲学史》，葛力译，商务印书馆1995年版，第183页。

的"专属物"及其神圣光芒在俗世的折射,在很大程度上依然是庄重而不容许丝毫侵犯的。随后发生的启蒙运动尽管驱散了萦绕在意义周围的宗教气息,却同时也突出了意义作为"绝对理性"的表征所具有的难以撼动的优越地位。因此,一个不得不承认的事实是,在人类发展的很长一段时间里,对意义之"确定性"的执着与信奉都当之无愧地充当着绝对的主导。

然而,正如美国学者杰拉德·格拉夫(Gerald Graff)所观察到的那样:"在近来的文学理论中,最具争议的问题之一便是,文学文本具有一种激进的'不确定性',正是这种不确定性,使得对任何文本的'正确的'或是'错误的'解释都化为了乌有。"① 毋庸置疑,自20世纪以来,一度遭受压抑的"不确定性"迎来了革命般的辉煌逆转,它不仅以迅雷不及掩耳之势夺取了确定性意义所一度占据的舆论上的主导权,更进一步转化为了人们必须面对的文化事实,乃至他们发自内心的真切呼唤。

可以说,不确定性在当代文化语境下的产生原因是极其复杂的,但总体而言,主要包括了两方面的理由。

首先,需要注意,意义本来便包孕着朝向调整与变更开放的强烈冲动,本来便携带着诸多蠢蠢欲动的"不确定"的因子。随着文学研究在当代的层层推进,这种不确定的潜能得到了更广泛的关注与更加清晰的体认。卡勒发现,"我们有各种不同的意义,但有一点可以说是具有普遍意义的,那就是意义的基础是区别"②。在他看来,不同的意义依靠彼此之间的差异而维持其独立自足,与此同时,恰恰也正是这种差异的存在,使林林总总的意义无法围绕一个牢不可破的中心而加以铺展。除此之外,接受者主观判断与感知能力在当代语境下的凸显无疑也起到了推波助澜的作用,维特根斯坦著名的"鸭兔图"(见图1)对这一点做出了生动、形象的说明:

---

① Gerald Graff, "Determinacy / Indeterminacy", *Critical Terms for Literary Study*, Frank Lentricchia and Thomas McLaug, eds., Chicago: University of Chicago Press, 1990, p. 163.
② [美]乔纳森·卡勒:《文学理论入门》,李平译,译林出版社2008年版,第59页。

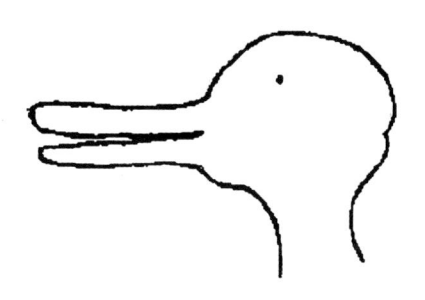

第七章　反认知的"无神论"：赫施对"不确定"意义观的批判　161

图 1　维特根斯坦的"鸭兔图"

出自 [奥] 维特根斯坦《哲学研究》，李步楼译，商务印书馆 1996 年版，第 295 页。

面对如此匠心独运的设计，我们是应当从右向左把它看作一个鸭头，还是从左至右将其视为一只兔子？不难想见，答案必将朝向无休止的争议与分歧开放。究其原因，除了图像本身的模棱两可之外，观察者各有所异的思维方式、认知态度以及文化教养同样体现出了不容小觑的重要性。与之呼应，在具体的解释活动中，文本与生俱来的某种"未完成性"也将极大地诱发读者的投入和参与的热情，并最终使他们的每一次阅读都能超越单纯的凝固状态，而衍生出别具一格的多样化意涵。

其次，更加值得关注的是，当代社会复杂而迅猛的演进使动荡与分裂成为了一种常态，从而也带来了人们对不确定性的心驰神往。新马克思主义者哈维（David Harvey）始终致力于将经典马克思主义"生产力决定生产关系"的基本原理融入自己对资本主义社会、文化变迁的解读之中。他认为，当资本主义生产由流水线、大规模的"机械复制"转化为偶然、任意、随机的"灵活积累"时，一种充斥着短暂性与易变性的全新的时空体验也将应运而生，它使得人们"难于维持对于连续性的任何稳定的感受"①。鲍曼（Zygmunt Bauman）指出，在"全球化"（globalization）甚嚣尘上的普遍背景下，一种流变

---

① [美] 戴维·哈维：《后现代的状况——对文化变迁之缘起的探究》，阎嘉译，商务印书馆 2003 年版，第 364 页。

不居的独特感受对人们的价值观产生了巨大的规训作用："流动的自由……迅速成为了我们这个晚现代或后现代时期划分社会阶级的主要因素。"① 当这种流动感成为日常生活中的一种常态时，人们往往会不自觉地放弃对明确、稳固的共同目标的追求，转而沉湎于一种分裂、肤浅而又稍纵即逝的游戏之中。杰姆逊（Fredric Jameson）则强调，在这个形形色色的商品、技术、时尚、思想理念如过江之鲫般穿梭不已的消费时代，人们所得到的是一种打上了时代烙印的全新的感官体验，它聚焦于充满了浅表化愉悦的当下片断，同过去、未来截然割裂，就像"吸毒带来的快感，或者说是精神分裂"②。在这样的背景下，人们也日益失去了传统意义上厚重、深沉而又充满哲理气质的确定性感受，他们所青睐的，是一种孤立而鲜明，零碎而尖锐，且直接诉诸感性，尤其是视觉感性的"碎片式"体验。除此之外，新兴科学理论对传统确定性信仰的瓦解，也进一步印证了上述现象的合情合理：爱因斯坦（Albert Einstein）的"相对论"（Theory of Relativity）认为，物理定律的提出不需要依赖一个作为标准的、绝对的参照物；哥德尔（Kurt Goedel）通过逻辑上的推演得出，即使以科学性、客观性著称的数理结构，也同样是不完整且无法自我证明的；海森堡（Werner Heisenberg）借助量子力学的实验而提出了"测不准原理"（uncertainty principle），认为不确定性始终是与确定性相辅相成的一种固有的存在；波尔（Niels Bohr）的"互补性法则"（principle of complementary）同样宣称，在科学研究中，看似彼此悖逆的因素实际上却能够相互补充，并最终构成一个坚固而确定的整体……无可否认，正是在这种热烈氛围的渲染下，不确定性才理所当然地渗透到了意义解释的领域之中。

围绕意义的"不确定性"这一问题，包括伽达默尔、德里达、克里斯蒂娃、利奥塔、布鲁姆等在内的当代思想家竞相从各自的视点出

---

① ［英］齐格蒙特·鲍曼：《全球化——人类的后果》，郭国良等译，商务印书馆2001年版，第2页。
② ［美］杰姆逊：《后现代主义与文化理论》，唐小兵译，北京大学出版社2005年版，第205页。

发，做出了令人印象深刻的思考。

伽达默尔这样谈道："本文（即"文本"——引者注）的意义超越它的作者，这并不只是暂时的，而是永远如此的。因此，理解就不只是一种复制的行为，而始终是一种创造性的行为。"① 对他来说，理解既非对某种本源性的作者意图的还原与回溯，亦非对一个孤立的超验性意义的单纯观照，相反，理解始终都应当被等同于人类生存的最本然状态，始终都应当伴随时间的推移和人类经验的积累而获取不同于以往的新的面貌："我们只消说，如果我们一般有所理解，那么我们总是以不同的方式在理解，这就够了。"② 如此一来，意义也将如一个任人打扮的小姑娘那样，在生命的无止境流动中呈现出相对、流变、难以被切实把握的个性化色调。

伽氏学说中潜藏的"折中主义"与"相对主义"倾向在解构先驱德里达身上得到了更加浓墨重彩的演绎。德里达相信，传统的"在场形而上学"（metaphysics of presence）总是热衷于炮制诸如"中心与边缘""语言与文字""自我与他者""光明与黑暗""善良与邪恶""在场与缺席"等一系列二元对立，并通过前者对后者的压抑而建构起自己的思想体系。由此出发，德里达着重批判了千百年来被人们奉为圭臬的"中心"所占据的权威地位，他认为，所谓的中心只不过是由绵延不绝的增补、替换所形构的虚假的幻觉："中心并不存在，中心也不能以在场者的形式去被思考，中心并无自然的场所，中心并非一个固定的地点而是一种功能、一种非场所，而且在这个非场所中符号替换无止境地相互游戏着。"③ 在他看来，作为这种"中心"的重要代表，确定性意义同样来源于语言符号的漫无边际的分散与游移，因而永远都处于不断播撒、蔓延的延宕过程中，永远都无法获得

---

① ［德］汉斯-格奥尔格·加达默尔：《真理与方法：哲学诠释学的基本特征》（上卷），洪汉鼎译，上海译文出版社2004年版，第383页。
② ［德］汉斯-格奥尔格·加达默尔：《真理与方法：哲学诠释学的基本特征》（上卷），第383页。
③ ［法］雅克·德里达：《书写与差异》（下），张宁译，生活·读书·新知三联书店2001年版，第505页。

真正稳固的表现形态。

"互文性"(intertextuality)理论的倡导者克里斯蒂娃试图对传统意义上独立、自足的文学与文本观加以挑战,她发现:"横向轴(作者—读者)和纵向轴(文本—背景)重合后揭示这样一个事实:一个词(或一篇文本)是另一些词(或文本)的再现,我们从中至少可以读到另一个词(或一篇文本)。"① 按照克里斯蒂娃的看法,各语言单位绝不是孤立而无法交接的单元,相反,它们或是互通有无,或是激烈冲突,在彼此的缠绕与纠结中不断地增殖与扩展。于是,文本意义也不再是完整、自足而纯粹的实体,相反,它被转化为了如拼贴画一般零散、琐碎而又缺乏连贯性的异样的构造。

利奥塔将对于确定性的消解同"元叙事"(meta narration)在后现代语境下所面临的困境紧密关联。他认为,所谓元叙事主要用来指代自启蒙运动以来逐渐发展、壮大的,关于"永恒真理"或"人类解放"的高度整一而又不容亵渎的话语体系。正是依靠对元叙事的毫无保留的信任,现代知识才真正确立了自身的合法性基础。然而,伴随"差异性"和"非同一性"的日益深入人心,元叙事在当前已面临一浪高过一浪的质疑:"后现代知识……可以提高我们对差异的敏感性,增强我们对不可通约的承受力。它的根据不在专家的同构中,而在发明家的误构中。"② 作为上述情形的必然结果,统一、稳固的意义也必将随着元叙事的溃败而堕入万劫不复之境。

耶鲁解构学派领袖布鲁姆(Harold Bloom)强调:"一部成果斐然的'诗的影响'的历史——亦即文艺复兴以来的西方诗歌的主要传统——乃是一部焦虑和自我拯救的漫画的历史,是歪曲和误解的历史,是反常和随心所欲的修正的历史……"③ 他指出,在无数构成伟

---

① [法]蒂费纳·萨莫瓦约:《互文性研究》,绍炜译,天津人民出版社2003年版,第4页。
② [法]让-弗朗索瓦·利奥塔:《后现代状况:关于知识的报告》,车槿山译,生活·读书·新知三联书店1997年版,"引言"第3—4页。
③ [美]哈罗德·布鲁姆:《影响的焦虑:一种诗歌理论》,徐文博译,江苏教育出版社2006年版,第31页。

大诗歌传统的前辈诗人面前，当代诗人更像是一位真切感受到父亲压力的、有着"俄狄浦斯情结"的儿子，他总是担心失却其独创性而落入前人的窠臼。为此，真正强力的诗人必须努力与前人竞争，通过对前人诗歌的"创造性误读"而开拓属于自己的想象性疆域。也正是在一次次蓄意为之的误读中，单一、纯粹的初始意义将逐渐变得含混、暧昧、歧义纷呈。

在关于不确定性的诸多观点中，最富想象力的是德勒兹和加塔利（Félix Guattari）隐喻式的论说。两位思想家坚信，当代人的思维方式在告别垂直、线性的"树状"形态的同时，也已经沾染上了一种游移、蔓生的"根茎"（rhizome）特质："根茎是一种反—谱系。它是一种短时记忆，甚或一种反记忆。根茎通过变化、拓张、征服、捕获、旁生而运作……根茎是一个去中心化、非等级化和非示意的系统，它没有一位将军，也没有组织性的记忆或中心性的自动机制，相反，它仅仅为一种状态的流通所界定。"① 在这样一种纷乱、驳杂的局面下，过去人所共知的意义的焦点与核心已经逐渐退居幕后，留下的只是各种无始无终，不断位移、变形的稍纵即逝的感受。

通过对上述论点的阐述，不难见出，"不确定性"实际上是一个具有多重指向的、涵盖面极其宽泛的命题，它牵涉到了包括学术、社会、文化、政治、种族、阶级、性别等在内的当代生活的方方面面。因此，从根本上看，不确定性所诉诸的绝不仅仅是一种文本意义生成的动态机制，它在更广义的层面上意味着一场充满反叛精神的社会文化事件，意味着人们对曾经屈就的权威与秩序的主动拒斥，并连带引发了边缘对中心、碎片化对总体化、偶然性对必然性、单数对复数、非本质对本质所发动的一系列大张旗鼓的挑衅与宣战。美国学者伊哈布·哈山（Ihab Hassan）很清楚地看到了这一点，他将"不确定性"（indeterminacy）与"内在性"（immanence）相融合而创造了"不确定的内在性"（indetermanence）这一术语。哈山强调，不确定性"充

---

① ［法］德勒兹、［法］加塔利：《资本主义与精神分裂（卷2）：千高原》，姜宇辉译，上海书店出版社2010年版，第28页。

满了力图瓦解（分散、解构、切断连续性）事物的意志和力图整合事物的意志之间的空间"①，而内在性则蕴含着人们对眼前的不确定现实加以主动适应、吸收与认同的自发倾向，"它已经毫无形上意味地变成了包括文学在内的一切不断扩张的符号系统的性质"②。很显然，当不确定性经由主体的内化而成为了一种约定俗成的生活态度时，一切旧有的禁锢性机制也将随之而灰飞烟灭。

第二节 从"无神论"到"不可知论"：赫施的回应

赫施创作最为活跃的20世纪六七十年代恰恰也正是不确定思想在西方文论界渐入佳境的一段时期，因此，不确定性也成为了他不得不努力应对的一个重大问题。赫施承认，不确定性的确具有某种解放潜质，并可能为解释活动注入巨大的力量："以一种有趣而切中肯綮的方式扭曲过去，要远远好过将它埋葬在还原历史的伪装之下。"③但是，在人们对不确定浪潮趋之若鹜的大背景下，他更多看到了一味随波逐流所带来的种种误区。赫施将意义的不确定观点戏称为"认知上的无神论"（cognitive atheism），也就是说，就像生活中的无神论者认定神不可能存在一样，认知上的无神论者同样宣称，坚实而稳固的意义根本就是子虚乌有。在赫施看来，认知上的无神论主要存在着以下三个值得商榷之处：

第一，无神论造成了标准的阙如，进而导致了解释实践的难以为继。

赫施注意到，无神论观点的最直接问题在于它暴露出了一种危险

---

① ［美］伊哈布·哈山：《后现代的转向：后现代理论与文化论文集》，刘象愚译，台北：时报文化出版企业股份有限公司1993年版，第110页。
② ［美］伊哈布·哈山：《后现代的转向：后现代理论与文化论文集》，刘象愚译，第127页。
③ E. D. Hirsch, Jr., *The Aims of Interpretation*, Chicago: University of Chicago Press, 1976, p. 40.

第七章 反认知的"无神论":赫施对"不确定"意义观的批判

的反智倾向。具体说来,如果意义始终处于难以被确定的交错杂糅状态的话,那么,人们便无法以之为平台而建构起一条具有普适效应的解释的准则。依靠这条准则,他们可以判定,自己应当以怎样的方式投入现实的解释行为之中。借用脍炙人口的"灰姑娘"童话,赫施对不确定意义观带给解释者的难以解脱的困惑做出了形象化的说明:

> 如果一种意义可以改变其同一性(identity)的话,那么,就不会有如下这种准则存在,我们借此准则才能够判定,我们所面对的是寓于变化了的形式中的真实意义,还是那些我们似乎在追寻的虚假意义。一旦意义被认为是能够改变其特质的,那么,便再不会有一种能够在所有候选人中发现真正的灰姑娘的方法。再不会有我们能用来进行测试的值得信赖的水晶鞋,因为旧的鞋子已经不再适合新的灰姑娘了。①

在这里,"水晶鞋"被比喻为作为最高标准的确定性意义,而"灰姑娘"则表征着能够揭示这种意义的切实、可靠的解释行为。不确定意义观否认了标准的存在必要,自然也失去了在众多解释方法中加以取舍的依据——正如王子没有了水晶鞋的帮助,便无法在令人目不暇接的候选者中分辨出真正的灰姑娘一般。因此,赫施由衷地感叹,对确定性的坚持必须被人们积极而主动地内化于解释的整个过程之中:"确定性,首先便意味着自我的同一性……如果没有这种确定性的话,无论是成功的交流还是有效的解释都将不再可能。"②

可以说,赫施在这里一针见血地点明了无神论理念的最大弊病。在他眼中,武断否认意义之确定性将导致规范的分崩离析与"共识"(consensus)的无法达成,从而不仅会造成实际阅读中认识的举步维艰,更有可能连带引发诸如人际交流的瘫痪,原则与秩序的溃退,乃

---

① E. D. Hirsch, Jr., *Validity in Interpretation*, New Haven: Yale University Press, 1967, p. 46.

② E. D. Hirsch, Jr., *Validity in Interpretation*, p. 45.

至具备同一性的信仰与价值观念的消解等层出不穷的负面效应。通过这样的态度，赫施试图表明，当下盛极一时的非确定风尚在很大程度上只不过是一种纸上谈兵式的、相对与现实隔离的操作，只不过是一座被种种美妙而空泛的承诺所装点的虚幻的城堡。对于这一点，美国学者阿瑟·伯格（Arthur A. Berger）做出了巧妙的回应。在那部充斥着奇思妙想的小说《一个后现代主义者的谋杀》（*Postmortem for a Postmodernist*）中，他描绘了这样一幅令人啼笑皆非的画面：一位以"后现代主义者"自居的教授在家中被人同时用四种方式杀死，而警方调查所得出的结论却是，没有任何人杀死他。正是借用这个看似荒唐透顶的故事，伯格向我们揭露了后现代不确定性在现实世界中屡屡碰壁的窘态。而伊格尔顿同样清楚地看到了种种不确定观点与具体实践相结合时的举步维艰："那些赞美不连续主体的人们……他们和我们其他人一样，如果他们的孩子一周又一周地不认识他们，或者如果他们哲学思想上的银行经理拒绝支付他们六个月前所存的钱，理由是钱不再是他们的，那么无疑他们也会不安。"①

总而言之，按照赫施的看法，人们可以有保留地肯定不确定性对于陈旧、僵化的既有文化格局的冲击与激荡，但他们不能任由这种不确定性被夸大到极致，以致蚕食了实际生活中明辨是非曲直的最后的依据与准绳。换句话说，赫施所强调的是，应当对认知上的无神论保有一种泾渭分明的底线或是"极限意识"，应当努力避免费耶阿本德（Paul Feyerabend）那种"怎么都行"（anything goes）的口号中所隐含的虚无主义的盲目，这是因为，"如果文本意义自身是变化的，那么，当代读者将失去一致或分歧的基础"②。却尔感同身受地体会到了赫施批判相对主义而试图重塑标准的良苦用心："这种理论为我们提供了对一部作品的某种解释接受抑或拒绝的原则。没有这样的理论，我们就只能依靠直觉去接受或拒绝批评家解释作品时运用的实际

---

① ［英］特里·伊格尔顿：《后现代主义的幻象》，华明译，商务印书馆2000年版，第77页。
② E. D. Hirsch, Jr., "Objective Interpretation", *PMLA*, Vol. 75, No. 4, 1960, p. 465.

标准。"①

第二，无神论的思想体系其实仍然是以对确定性的默认为前提的。

赫施承认，意义的不确定性在很大程度上来源于解释者从各自的特定状况出发所做出的纷纭多样的解读，但他同时强调，这种多样化的处理必须在某种确定性的保障下才可能顺利进行："由于他们（即解释者——引者注）的境遇是各不相同的，因此，他们与被解释意义的关系性特征也千差万别。但恰恰因为文本自身的意义是始终如故的，这种意义同某种新境遇之间的关系才会呈现出差异。"② 他毫无保留地相信，只有在存在着某种确切无误的初始意义的情况下，不同的解释者才有机会对这种意义加以程度不一的"分享"或是"共有"（share），并进一步将其与自身的个性化境况乃至更为广阔的社会文化背景相关联，从而做出抑或夸饰，抑或贬斥，抑或变形，抑或干脆是"虚无化"的形形色色的阐发，最终衍生出意义的丰富而生动的不确定形态。这就好比，反偶像崇拜者狂热地想要打碎圣像，但倘若原本便不存在一个作为攻击目标的既定对象的话，他们的破坏冲动也将化为一串空幻的泡影。反过来讲，任何不包含丝毫确定性的意义无疑是不能被真正分有的，这是因为，倘若一种意义始终都处于难以被明确体认的迅疾流变之中的话，那么它"也就不再具有界限，不再具有自我同一性，因而也就不会与某个他人所持有的意义达成相互认同"③。毫无疑问，这种意义也将因此而丧失不断滋长、蔓延的动力与契机。

除此之外，赫施还进一步揭示了困扰无神论者的更深层悖谬：他们在沉溺于不确定性的同时，又总是渴望自己的理论能够以一种"确

---

① ［美］P. D. 却尔：《解释：文学批评的哲学》，吴启之等译，文化艺术出版社1991年版，第7页。

② E. D. Hirsch, Jr., "Truth and Method in Interpretation", *The Review of Metaphysics*, Vol. 18, No. 3, 1965, pp. 498–499.

③ E. D. Hirsch, Jr., *Validity in Interpretation*, New Haven: Yale University Press, 1967, p. 44.

定化"的形态赢得人们的欣赏与拥护。他不留情面地质问道，如果说，在以德里达为代表的不确定性的痴迷者眼中，除了相对主义本身以外的所有原则都是相对主义的，那么，"又是什么在一个缺乏绝对的世界上赋予了这种相对主义绝对的资格"①？由此可见，无神论观点以摧毁意义的确定性为宗旨，但这种摧毁的行为本身便仿效了确定性的思路与策略。因此，在赫施眼中，存在于确定性与不确定性之间的裂隙其实并不像人们想象的那样难以弥合，无神论者为之欢欣鼓舞的不确定景象恰恰正是建立在对于某种确定性的潜移默化的认同之上的。只不过，这种确定性往往为他们习惯成自然而淡忘罢了，就像人总是生活在空气中却又不自知一般。

　　赫施的上述意见鞭辟入里地道出了各种不确定意义观的通病。杰拉德·格拉夫曾经谈到，所谓意义的不确定性只不过是一种局部、相对而有限的现象，它必须在某种确定性的映衬或是参照下才有机会充分彰显："甚至是对于我们无法在 A、B、C 之间加以选择这样的说法，也仍然是限制在 A、B、C 的确定的可能性范围之内的。"② 这方面的例子在日常生活中可谓俯拾即是，如我去听了一堂西方文论课，由于心不在焉，我对课程的主题、内容、所用时间，甚至是教师的姓名和相貌等都一头雾水，但我所能确定的是，我曾经实实在在地面对一次西方文论的讲授，而我在听课过程中所产生的种种不确定感受无疑都是在该课程确切存在的框架内发散开来的。艾布拉姆斯则叮嘱人们注意，致力于消解确定性的解构理论必须以对于确定性意义的充分而娴熟的领会为先决条件："它（即解构理论——引者注），如其自己理论和实践所表明的，也不能不采用对文本确定的理解，将其作为如此被理解的东西的必要阶段。"③ 无神论者声称，应放弃对于客观

---

　　① E. D. Hirsch, Jr., *The Aims of Interpretation*, Chicago: University of Chicago Press, 1976, p. 13.

　　② Gerald Graff, "Determinacy / Indeterminacy", *Critical Terms for Literary Study*, Frank Lentricchia and Thomas McLaug, eds., Chicago: University of Chicago Press, 1990, p. 175.

　　③ ［美］M. H. 艾布拉姆斯：《以文行事：艾布拉姆斯精选集》，赵毅衡等译，译林出版社 2010 年版，第 302 页。

有效性的追求而一心沉潜于无休止的不确定游戏之中,然而,他们刻意回避的是,如果没有某种确定性所提供的参照与支撑,他们引以为傲的驳杂、混乱而激烈的思想碰撞也便失去了操演的空间和发挥的余地。因此,从这一点上看,无神论者唾弃确定性的举动,就好比攀上高楼后又抛弃梯子一般自欺欺人。

第三,无神论所津津乐道的不确定状态是无法得到经验检验的,它实际上煽动了人们对于其固有天性的逃遁与背弃。

赫施发现,无神论观点的标志性特色莫过于对"视角"(perspective / angle of vision)的推崇:"每个人都从自己的'视角'来审视文学作品,并且通过其自身的价值与联想体系对作品做出情感上的回应。"① 在他看来,无神论者坚持了这样一个值得怀疑的推论:既然客体在不同视角的观照下具有不同的表现形态,而解释者又总是习惯于依凭其独特的视角来打量眼前的事物,那么,他们所提炼的意义便必将处于飘荡不定之中,而无法真正达成明确、连贯的统一。毫不夸张地说,正是对视角的迷恋导致了相对主义和折中主义在文化、历史、方法论等领域的大行其道。

由此出发,赫施对视角概念进行了谱系学式的考察:含有视角意味的术语初见于中国的古代绘画,而在欧洲,这一语词(或含义与之接近的"viewpoint""standpoint""mental perspective""attitude"等)则在现代语言发展的较晚阶段才渐具雏形。倘若从古希腊和古罗马的词汇库中检索一番的话,我们便会遗憾地发现,自己完全找不到"视角"一词的蛛丝马迹。② 是什么造成了这种奇怪的现象?为了回答这一问题,赫施援引了发展心理学家皮亚杰(Jean Piaget)的理论。皮亚杰认为,人类自孩提时代起就拥有一种排除视角干扰的本然的冲动,他往往可以通过一系列繁琐、沉重而又充满挫败感的经验来填补视角可能带来的认知上的缺失。比如说,当我们把放在幼儿面前的苹

---

① E. D. Hirsch, Jr., *The Aims of Interpretation*, Chicago: University of Chicago Press, 1976, p. 36.

② E. D. Hirsch, Jr., *The Aims of Interpretation*, pp. 36 – 37.

果摆到另一边，或者拿到帘子后面时，他往往会因为苹果的莫名"消失"而无比沮丧。然而，在一段时间的训练与积淀之后，他便能逐渐将苹果确认为一个饱满、充实而恒定的客体："客体的守恒依存于客体的定位；即是说，儿童既知道客体消失时并非不存在，同时也知道客体往何处去。"① 依托皮亚杰的观点，赫施解释了为什么视角的律令如此之晚才被人们发现，这是因为，"接受它们意味着对儿童阶段的基本而又艰巨的功课的忘却……"② 正因为克服种种局限而趋向客观、稳定是人类与生俱来的本能，所以，对视角的信奉并非符合人类本性的常态，而更类似于一种后天的牵强附会。

更进一步，赫施通过成人世界的视觉经验而深化了上述论点：假设某人从一条街道，而他的朋友从另一条街道观察一幢建筑，他们所看到的东西自然会由于其视角的不同而显现出差异。然而，悖论在于，尽管存在着如此这般的区别，这两个人依然是在感知（或者说用目光解释）同样的建筑。赫施指出，之所以出现这样的状况，是因为每个成熟而健全的个体人都可以发展出某种"完形"或是"想象性延伸"（imaginative extension）的能力，正是这种能力使他们清醒地意识到，自己面对的是一幢完整的建筑，而不是从单一视角所看到的某一面。因此，即使这两个人亲眼目睹的东西是不同的，他们也都可以正确地宣称，自己是在对具有确定性的同一个事物加以观照，也正是这样的事实颠覆了视角论者的天真的假设："视角所带来的效果并不必然对我们所理解的东西加以歪曲或是相对化……视角的多样性并不必然导致被理解的意义的多样化。"③

结合以上例证，赫施再次将人类克服视角蛊惑的本能落实到了意义的固有属性之上，按照他的看法，正因为意义本来便是同一而稳定

---

① [瑞士] J. 皮亚杰、[瑞士] B. 英海尔德：《儿童心理学》，吴福元译，商务印书馆1980年版，第13页。
② E. D. Hirsch, Jr., *The Aims of Interpretation*, Chicago: University of Chicago Press, 1976, p. 37.
③ E. D. Hirsch, Jr., *The Aims of Interpretation*, p. 48. 其实，在第四章对意图与意向性关系的介绍中已经出现了类似的例证，然而，不同于前者主要聚焦于现象学层面的哲性分析，赫施在此处更加偏重的是一种认知常识和心理惯例上的考量。

的，人们才有理由产生对这种同一与稳定加以守护的难以遏止的期望。于是，"宣称解释者的陌生视角扭曲了意义至多只是一种托辞，因为我们不可能扭曲那些甚至并不依靠陌生视角而存在的东西"①。无神论的鼓吹者一厢情愿地假定，单纯仰仗视角便可以干净利落地将意义切割得四分五裂，但事实上，意义的存在并不取决于人们观看或是解读的方式，它完全立足于自身的难以抹杀的确定性之中。

通过上述三点批判性意见，赫施得出了这样的结论：无论从学理还是从实践经验的角度来看，认知上的无神论都存在着难以轻易掩盖的重大欠缺。由此出发，他进一步宣称："在这样的状况下，在文学研究中，较之于'认知上的无神论'而言，也许'认知上的不可知论'（cognitive agnosticism）在智性上更加值得尊重。"② 神学上的不可知论者虽然强调，作为宇宙万物之主宰的上帝是无法借助实证手段而加以详尽描摹的，但同时，他们也对这种上帝的存在深信不疑，并对其报以无比虔诚的敬意；与之类似，认知上的无神论者尽管并未否认，坚实而不可动摇的意义还远远没有被我们完整地把握，但他们同样毫不迟疑地宣称，这种意义依然以这样或那样的方式践履着自己的永不退却的在场。对于赫施而言，在这个弥漫着变乱与动荡气息的当代语境下，这种对确定性的执着信仰较之盲目投身于不确定性的漩涡之中要远为有益。

第三节　追寻"确定性"：人文主义者的选择

毋庸置疑，赫施对意义之不确定性的抨击在很大程度上受到了以施莱尔马赫、狄尔泰、贝蒂等人为代表的解释学中的方法论科学主义思潮的影响，但必须看到，正是"人文主义"（humanism）忠实信徒的身份从根本上驱使他将关注的重心转向了意义的客观、稳固与恒定。

---

① E. D. Hirsch, Jr., *The Aims of Interpretation*, Chicago: University of Chicago Press, 1976, pp. 48–49.

② E. D. Hirsch, Jr., *The Aims of Interpretation*, p. 12.

虽然"humanism"一词直至19世纪初才正式诞生,但人文主义无疑是西方世界最为源远流长的传统之一,它于文艺复兴时期在意大利率先出现,并一度波及几乎整个欧洲大陆。在当时,人文主义主要被用来指涉那种致力于将人从神权阴影下解救出来的新的世俗文化,而这种文化的体现者则被冠以"人文主义者"(humanist)的称号。① 几百年后,在这个四处弥漫着战争的硝烟、恐怖主义的威胁和歇斯底里的病态的现今时代,个体的安全感、主动性和自信心遭到了一次又一次的挫败与凌辱,于是,人在社会机体中所应当占据的位置再次成为了被频繁讨论的对象。与之相应,人文主义的澎湃激情也随着这种讨论的深入而得以重新绽放。一般认为,这种镌刻着时代印记的"新人文主义"(neo-humanism)在19世纪发端于以马修·阿诺德(Matthew Arnold)为首的一拨批评家,通过欧文·白璧德(Irving Babbitt)、弗·雷·利维斯(F. R. Leavis)等学者的倡导在20世纪蔚为大观,并依靠弗兰克·克莫德(Frank Kermode)、约翰·凯里(John Carey)等人的努力在当下得以延续。② 由此可见,人文主义其实是一个涵盖面十分广博且含义极其复杂的范畴,但无论如何,它的最基本内核始终是一目了然的,那便是对于"人之为人"的尊严的坚定不移的维护:"每个人在他或她自己的身上都是有价值的——我们仍用文艺复兴时期的话,叫做人的尊严——其他一切价值的根源和人权的根源就是对此的尊重。"③

人文主义者坚信,"人"与"人性"始终占据着至高无上的地位,在他们的心目中,文学艺术作为人类的创造物,作为人类精神的最集中体现和最鲜明寄托,无疑是无比尊贵、单纯而明净的。以此类推,蕴藏于这些作品之中的意义,也同样能散发出无比神圣的灿烂光

---

① 参见[苏]B. B. 索柯洛夫《文艺复兴时期哲学概论》,汤侠生译,北京大学出版社1983年版,第6—7页。
② M. A. R. Habib, *A History of Literary Criticism: From Plato to the Present*, Oxford: Blackwell Publishing, 2005, p. 560.
③ [英]阿伦·布洛克:《西方人文主义传统》,董乐山译,生活·读书·新知三联书店1997年版,第234页。

芒，同样能经受时空变换的历练而长存不灭。可以说，正是这样的逻辑推演为人文主义者对于确定性意义的尊崇奠定了坚实的基础。在这个问题上，英国学者佩特·巴里（Peter Barry）曾做出过精辟的阐述。他认为，"自由人文主义"（liberal humanism）精神作为当代学术研究的"基调"或是"底色"，其最突出特质便在于一种对永恒不变之意义的热切期冀：

> 最重要的是一种对待文学自身的态度；优秀的文学作品应当携带永恒的意义；它能够以某种方式超越其写作时代的限制与特性，从而同人性中恒定不变的东西对话。如此的作品"不仅属于一个时代，更属于永远"（本·琼生评莎士比亚之语），能做到"弥久弥新"（庞德对文学之定义）。[1]

人文主义者认为，既然文学的价值是历久弥新的，那么，作为文学价值之核心的意义也理所当然地拥有其恒定的在场。这样的意义是人类生命的记录和精神传达的产物，是人与人之间交流的最可靠保障，是真诚、善良、自由等美好品质所凝聚而成的结晶，它们的坚实、稳固不可能在某些外在因素的干扰下轻易沦丧。这就像艾布拉姆斯所指出的那样："传统的文本阅读是将作为文学作品的文本读作关于人的记录——对和我们非常相似的角色那些思想、行为、感受的虚构性呈现，让我们参与其经验，由作为人的作者表达和控制语言，使作为人的读者得到感动和快乐。"[2] 对他说来，传统文学阅读中以人为本位的价值取向不可能因为解构批评的操演而烟消云散，相应地，凝聚于文学作品之中的，由人类伟大精神所灌注的意义也必将持续不断地显示出不容撼动的价值与尊严。

众所周知，赫施是一位不折不扣的白人中产阶级男性，一位饱受

---

[1] Peter Barry, *Beginning Theory: An Introduction to Literary and Cultural Theory*, Manchester: Manchester University Press, 2002, p. 17.

[2] ［美］M. H. 艾布拉姆斯：《以文行事：艾布拉姆斯精选集》，赵毅衡等译，译林出版社 2010 年版，第 301—302 页。

美国一流学府熏陶的大学教授，一位对传统道德、良知和秩序忠贞不渝的精英知识分子，这样的身份定位从一开始便决定了他不可能将那些游离与越界的"非中心化"学说引为同道，也决定了他必然会很自觉地汲取人文主义的精髓，并心甘情愿地将自己置身于人文主义者的队伍之内。可以说，正是在发自内心的人文主义信念的推动之下，赫施才会对象征着破坏、反叛与决裂的不确定意义观如此警惕，也正是基于这样的理由，对确定性的坚持与守候才会成为贯穿于他的整个理论之中的一条"阿里阿德涅之线"。同时，赫施不仅仅是一个困守于"象牙塔"之内的单纯的学者，他也是一个有着普罗米修斯式的济世情怀的教育家和社会参与者，他对确定性的询唤也因此告别了文本解释的单一色调，而染上了更加丰富、多元的社会文化色彩。

　　赫施始终相信，解释不应当仅仅局限于文本的狭隘领域，相反，解释作为一种人文追求，还牵涉到了更加广阔的社会、文化语境。在《人文科学的价值与知识》（"Value and Knowledge in the Humanities"）一文中，赫施试图以自己所谙熟的人文学科为例来说明捍卫确定性所可能包含的至关重要的意义。在他看来，人文学术在当前美国国民精神的建构过程中发挥着无可替代的重大作用，然而，在不确定风潮的严重误导下，"研究开始自我复制，变得琐碎、抽象，偏离正轨，并且日渐衰颓"[1]。很明显，这样的局面必将导致人们的情感与认知丧失其赖以立足的基石，而沉陷于无止境的空虚与迷惘之中，甚至如旅鼠一般在全然盲动的状态下相互簇拥着葬身大海。面对这样的事实，赫施对包括自己在内的人文主义者发出了如下的恳切呼唤："人文主义者在我们的世俗世界中有着一种职业的义务，饥饿的嘴需要被尽可能真诚地喂养。"[2] 赫施强调，人类群体必须通过有效的交流而行使其职能，然而，在专业化、技术化趋势愈发明显的背景下，人们却越来越多地龟缩于自己的小圈子内，于是，有效的交流也便随之而成为

---

[1] E. D. Hirsch, Jr., "Value and Knowledge in the Humanities", *Daedalus*, Vol. 99, No. 2, 1970, p. 353.

[2] E. D. Hirsch, Jr., "Value and Knowledge in the Humanities", *Daedalus*, Vol. 99, No. 2, 1970, p. 353.

了一种奢望。基于上述状况，赫施提出："只有依靠共享的符号，以及由这些符号所表征的共享的信息，我们才能学会在全国性的共同体中开展有效的相互交流。"① 具体说来，要打破人际间交流的障壁，人文主义者必须致力于成为"关于实质内容的传统主义者"（traditionalists about content），必须自觉地担负起维护确定性准则并传递公共价值或讯息的神圣使命。惟其如此，公众的有效交流才可能在某种共享文化的平台上得以展开，而当代人也才可能获取一种对于普遍逻辑的共同的忠诚，才可能重新拥有其赖以安身立命的精神依托。② 在这个充斥着骚动与变乱而缺乏稳定性的时代氛围中，赫施对确定性的追问无疑具有补偏救弊的积极作用，如夏博特便对赫施的理论诉求做出过高度的评价："不管赫施的视域是怎样的与众不同，不管赫施的立场有多么孤立，无论在过去还是现在，他都提供了治疗当代批评风尚中的神秘化（mystifications）倾向的一剂良方。"③

---

① E. D. Hirsch, Jr., *Cultural Literacy: What Every American Needs to Know*, New York: Vintage, 1987, XVII.

② 赫施在1986年成立了"核心知识基金会"（Core Knowledge Foundation）并于1987年出版《文化素养：每个美国人应当知道什么》。在书中，他反对卢梭式的、崇尚"自然发展"（natural development）的教育观点，主张对人类交往活动中长期存在而又必不可少的特定信息——即所谓"文化素养"（cultural literacy）——的普遍共享。为了将构想付诸行动，赫施分别于1988年和1991年开始编纂"文化素养词典"（The Dictionary of Cultural Literacy）系列丛书和"核心知识"（Core Knowledge）系列丛书，从而试图通过对社会文化生活的实际介入来实践自己对于确定性的理想与操守。

③ C. Barry Chabot, "Review", *World Literature Today*, Vol. 51, No. 4, 1977, p. 684.

第八章 "意义"和"指意":确定性理论的关键概念

赫施意图理论的一个突出特征,在于他所提出的大量独出心裁的概念和术语,而在这之中,"意义"(meaning)和"指意"(significance)无疑是最为引人注目的一组。① 日本学者长尾辉彦认为:"赫施对意义与指意的区分是其理论中最具争议性的,或许也是最富有价值的部分。"② 之所以最具争议,是因为人们往往怀疑,这样的区分究竟能否契合实际的阅读经验,并高效地绘制出文学研究的版图;之所以最富价值,则在于他们始终都无法否认,赫施对认知的"无神论"观点的抵御,对意义之恒久、稳固的追寻在很大程度上正是仰仗这种区分而得以展开的。因此,一个不容抹煞的事实是,对意义与指意的解读是破译赫施理论的一把至关重要的钥匙。

---

① "meaning"和"significance"在中国文论界出现过多种译法,粗略算来,大致有"含义"与"意义"(王才勇、严平、章启群)、"意蕴"与"重要意义"(殷鼎)、"意义"与"意味"(金元浦、王岳川、李建盛)、"意思"与"意义"(冯川、胡万福)、"意义"与"意思"(张首映、张德兴),等等,有学者鉴于两个术语在翻译上的困难,干脆直接以"M"和"S"取而代之(朱狄)。笔者认为,造成上述混乱状况的原因有二:其一,赫施出于自己的目的而在这两个术语中掺入了某些不同寻常的特定内容;其二,在汉语言文字中暂时无法找到与之完美匹配的现成词汇。结合具体情况,本书依照惯例把"meaning"译为"意义",但同时声明,在赫施的理论中,这种意义始终是与作者意图相等同的;考虑到"significance"的提出受到了弗雷格"指称"(reference)观念的启发,而"reference"本来便暗含着某种"指"的倾向或动机,故将其译为"指意"。此外,"指意"这一称谓还突出了原初意义的不断生成的动态特质,这一点恰恰也是逐渐为赫施关注并强调的。

② Teruhiko Nagao, "On Authorial Intention: E. D. Hirsch's Validity in Interpretation Revisited", *The Annual Reports on Cultural Science*, Vol. 40, No. 1, 1991, p. 172.

第一节 "意义"与"指意"的理论渊源

"意义"与"指意"的提出缘起于赫施对一种极端化观点的矫正。这种观点认为，即便是对于创作者本人而言，文本意义仍将是不断改变而难以确认的。比方说，一位作家往往习惯于在其创作生涯的某个阶段对自己的早期作品进行全方位的批判或是彻头彻尾的重新评估，这种态度的转化将会很自然地导致隐含于文本之中的初始意义的变更。针对上述看法，赫施提出，发生变化的只不过是作者根据文本意义所衍生出的指意而已，真正的意义则始终是稳固而难以撼动的：

> 意义是由一个文本所再现的东西，它是作者通过对特定符号序列的使用而意指的东西，它通过这些符号而得以传递。另一方面，指意则描述了意义同某个人，某个概念，某种处境或是任何可以想见的东西之间的关系。……很明显，对于作者们而言，发生变化的并非作品的意义，而是他们同这种意义之间的关系。指意总是能暗示出一种关系，而这种关系的一个恒定而不变的极点便是文本所意指的东西。①

在赫施的理论视域内，"意义"充当了作者意图的代名词，它是文本创作者借助特定语言符号而具体表现的东西，这一点前文已经明确述及；当这种意义伴随时间、场所的改变，在不同读者乃至态度前后有别的同一位作者的解读之下呈现出各不相同的附加意涵时，所谓的指意也便应运而生了。可见，相较之下，"指意"是一种建基于意义之上的、更加复杂而难以把握的存在。格雷西亚认为，指意囊括了"关联性"（relevance）、"重要性"（importance）和"后果"（consequence）等多重定义，而这些定义无不又与外在于文本意义的其他因

---

① E. D. Hirsch, Jr., *Validity in Interpretation*, New Haven: Yale University Press, 1967, p. 8.

素保持着紧密的关联。因此，在他看来，指意无疑是一个关系性的概念，它固然无法脱离文本及其意义本身，但却在根本上指向了"其他的事件、文本、现象等"①。只不过，格雷西亚更倾向于将指意的起源追溯到文本领域，而赫施则不加掩饰地承认，任何指意都应当且必须植根于由作者明确传达的意图之中。最终，就像埃尔文所观察到的那样，对赫施而言，解读者的不同体验所引发的差异性状况仅仅发生在指意的层面，至于初始性的文本意义，"尽管我们的意识在不断改变，它仍然能保持一致"②。

在文学解释的具体经验中，类似意义与指意的区分可谓屡见不鲜。伊格尔顿曾讲述过这样一则故事：小男孩在和父亲争吵后离家出走，当他经过树林时，不小心掉进了陷阱之中。不久之后，寻找儿子的父亲来到了这片树林，此时，阳光恰好直射到了陷阱的底部，使他看到了被困的儿子。于是，父亲救出了儿子，两人在和解之后结伴回到了家中。由此出发，伊格尔顿指出，对于这则看似简单的故事，一位弗洛伊德的信徒可能会认为，它表征着一个惧怕父亲的儿子所遭受的"象征性的阉割"；一位人文主义批评家通常相信，它以一种戏剧化的方式演绎了人类最根本的生存困境；一位结构主义者往往热衷于将其解读为"高"与"低"这两种元素由分裂走向平衡的发展历程；而一位解构主义的"发烧友"则可能把它看成是一场从能指到能指的、毫无深度可言的游戏……③在这里，不同研究者从各自立场出发所做出的创造性解读应当被归入指意的范围内，它们是丰富、多样而又充满变数的；而创作者借故事所传达的意图则必须与意义相等同，它的存在为指意的充实与扩展提供了最可靠的保障。上述情形也大致对应了王夫之在《姜斋诗话》中的说法："作者用一致之思，读者各

---

① [美]乔治·J. E. 格雷西亚：《文本性理论：逻辑与认识论》，汪信砚等译，人民出版社2009年版，第36页。
② William Irwin, *Intentionalist Interpretation: A Philosophical Explanation and Defense*, Westport, Conn: Greenwood Press, 1999, p. 47.
③ 参见[英]特里·伊格尔顿《二十世纪西方文学理论》，伍晓明译，北京大学出版社2007年版，第91—92页。

以其情而自得。"①

必须注意，意义和指意绝非赫施一时心血来潮的凭空捏造，它们至少从如下三种学说中获取了响应与支持：

首先，是胡塞尔围绕"意向性"的相关论说。胡塞尔相信，在意识行为与其对象之间的指涉性关系中，作为客体的"意向性对象"往往能穿越纷纭多样的"意向性行为"而保持一致。可以说，这样的看法从本体论的高度上为赫施对意义与指意的界定做出了铺垫。赫施这样谈道："由于意义，就像其他任何意识所趋近的目标一样，是一个意向性对象（也就是说，是某种为着意识而存在的东西），又因为言语意义是一种与其他意义相似的意义，那么，我们可以更直白地宣称，无数不同的意向性行为可以意指同样的言语意义。"② 不难见出，赫施实际上将意义与意向性对象相互等同，而将指意与意向性行为联系了起来。在他眼中，正如五花八门的意向性行为可以诉诸同一个意向性对象一般，无数各不相同的指意也能够不约而同地指向共同的意义，而不会对之造成丝毫的折损。由于本书对意向性问题的讨论已较为详细，在此不再赘述。

其次，是德国数学家、逻辑哲学家弗雷格针对"含义"（Sinn, sense）和"指称"（Bedeutung, reference）的描述。在他著名的论文《含义与指称》（"Sense and Reference"）中，弗雷格说道："显然，对于一个符号（名称，词组，文字符号），除了要考虑被表达物，即可称为符号的指称的东西以外，还要考虑我要称之为符号的含义的那种其间包含着给定方式的联系。"③ 大体说来，含义代表着对象的思想内涵，类似于索绪尔的"所指"，指称则牵涉到对象的真理价值，即对象的存在或是非存在，真实或是虚假。在弗雷格看来，符号的指

---

① [清]王夫之：《姜斋诗话》，人民文学出版社1981年版，第4页。
② E. D. Hirsch, Jr., *Validity in Interpretation*, New Haven: Yale University Press, 1967, p. 38.
③ Gottlob Frege, "Sense and Reference", *The Philosophical Review*, Vol. 57, No. 3, 1948, p. 210. 中译本参见[德]弗雷格《弗雷格哲学论著选辑》，王路译，商务印书馆1994年版，第91页，译文略有改动。

称对象的相同并不能等同于含义本身的一致，打个比方，说亚里士多德"是柏拉图的学生和亚历山大大帝的老师"与说他"生于斯塔吉拉"所共同指向的是"亚里士多德"这个专有名词，但两种说法中所包孕的含义却是有着极大差别的。赫施发现，弗雷格的思考方式同样可以挪用到自己的意义理论中，而事实上，他对意义与指意的划分在很大程度上正是以之为参照而得以确立的。与此同时，赫施也对弗雷格的表述进行了一次创造性的逆转，在他看来，"弗雷格仅仅考虑到了不同含义拥有相同指称的情况，但同样真实存在的是，相同的含义在时间的推进中也许会拥有不同的指称"①。以此类推，赫施得出结论：不是相同的指意之下掩藏着不同的意义，相反，形形色色的指意以具备同一性的意义为中心而无止境地延伸与扩展。当然，不管怎样，我们都不应否认弗雷格带给赫施的思想上的巨大启迪。

再次，赫施对意义与指意的区分还受到了西方马克思主义者吕西安·戈德曼（Lucien Goldman）的影响。在一篇题为《文学史上的发生学结构主义方法》（"Genetic Structuralist Method in the History of Literature"）的文章里，戈德曼这样写道："对一个有意义的结构的阐明构成了对这一结构的领会（comprehending）；而将这一结构镶嵌于一个更加广阔的结构之中则充当了对它的解说（explaining）。"② 戈德曼进一步指出，人们对帕斯卡尔（Blaise Pascal）名作《思想录》（*Pensées*）的悲剧结构的详尽阐释是一个"领会"的过程，而在厘清这种结构的同时，又将其置入极端詹森主义（extremist Jansenism）③ 的情境下，则可以被视为对帕斯卡尔作品的"解说"。在赫施看来，戈德曼的描述从存在方式上暗示了意义和指意所具有的鲜明特色：如果说前者涵盖了由作者所传达的文本的整个意义的话，那么，后者便表征着这种意义

---

① E. D. Hirsch, Jr., "Objective Interpretation", *PMLA*, Vol. 75, No. 4, 1960, p. 464.
② Lucien Goldman, "Genetic Structuralist Method in the History of Literature", *Marxism and Art: Writings in Aesthetics and Criticism*, Berel Lang and Forrest Williams, eds., New York: McKay, 1972, p. 249.
③ 即罗马天主教发动于17世纪的一场哲学与宗教运动，以信奉原罪和宿命为标志性特色。

与某种外在的精神、时代、事件、价值体系等的错综复杂的纠缠与交织。换句话说，"'指意'是文本意义超越自身而与某种境况、实际上是与任何境况之间所发生的关联"①。从这一点上看，戈德曼对于赫施的最大帮助莫过于表明，类似于意义和指意的划分并非来源于白日梦式的空想，而是真切地发生在众多鲜活、生动的解释实践之中。

综上所述，赫施分别从现象学、分析哲学和结构主义马克思主义这三种蕴含着不同精神取向的理论资源中汲取了营养，也正是在如此丰厚的思想积淀的支撑之下，他才能毫无保留地将自己全部的理论期许寄托在意义和指意这两个关键概念之上。

第二节 捍卫确定性："意义"与"指意"的思想动因

在发表于1972年的论文《解释的三个维度》（"Three Dimensions of Interpretation"）中，赫施曾援引自己的一次亲身经历而生动描摹了"意义"和"指意"这两个范畴在同时出现时所可能引发的复杂状况。

当时，赫施正偕同妻子驾车行驶在新泽西州的一条高速公路上，猛然间，在公路的安全岛上出现了一个多少有些让人费解的标志（见图2）：

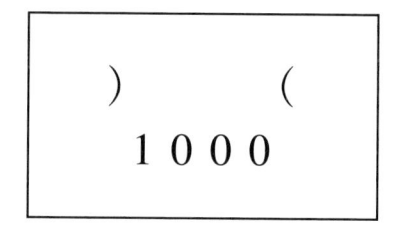

```
) (
1 0 0 0
```

图2 赫施在高速公路上看到的标志

出自 E. D. Hirsch, Jr., *The Aims of Interpretation*, Chicago: University of Chicago Press, 1976, p. 86。

---

① E. D. Hirsch, Jr., *The Aims of Interpretation*, Chicago: University of Chicago Press, 1976, p. 3.

带着某种猎奇的心理，赫施开始留意可能与之相关的提示性的线索，果然，片刻之后，当汽车驶过安全岛上一处足以令一辆车通过并调转方向的缺口时，他又看到了这样一块标志（见图3）：

```
For Official
Use Only
```

图3　赫施在高速公路上看到的第二个标志

出自 E. D. Hirsch, Jr., *The Aims of Interpretation*, Chicago: University of Chicago Press, 1976, p.86。

乍看上去，在第二个标志的提示与参考之下，问题已经得到了一锤定音的解答：先前看到的标志其实是要提醒人们，1000英尺之外有一处可供官方车辆调头的缺口。然而，赫施意识到，事情并非如此简单。他指出，上述内容只有对通晓内情的官方人士来说才是不容置疑的。对于其他接受者而言，这一标志所意味的东西则可能大不相同：在循规蹈矩的普通司机看来，它表明前方的缺口不可随意闯入；对穷途末路的银行抢劫犯来说，它指明了一条迅速摆脱警方追捕的捷径；在路旁的行人或是耽于思考的理论家——比如说赫施自己——的眼中，这块标志所负载的讯息将变得更加微妙、丰富。因此，赫施得出结论，以上的种种解读不外乎是接受者依据自身的特定状况，从各不相同的角度切入所凝聚而成的结晶，它们无不应当被划归于指意的名下。相反，隐含于这块标志之中的意义只能被限制在这样的范围之内，即"一处缺口将会出现在1000英尺开外的安全岛上"①。即使当权者下令删除那些将缺口的使用限定于特定用途的额外条款，这种初始意义仍然不可能失却其自身的完整与同一。

---

① E. D. Hirsch, Jr., *The Aims of Interpretation*, Chicago: University of Chicago Press, 1976, p.87。

结合这一个案,赫施再次强调了意义和指意各自的固有属性,其中"意义代表着解释中的恒定性原则,指意则包含了一种易变性的原则"①;意义通常是被牢牢固定而无法移动的一点,指意则更加灵活、自由,更倾向于伴随外部语境的改变而无止境地调整与拓宽。由此出发,赫施试图说明驱使自己在意义同指意之间加以辨析的内在因由。在他看来,世界原本就是一个静止与运动、安定与变乱、单一与多元相辅相成的巨大的"混合体",面对这样的状况,人们必须努力把自己所要处理的对象从动荡不息的外在因素中暂时地抽离出来,惟其如此,他们才不会因为将意识内容同种种附加性的干涉或影响相互混淆而手足无措;反之,"如果无法践履这种区分的话,我们便不能在今天识别出哪怕是昨天刚刚经验过的东西:如这个墨水瓶,那个相片的影像,等等……"② 同理,在具体的解释活动中,客观、稳定的意义恰恰便为人们的认知提供了这样一个赖以开展的牢固基点,而毋庸置疑的是,这种意义又必须依靠人们将其与众多充满变数的指意截然区分才能够真正确立。赫施指出:"倘若人们无法在指意同意义之间加以分辨的话,那么,结果必然是一种目前已经为人所知晓的混乱局面,因为哪怕是对于最短小、最乏味的文本而言,其指意在字面上也是毫无限制的。"③ 按照他的看法,如果人们盲目地将固定、不变的意义与驳杂、混乱的指意混为一谈的话,那么,他们必将失去理解所应当针对的目标,而彻底沉陷于天马行空式的迷茫之中。还是以高速公路上的标志为例,即使劫匪受到衍生性指意的启发而将其视为一道协助逃脱的暗号,这种貌似突发奇想的解读其实仍然是在他对标志的原初意义(即缺口在不远处的确存在)加以切实把握的前提下才得以真正发生的,倘若缺少意义所提供的参照而任凭指意肆意扩散的话,那么,他必将丧失解释的标尺而无法推导出任何行之有效的答案!由此可见,赫施区分意义与指意的理由并非赞美指意的动态开放

---

① E. D. Hirsch, Jr., *The Aims of Interpretation*, Chicago: University of Chicago Press, 1976, p. 80.

② E. D. Hirsch, Jr., *The Aims of Interpretation*, p. 3.

③ E. D. Hirsch, Jr., *The Aims of Interpretation*, p. 63.

或是异彩纷呈，而是要敦促人们真切体认并努力维护意义本身不容侵犯的确定性地位。也可以说，正是这种对确定性的毫不妥协的捍卫，构成了潜藏于上述两个概之中的最真切而深厚的思想动因。

由此出发，赫施再次将批判的矛头对准了以海德格尔、伽达默尔为代表的哲学解释学观点。海德格尔认为，人类的理解总是与其生存境遇紧密关联，这种生存境遇带来了主体的"先行具有"（Vorhabe）、"先行视见"（Vorsicht）和"先行掌握"（Vorgriff），并无可避免地形成了理解的先入之见："任何解释工作之初都必然有这种先入之见，它作为随着解释就已经'设定了的'东西是先行给定的，这就是说，是在先行具有、先行视见和先行掌握中先行给定的。"① 按照海德格尔的思路，在文本解读的过程中，意义必然在一定程度上溢出作者原意而呈现出多元、相对、变幻不定的本体论特征。伽达默尔承袭并推进了海氏的基本观点，他强调指出："本文（即"文本"——引者注）的意义超越它的作者，这并不只是暂时的，而是永远如此的。"② 在他看来，作品一旦被创造完毕，就脱离了作者的掌控而踏上了一条充满未知诱惑的不归之途。相应地，隐含于作品之中的意义也将不再为初始性的作者精神所左右，而是作为一个朝向不尽的对话与质询开放的契机，在无数后世读者的并肩参与下源源不断地生长与更迭。有感于此，伽达默尔宣称：

> 对一个本文（即"文本"——引者注）或一部艺术作品里的真正意义的汲舀（Ausschopfung）是永无止境的，它实际上是一种无限的过程。这不仅是指新的错误源泉不断被消除，以致真正的意义从一切混杂的东西被过滤出来，而且也指新的理解源泉

---

① ［德］海德格尔：《存在与时间》，陈嘉映等译，生活·读书·新知三联书店1999年版，第176页。大体说来，"先行具有"指主体对于被解释之物的确认；"先行视见"指主体把握被解释之物的外延或轮廓，以开启解释的可能性状态；"先行掌握"指主体领悟被解释之物的结构，进而揭示其内涵或意义。三个步骤环环相扣，构成解释的完整过程。

② ［德］汉斯－格奥尔格·加达默尔：《真理与方法：哲学诠释学的基本特征》（上卷），洪汉鼎译，上海译文出版社2004年版，第383页。

不断产生，使得意想不到的意义关系展现出来。①

针对这样的论断，赫施提出，伽达默尔的致命缺陷在于，他在强调解释之无限创造性的同时遮蔽了意义本身所应当维系的确定性存在："非常清楚的是，将文本视为一段独立的语言而将解释看成是一个无止境的过程的观点，实际上否认了文本拥有任何确定的意义。因为一个确定的实体有着这样的特点：它是其所是，而不是别的什么东西。但是，一个不可穷尽的可能性序列却使得这样一种观点得以落实，即完全不存在任何特定的东西。"② 在此基础上，赫施发现，伽达默尔的初衷其实并不是要把意义的确定性一笔勾销，他的最根本误区，在于想当然地将意义和指意彼此等同，在于贸然地忽视了"文本意义和这种意义对某一当下境遇的相关性之间的基本区分"③。正因为如此，在伽达默尔的哲学体系中，意义才会始终身不由己地为指意所裹挟，才会永远也无法摆脱漫无边际的漂泊与流散的宿命。赫施指出，伽达默尔对意义与指意之分的漠视并不是要重拾赫拉克利特（Heraclitus）那种"人不可能两次踏入同一条河流"的变与不变的辩证理念，相反，它来源于一种"心理主义"或"历史相对主义"的荒谬的抽象，而这种思想倾向也必将连带引发实际解释行为的混乱与迷失。

当然，赫施并未全盘否认指意所应当占据的地位，他肯定地说道："作者意义所携带的指意，即这种意义与我们自身、与历史、与作者个性、与作者的其他作品之间的关系，能够成为某种同样客观的，甚至常常是更加重要的东西。"④ 以上见解无疑揭橥了文学研究

---

① ［德］汉斯-格奥尔格·加达默尔：《真理与方法：哲学诠释学的基本特征》（上卷），洪汉鼎译，上海译文出版社2004年版，第385—386页。
② E. D. Hirsch, Jr., "Truth and Method in Interpretation" *The Review of Metaphysics*, Vol. 18, No. 3, 1965, p.492.
③ E. D. Hirsch, Jr., "Truth and Method in Interpretation" *The Review of Metaphysics*, Vol. 18, No. 3, 1965, p.498.
④ E. D. Hirsch, Jr., *Validity in Interpretation*, New Haven: Yale University Press, 1967, p.143.

中一个不言而喻的事实：单纯的原意往往是苍白、枯燥、贫瘠的，相反，花样繁多的指意才是使作品的影响得以扩散、生命力得以延续的不可或缺的保障。也正是依靠指意的毫不懈怠的积聚与翻新，一切真正伟大的文本才可能伴随时空的推移而不断激发人们的愉悦、快感和思索。关于莎士比亚悲剧《哈姆雷特》中主人公延宕的原因，古往今来的读者各抒己见，得出了丰富多彩的答案：有人认为，邪恶势力的过分强大和个体力量的相对渺小迫使哈姆雷特将复仇的行为一再延后；有人指出，哈姆雷特的犹疑应当归因于他在性格上的难以克服的缺陷；有人相信，戏剧作品本身的形式特征驱使哈姆雷特不断地推迟复仇，推迟高潮来临的最后时刻；有人则强调，哈姆雷特是一位有着严重的"俄狄浦斯情结"的精神病患者，他之所以迟迟不肯动手，是因为叔父克劳狄斯（Claudius）的所作所为间接实现了他"杀父娶母"的隐晦愿望……虽然上述见解不一定都符合莎士比亚的本义，但无可否认，《哈姆雷特》也正是通过这无尽指意的重重包裹而保持其历久弥新的魅力。同理，《论语》《庄子》等经典著作之所以在今天仍然能产生巨大的影响，原因恰恰在于，世世代代的读者结合各自的生命体验，而对它们进行了一次又一次的琢磨、把玩与品味，从而促使其指意的不断增殖。与此同时，赫施重申，指意的动态生成必须建立在对于意义的切实体察的基础之上："我们在给定时刻能够断言，我们的主要目标在于揭示作者所意指的东西，而不是某个意义与其他事物之间的关联；我们能够将自己的注意力集中在这一意义之上，并且将我们所能掌握的相关知识全都倾注于这一目标。"[①] 这是因为，只有在尽可能领会作者原意的前提下，人们才有机会将这种意义同斑斓、驳杂的外在背景结合起来加以考量，才有机会真正实现对无穷无尽的指意的淋漓尽致的书写。反过来说，一切将作者意图弃如敝屣的解读，如郭沫若在特定情境下将杜甫的《茅屋为秋风所破歌》解释为士大夫阶层负面情绪的狭隘抒发，"红学"研究中的"索隐派"将

---

① E. D. Hirsch, Jr., *Validity in Interpretation*, New Haven: Yale University Press, 1967, p. 140.

《红楼梦》附会为张侯、明珠、和珅等人的家事记录,等等,便因为完全背离了作者的原意而无法被归入积极、能动的指意之列。

更进一步,赫施指出,表面上存在分歧的指意也绝非毫无妥协的余地,在某种情况下,它们可能将特定意义作为其共同的立足之本,从而相应地获取了调和、兼顾与沟通的可能:"一位解释者觉察到或是强调了与其他人所觉察的东西有区别的特征。意义的明确组成部分在此是不同的,然而,这些不同的部分关涉的却是一个作为整体的意义,而不是一个局部的意义,而这个关涉的对象也许对所有解释者而言都是相同的。"① 从这个角度来看,赫施和伽达默尔都在某种程度上应允了意义的不确定性所应当享有的充分的发散空间,只不过,二人在对待这种不确定性的态度上依然存在着原则性的区别。赫施承认,指意的演绎与滋生就如同石子落入水中后泛起的涟漪一般不可避免。然而,较之伽达默尔对于文本意义的历史连续性状态的发自内心的偏爱,赫施同样旗帜鲜明地指出,指意所拥有的应当是一种有限度的自由,而不是百无禁忌的无限的自由,它应当始终接受由作者意图所表征的确定性意义的支配与约束。在这个问题上,长尾辉彦做出了较好的说明,他观察到,在赫施的理论体系中,指意较之意义而言占据了远为重大的分量,但归根到底,这种绵延不绝的指意仍然必须将意义视为其坚若磐石的根基:"或者让我们说,文学意义包含了百分之一的意义和百分之九十九的指意。甚至在这样的情况下,如果作者所意指的这百分之一遭受轻慢对待的话,那么,整个的讨论都将被贬低为一场建立在虚幻之上的白日梦。"②

需要补充的是,赫施对意义与指意的论述绝不仅仅是"坐而论道"的空谈。借助这两个术语,他始终致力于在一些众说纷纭的理论事件中发出自己的声音,这一点明显表现在他对待20世纪60年代有关拉辛(Jean Racine)论争的态度上。

---

① E. D. Hirsch, Jr., *Validity in Interpretation*, New Haven: Yale University Press, 1967, p. 132.

② Teruhiko Nagao, "On Authorial Intention: E. D. Hirsch's Validity in Interpretation Revisited", *The Annual Reports on Cultural Science*, Vol. 40, No. 1, 1991, p. 173.

拉辛研究专家、索邦大学教授雷蒙·皮卡尔（Raymond Picard）对第二次世界大战之后盛行于法国理论界的所谓"新批评"① 观念深感不满。在他颇具论战性的作品《新批评，还是新骗术？》（New Criticism or New Fraud?）中，皮卡尔主要针对罗兰·巴尔特著作《论拉辛》（On Racine）中过于依赖直觉的"主观化"写作方式发难。在他眼中，巴尔特的论说由于无视拉辛的初始意图而令本应科学、严肃的文学研究沦落为了一场同真实相去甚远的荒诞的闹剧，并最终背弃了法国文学的神圣而悠久的传统："巴尔特先生将'你无法诉说有关当代思想之本质的真实'转变为了'你无法诉说关于拉辛的真实'，同时，从'一切皆可能发生'的现代不确定性理念中，他提取了某种类似'你无论怎样说都行'的主张。他在这一点上是正确的，即我们不可能构想出有关拉辛的完整、绝对、确定的真实，然而，他的错误在于，你不能想说什么便说什么。"②

巴尔特则于1966年出版《批评与真实》（Criticism and Truth）一书予以回应。他寸步不让地宣称，自己所推崇的新的批评方式之所以遭受非议，是因为这种批评所包孕的强大能量、所引发的颠覆性效果极大地震撼了滞重而僵硬的既有文化模式，而这样的局面其实也正是旧秩序的卫道士们所忌惮和惶恐的。由此出发，他反唇相讥地嘲讽了以皮卡尔为首的老派攻击者，认为他们一味纠结于作者本意而愚蠢地扼杀了新生意义所应当拥有的开放性空间：

> 地理学家巴诺（Baron）说："巴布亚人的语言很贫乏，每一个部族都有自己的语言，但它的语汇不断地在削减，因为凡是有人死去，他们便减去几个词作为守丧的标记。"在这点上我们可

---

① 此处的"新批评"（nouvelle critique）其实也可译作"'新'新批评"，它不同于前文提到的那种关注"文本细读"的英美新批评流派，而更侧重于描绘由罗兰·巴尔特、吕西安·戈德曼、查尔斯·马胡安（Charles Maroun）、让-保罗·韦伯（Jean-Paul Weber）和让-皮埃尔·理查德（Jean-Pierre Richard）等人所代表的那种强调阅读、重视读者和作者对文本意义的共同分有的新的批评风尚。

② Raymond Picard, *New Criticism or New Fraud?* Washington: Washington State University Press, 1969, p. 20.

能胜过巴布亚人,因为我们虔敬地保存着已故作家的语言,同时也拒绝思想界的新词、新义。在此,守丧的特征不是让一些已有的词死去,而是不让新词诞生。①

巴尔特进一步指出,在千百年来不变的正统观念中,作者充当着上帝一般的无上创造者。他一旦死去或隐遁,其署名便会虚化为一个神秘而难以破译的符号,其作品也将因此而树立起牢不可破的、绝对真实的存在。在此基础上,巴尔特呼吁,批评家的职责并非诚惶诚恐地发掘作者埋藏在文本之中的确定不移的原初意义,而是以一种充溢着快感的、欲望化的投射来刺激作品意义的增殖与弥散。之所以如此,是因为意义的多元、开放是语言自身的不可篡夺的天性:"意义的变化并非由于人们的习俗的相对视角的不同而引起的,它并不指示社会的错误倾向,而是展示作品的开放性:作品同时包含多种意义,这是结构本身使然……"②

对于这场看上去势不两立的激烈争执,赫施做出了如下评判:"在通常情况下,这种争论都能够被轻而易举地转换为关于解释中适当重点的不一致,转换为关于原初意义与出于解释者或当前读者的需求而给意义增添某些指意孰优孰劣之间的不一致。"③ 按照他的理解,巴尔特一味渲染指意的流变、丰富而将原意的确定性置之度外,从而也抛却了文学研究所应当固守的立足之本;相对说来,皮卡尔明确维护作者及其意义的主张显得更加中肯,但他的观点同样也因为对指意的过分缩减而降低了文本的生机与活力。因此,赫施得出结论:皮卡尔与巴尔特实际上分别夸大了意义和指意中的一方,并且对另一方不予理会,他们的冲突根源于关注层次的不同所连带引发的差异性诉求,这种冲突在本质上并不是不可调和的。在他看来,要想认清上述

---

① [法]罗兰·巴特:《批评与真实》,温晋仪译,上海人民出版社 1999 年版,第 21 页。
② [法]罗兰·巴特:《批评与真实》,温晋仪译,第 49—50 页。
③ E. D. Hirsch, Jr., *The Aims of Interpretation*, Chicago: University of Chicago Press, 1976, p. 88.

论争的实质，人们必须对意义和指意这两个概念做出清晰的体认，并将其分别摆放在适当的位置上："如果一个人拒绝对意义与指意的混淆，他便会产生这样的印象：大多数解释中的争论并不真正包含原初意义（original meaning）与随着时代发展而变换的意义（anachronistic meaning）之间的冲突。"① 可以说，上述事例再次证明了意义与指意这对范畴在某种程度上的合乎情理。

第三节　从"意义"与"指意"到"知识"与"价值"

饶有趣味的是，赫施还力图将"意义"与"指意"同人文学术中的"知识"（knowledge）与"价值"（value）相互衔接。按照最通俗的观点，知识是人类在实践中积聚而成的物质和精神产品，具有足以被经验检验的客观属性；价值则更多涉及主体和对象在现实情境下的交互作用，以及对象满足主体需要或诉求的效益属性。在赫施看来，知识作为人类直观经验的"理论化"和"实体化"的产物，具有相对静止、凝固的面貌，它的形成必须建立在人们对客观的确定性意义加以透彻领悟的基础之上；与之相对，价值则是一个涵盖了政治、经济、文化、精神等若干要素的更具开放性的范畴，它适用于描绘人类自我同外在世界彼此交接时所呈现出的灵活、包容、流变的"关系性"特色，从而也贴切地应和了纷纭多样的指意带给人们的种种难以被"程式化"的感受和体验。因此，赫施这样说道："意义是解释中知识的可靠对象，没有这种意义的话，更宽广的人类知识将变得毫无可能。指意的主要兴趣则在于价值的非确定领域。在特定情况下，意义的指意决定了它所应当拥有的价值。"②

相较于知识而言，赫施在涉及指意的价值问题上投入了更多的热

---

① E. D. Hirsch, Jr., *The Aims of Interpretation*, Chicago: University of Chicago Press, 1976, p. 88.

② E. D. Hirsch, Jr., *The Aims of Interpretation*, p. 146.

情。美国哲学家莫里斯（Charles W. Morris）认为，言语序列作为一种特殊的指号（sign）系统，可以将接收者或译解者引向诸如提炼信息、形成规范、激发行动等形形色色与指号本身并无直接关联的外在反应，而在其中，对于价值的权衡与估量是一个无法被忽略的重要部分："当我们应用指号来引起对某些对象、需要、选择、反应或指号的喜爱行为，我们就是估价地应用指号。"① 同样，在赫施看来，当意义褪去孤立自足的面纱而置身于种种外在目光的考察与打量之下时，价值问题的凸显便成为了理所当然："'意义'不只局限于概念性的意义。它甚至不只局限于精神性的'内容'，这是因为，按照我的描述，它不仅包含了由书面语言所传达的任何精神内容，而且也包含了与这样的内容相互关联的影响和价值。"②

在赫施眼中，价值不仅仅是一种驻足于作品自身的所谓"审美的"（aesthetic）抑或"内在的"（intrinsic）价值，它在更大程度上关系到了诸如技术上的卓越、思想上的深刻、道德上的杰出等更为普遍而宽广的"外在的"（extrinsic）效益。比如说，亨利·詹姆斯（Henry James）的小说作品，如《阿斯彭文稿》（*The Aspern Papers*）、《鸽翼》（*The Wings of the Dove*）、《使节》（*The Ambassadors*）等，它们在带给读者愉悦的同时，也能够展示出某种关乎人类情感与本性的生动的真理，进而在推动现代人精神觉醒的过程中彰显其价值。更进一步，赫施竭力反对那种仅仅对文学进行科学化考量，而将与之相伴的价值从中抽空、榨干的观点。他指出，在潮流与风尚频繁更迭的当下社会，如果一件文本的意义对大多数人而言都没有价值的话，那么，这种意义所带来的知识——不管怎样精确和科学——都只会是无甚可取之处的。在此基础上，赫施得出结论，追求一种"为知识而知识"（knowledge for its own sake）的极端状态而完全无视价值的举动实际上只会带来虚弱的谬见，唯有依凭对特定价值的细

---

① ［美］C. W. 莫里斯：《指号、语言和行为》，罗兰等译，上海人民出版社 2011 年版，第 105 页。
② E. D. Hirsch, Jr., *The Aims of Interpretation*, Chicago: University of Chicago Press, 1976, p. 8.

致分辨和明确体认，人们才有可能获取某种斟酌与取舍的参照，才有可能选择最恰当的主题加以深入开掘，而不至于使自己的努力失之空泛。①

然而，在反复申明价值的重要作用的同时，赫施也并未否认知识所应当占据的无与伦比的奠基性地位。他敏锐地感受到，文本解读在今日遭受了一种较之无价值的知识堆砌而言更为可怕的威胁："通过某种颓败且令人怀疑的形式，它试图依靠简单地生造价值来取代知识，从而酿成了知识与价值的双双贬值。"② 毋庸讳言，这种肆意夸大价值而贬斥知识的做法在当前的文学研究中不可谓罕见。如劳伦特·斯特恩（Laurent Stern）便宣称，在相互竞争的两种解读中，能给予文本更多价值者应当享有不容篡夺的更大优先权，这就好比某一文本之所以被看作是反讽的，其原因正在于它能够在反讽的层面上为读者带来更加丰富的价值。③ 针对上述论点，赫施表示了自己的怀疑，在他看来，知识固然应当为价值所浇灌与充实，但与此同时，任何围绕价值而开展的评判活动同样必须建立在坚实、明确的知识的基础之上。他号召人们将目光聚焦于这样的事实，即一种知识性的过程始终内在于人文科学的每一领域，而无论在何时何地，"这种知识的过程都应当为所有的主题所遵循，无论这些主题的价值是高还是低"④。以此为依据，赫施进一步断言，拒绝知识的规范作用而任由价值的滋长、泛滥必将造成种种不言而喻的恶果。例如，一首粗俗的打油诗或一部快餐式的电视连续剧在知识层面上无疑是肤浅、单调、贫瘠的，

---

① 赫施认为，对价值的敏感应当成为自然科学与人文科学所共有的品质：如果说，在自然科学的研究活动中，确立更具价值的研究对象可以使有限的资金、时间和人力资源得到高效而合理的分配的话，那么，人文科学的研究者同样也应当具备一种清醒的价值意识，只有这样，他们的研究活动才有机会避免零散、贫乏与琐屑而形成一个真正融会贯通的整体。参见 E. D. Hirsch, Jr., *The Aims of Interpretation*, Chicago: University of Chicago Press, 1976, pp. 154–156。

② E. D. Hirsch, Jr., *The Aims of Interpretation*, p. 147.

③ Laurent Stern, "On Interpreting", *Journal of Aesthetics and Art Criticism*, Vol. 39, No. 2, 1980, p. 124.

④ E. D. Hirsch, Jr., *The Aims of Interpretation*, pp. 154–155.

但倘若研究者忽略这一至关重要的前提而对其加以不切实际的高度评价，认为它们以反讽的方式抨击了工业文明的机械僵化、人类生活的了无生趣，从而具备了弥足珍贵的价值与意趣，这无疑会使得读者的认识活动失去最起码的导引，而陷入无止境的错愕、迷惘与窘困之中。作为结果，赫施强调，人文科学的良性发展取决于以下两点：其一，认知上的自信，也就是作为一个团体的研究成员在知识的逻辑上所凝聚的忠诚；其二，价值论上的自信，也就是尽可能地追求富于价值的研究对象。① 按照他的想法，只有在知识和价值这两个方面互为补充、相得益彰的大背景下，人文研究才会真正迈上一条积极而健康的道路。

赫施的这种诉求很明显地昭示了文学理论在当代语境下的某种基本走向。21世纪伊始，伊格尔顿出版了自己名为《理论之后》(*After Theory*)的新著，从而将理论的"终结"或是"死亡"这一在西方思想界已经被反复奏响的旋律拔高到了一个更为高亢的音阶。然而，仔细分析不难发现，伊格尔顿所谓的"理论之后"其实并不是要为理论鸣响丧钟，也不是打算将理论彻底逐出人们关注的视域。相反，这一称谓的实际"所指"在于鼓励知识分子告别选秀节目、街头小报、成人影片这类当代文化理论乐此不疲的猥亵而卑琐的细小问题，告别那种"花大量时间精力来研究阴毛史的西方式自我陶醉（Western narcissism）"②，转而沉潜于一系列同人类生存紧密关联的更加开阔、宏大、严肃的论题。因此，正如拉曼·塞尔登谈到的那样，理论之后实际上意味着理论摒弃过去锱铢必较的"小家子气"，而展现出一种更加贴近时代精神的、大气磅礴的形态，它"其实是'更多的理论'，在一种更宏伟、更负责的层面上，向后现代主义逃避的那些更大的问题敞开胸怀。这些问题包括道德、形而上学、爱情、生物学、宗教与革命、恶、死亡与苦难、本质、普遍性、真理、客观性与无功

---

① E. D. Hirsch, Jr., *The Aims of Interpretation*, Chicago: University of Chicago Press, 1976, p. 154.

② ［英］特里·伊格尔顿：《理论之后》，商正译，商务印书馆2009年版，第8页。

利性等"①。可以说，赫施对知识与价值的关注显示了他力图跃出单纯的解释领域，而朝向更加庄重、严肃的社会文化关怀伸展的强烈渴望，从而不仅有力地证明了他作为一位虔诚的人文主义者所抱持的理想与信念，更透过一个全新的角度折射出了文学理论在当下由"局部"转向"总体"，由"地方"转向"普遍"，由"小写"转向"大写"的根本取向和必然态势。

综合上面的讨论，我们已经能隐约窥见"意义"与"指意"在赫施思想中所具备的基本属性：如果说，前者意味着一个集合了客观性、本原性、同一性、绝对性、公共性的确切无疑的实体的话；那么，后者则无疑充当了主观性、当下性、异质性、相对性、个体性等若干不确定因素的代言人。应当承认，赫施的观点较为公允地道出了文学研究中意义的普遍构造方式。如卡勒便认为，意义这一概念包含着如下两重分裂，其中"一是人所理解的内容；二是人们的理解所捕获的或未能捕获的内容"②。汪正龙则更加明确地谈到，文本意义可以被大致分隔为"物理的语言意义"和"人文的文化意义"这两个层面：

> 前者指文字或符号客体化的内容，相当于汉语中的"涵义"或"意思"（或英文中的"meaning"或德文中的"Sinn"），它对应于文学作品的字面意思或文本客体化内容所呈现的相对确定的意义层面……后者指相对于读者的较为含蓄的意蕴、情调或价值以及语言符号意义随情境和个人理解而变化的方面，相当于汉语中的"意味"（或英文中的"significance"或德文中的"Bedeutung"），它对应于文学作品中通过隐喻、象征、沉默与空白等传意方式蕴含的潜在意义和有待进一步解释重构的言外之意，即"蕴意"（connotation）。③

---

① ［英］拉曼·塞尔登、［英］彼得·威德森、［英］彼得·布鲁克：《当代文学理论导读》，刘象愚译，北京大学出版社2006年版，第338页。

② ［美］乔纳森·卡勒：《论解构：结构主义之后的理论与批评》，中国社会科学出版社1998年版，第115—116页。

③ 汪正龙：《文学意义研究》，南京大学出版社2002年版，第5—6页。

大体看来，涵义作为一种可以被经验佐证的"此岸"的存在，基本上对应了赫施对意义的说明；蕴意作为一种具备纵向的精神超越性的"彼岸"的存在，则大致可以同指意相匹配。不难见出，以上阐述在很大程度上体现了作者对赫施观点的思考与创造性发挥。

当然，一连串疑问也伴随着讨论的深入而接连不断地涌现，其中最尖锐的无疑是，在鲜活、生动的现实经验中，人们是否能真正干净利落地将意义与指意彻底分离？西伯格尔坚称，赫施的区分无法完成自己所预期的捍卫确定性的任务，因为"我们不可能单义地确定赫施所提出的那种与'指意'相区分的'意义'的内涵"①。斯坦曼（Martin Steinmann, Jr.）同样一口咬定，意义同指意之间的界限其实并不像赫施想象中的那般泾渭分明，相反，两者在现实的具体经验中每每暴露出暧昧的交融与沟通之处："他在某些时候会将意义……与指涉、言说者的精神状况以及涉及语境的应用相混淆。"② 朱狄同样认为，赫施对意义与指意的划分所具备的只是一种逻辑上的可能性，而"无法在整个作品解释的水准上建立起来"："在他看来，至少在理论上只能说一种解释只有一个 M（即"意义"——引者注），其他都属于 S（即"指意"——引者注）。但实际上我们却并不真正能把 M 从众多的解释中选择出来，因此连赫希（即赫施——引者注）本人也为此感到有寻找例证的必要。"③ 在这些研究者眼中，意义和指意的提出更多源自赫施过度理想化的主观构想，而从未得到任何确凿、可信的证据的支撑，因此也很可能滑入那种在当代饱受诟病的"二分法"的漩涡。显而易见，上述质疑是赫施应当慎重考虑并诚恳接受的。

---

① F. F. Seeburger, "The Distinction between 'Meaning' and 'Significance': A Critique of the Hermeneutics of E. D. Hirsch", *The Southern Journal of Philosophy*, Vol. 27, No. 2, 1979, p. 249.

② Martin Steinmann, Jr., "Review", *The Journal of Aesthetics and Art Criticism*, Vol. 35, No. 3, 1977, p. 372.

③ 朱狄：《当代西方艺术哲学》，人民出版社1994年版，第245页。

第九章　意义作为"意欲类型"：确定性法则的独特呈现

前文已经谈到，对于赫施而言，作者的原初意义充当了一个区别于读者的多样化解读的、恒久而稳固的基点。不过，应当看到，这种意义在彰显其不可动摇的本体论存在的同时，也面临着滑入某种阴暗、粗暴的集权主义模式的危险。如威廉·盖因便认为，赫施实际上将意义默认为了一经提出便必须远离任何质疑的绝对的中心，因此，"内在于赫施立场之中的危险在于，当他试图提供一个'中心'时，他将会树立起一种权威，这种权威不仅会对解释造成阻碍，而且也可能对之施以暴政"①。周宪则根据从"author"到"authority"再到"authoritarianism"的微妙转换，说明在作为赫施立论基点的作者原义中，隐含着一种危险的独裁主义倾向。② 然而，必须强调的是，意义的确定性绝不能简单等同于凝滞而难以变通的铁板一块，相反，在它风平浪静的表象下，同样掩藏着种种动荡、转变与调整的可能，这样的状况尤为鲜明地体现在赫施将意义建构为一种独特的"意欲类型"（willed type）的尝试之中。

第一节　"意欲类型"：缘起及其特性

早在赫施专注于浪漫主义的研究阶段，对"类型"（type）的思

---

① William E. Cain, "Authority, 'Cognitive Atheism,' and the Aims of Interpretation: The Literary Theory of E. D. Hirsch", *College English*, Vol. 39, No. 3, 1977, p. 345.
② 参见周宪《重心迁移：从作者到读者——20世纪文学理论范式的转型》，《文艺研究》2010年第1期。

考便已经显露出了端倪。在《华兹华斯与谢林》中，赫施认为，华兹华斯和谢林这两位分别沉潜于人文科学的不同门类、彼此之间又不存在任何显著交集的创作者之所以能成为平行比较的对象，其原因正在于，他们的思想可以被整合进一个代表着 19 世纪浪漫主义精神的大写的"类型"之中。他进一步指出，类型与生物学上的"种类"（species）有所区别，种类主要指特定数目的成员在基因链上的实际关联，而类型则更近似于一个包含着自身的认知逻辑与文化个性的有机整体，它暗示了一种更加微妙而灵活的动态属性："对类型进行适当应用的核心原则是应情况而变通的原则（the principle mutatis mutandis）。"① 要言之，在从属于共同类型的大背景下，华兹华斯的抒情诗与谢林的哲学论著往往会不约而同地流露出对大自然的虔诚膜拜、对超越此时此地的"无限总体性"的向往、对主客体之间亲密交融状态的礼赞等一系列本然而真诚的倾向。但与此同时，上述纲要式、轮廓化的倾向又必将经由二人各不相同的充实与渲染而呈现出琳琅满目的表现形态。因此，赫施相信，对所有试图洞穿作品精神的理解行为而言，类型无疑是一种难能可贵的智性工具，它能够引导人们"连续不断地检验个体内在世界的全部复杂性，而不会失却整体的眼光"②。当然，赫施也承认，类型只不过是一种对文本意义加以提炼的启迪性方法，它不可能完全取代解释者针对文本自身的细致入微的开掘："它是一种有助于对认识加以规划的指引性的原则，而不是认识的纯粹的对象。"③ 但无论如何，这种普遍同特殊、总体同个别相互印证的特色，依然为赫施围绕类型所进行的更深入解析做出了良好的铺垫。

相较于浪漫主义阶段的方法论考量，类型在赫施的解释学理论中得到了更加细腻、深入的描述与阐发，这一观念得以提出的最直接因

---

① E. D. Hirsch, Jr., *Wordsworth and Schelling: A Typological Study of Romanticism*, New Haven: Yale University Press, 1960, p. 9.
② E. D. Hirsch, Jr., *Wordsworth and Schelling: A Typological Study of Romanticism*, p. 9.
③ E. D. Hirsch, Jr., *Wordsworth and Schelling: A Typological Study of Romanticism*, p. 147.

由在于处理赫施所谓的"暗指"（implications）——即作者表意过程中的无意识伴随物——这一问题。按照哈姆林（D. W. Hamlyn）的看法，人类的所有行为往往都不可避免地掺杂着些许朦胧而混沌的附加感受，"行动者在这些感受的驱遣下完成他所应尽之事，却又对感受本身一无所知"①。比方说，一句"我头很疼"的抱怨在介绍身体状况的同时，也可能包含着诸如"希望逃避劳动"或"博取同情"等附加内容；再比如，当立法者起草"一切车辆都禁止从公园穿过"的法案时，他的意识深处同样潜藏着大量尚未得到明晰体认的无意识成分，如"一切车辆"实际上是特指"汽车等一切可能造成伤害的大型交通工具"，而不是真的要把自行车、售货手推车、甚至婴儿车全都囊括在内，等等。在文学活动的实际经验中，暗指同样是一种屡见不鲜而又不得不加以高度重视的现象。具体说来，作者在动笔伊始通常并无清楚、明了的创作意图，相反，他的全部写作只是依凭某些无意识的心理暗示和情感冲动而得以维系。等到作品正式完成，上述影影幢幢的暗示与冲动才可能经由作家本人的主动思索或批评家的从旁提醒而逐渐被纳入文本原义的范围之内。如俄国小说家冈察洛夫（Ivan Goncharov）便坦然承认："我只有在完成自己的作品，与它们拉开了一段距离和相隔一段时间以后，我才完全明白隐藏在其中的意思和意义——思想。"②而曹禺对此更是有深切体认，在回顾《雷雨》的创作历程时，他直言不讳地指出：

  现在回忆起三年前提笔的光景，我以为不应该用欺骗来炫耀自己的见地。我并没有明显地意识着我是要匡正、讽刺或攻击些什么。也许写到末了，隐隐仿佛有一种情感的汹涌的流来推动我。我在发泄着被压抑的愤懑，毁谤着中国的家族和社会。然而在起首，我初次有了《雷雨》一个模糊的影象的时

---

① D. W. Hamlyn, "Unconscious Intentions", *Philosophy*, Vol. 46, No. 175, 1971, p. 21.
② ［俄］冈察洛夫：《迟做总比不做好》，载冯春选编《冈察洛夫、屠格涅夫、陀思妥耶夫斯基、柯罗连科文学论文选》，上海译文出版社1997年版，第47页。

候，逗起我的兴趣的，只是一两段情节，几个人物、一种复杂而又原始的情绪。①

如果说，在赫施的理论视域内，意义与指意分别代表作者意图以及围绕该意图所编织的形形色色的指涉性关系的话，那么很显然，暗指则描述了一种介乎二者之间的过渡形态或是"中间地带"。因此，一方面，暗指的存在从某种程度上填补了意义同指意之间貌似难以弥合的间隙；另一方面，暗指也向解释者提出了较高的要求，即应当努力甄别，哪些无意识因素最终能够被文本作者所感知与领会，哪些则仅仅是过眼烟云一般的点缀和附庸。这就像赫施所声明的那样："很少有人会否认，解释理论与实践所面临的紧要问题是，在构成文本意义的暗指和没有构成文本意义的暗指之间做出区分。"②

那么，究竟怎样才能对这种并未在字里行间明确显现的暗指部分加以较为合理的辨析与提炼？赫施这样回答道："潜在意义的可接受性取决于作者针对这种意义的概括性类型所建构的观念，无论何时，这种观念在特定的言语情境中都是可以被分有的。"③ 在他看来，文本意义并非刻板、同质、僵化的实体，而总是以一种"类型化"的姿态浮现于人们的视野之中，要想了解某种无意识特征是否能归诸意义之列，就应当看这种特征能否与类型发生关联，并真正成为其有机的组成部分。由此出发，赫施进一步描述了类型所普遍蕴含的特质："首先，它作为整体拥有一条界限，正是依据这一界限，人们才能确定某事物是属于还是不属于该类型。……类型的第二个决定性特征是，它总是能由一个以上的实例所表征。"④ 不难见出，赫施在此执行了双重的理论操作。首先，他并未否认类型理应具有的较大的包容性，在他看来，作为类型而存在的意义始终都为自己预留了较充分的

---

① 曹禺：《论戏剧》，四川文艺出版社1985年版，第354页。
② E. D. Hirsch, Jr., *Validity in Interpretation*, New Haven: Yale University Press, 1967, p. 62.
③ E. D. Hirsch, Jr., *Validity in Interpretation*, p. 49.
④ E. D. Hirsch, Jr., *Validity in Interpretation*, pp. 49 – 50.

发挥余地和延展可能。举例而言,一句"你下午两点到"的话语中凝聚的是一个"要求准点到达"的高度抽象的类型,而这种貌似枯燥、单一的类型又可以由诸如朋友约定、军事命令、老板的指示等一系列血肉鲜活的形态所承载与表现。其次,更为关键的是,赫施强调,类型的这种包容又并非毫无限制的绝对的放纵,相反,它总是无法摆脱一条作为前提的、相对明晰的界限,也正是这一界限的存在,保证了意义不会脱离预定的轨道而滑入无限蔓延的大而无当之中。这就好比,"感觉舒服"这一类型可通过"洗热水澡","听贝多芬的交响曲","吃一顿美餐"等行为而具体呈现,但如果把"手被割破"或是"不小心摔了一跤"等也算在该类型之中的话,那么,任何一个头脑健全的人恐怕都会感到匪夷所思。由此出发,赫施再一次浓墨重彩地渲染了作者意图所发挥的不容替代的规范性作用。对他说来,意义并不能等同于没有丝毫倾向性的中立的类型,它始终都必须接受作者意指行为所带来的形形色色的安排与规划:"特定的类型植根于作者的限定性的意志。一种言语意义就是一种意欲类型。"①

基于对意欲类型的深入思考,赫施就弗洛伊德著名的"冰山原理"(Iceberg Theory)做出了精彩的发挥。弗洛伊德相信,人的明确意识就好比冰山那露出海平面的部分,而无意识——也就是冰山的更重要、更广阔的区域——则深埋于水下。在此基础上,赫施进行了理论上的创造性逆转,他指出:"即使可见的素材只是较小的一部分,但是,从任何对冰山加以考察的人的角度出发,这较小的一部分却决定了是什么而不是什么构成了整座冰山。"② 也就是说,只有努力摸清冰山之可见部分的材质与品性,人们才有机会获取一个判定究竟何为冰山的足资依凭的标尺,才不致将海面以下的一切都囫囵吞枣地统统视作冰山;同理,唯有在大致确定了何为"作者所意"的情况下,解释者的全部行动才可能在一个较为严谨的限定性框架

---

① E. D. Hirsch, Jr., *Validity in Interpretation*, New Haven: Yale University Press, 1967, p. 51.

② E. D. Hirsch, Jr., *Validity in Interpretation*, pp. 53 – 54.

内加以展开，才不会贸然将一切处于可能性状态的"附加物"都安置于文本意义的名下，从而令追寻意义的渴望落入一片云遮雾绕的迷茫之中。

第二节 "亦此亦彼"：类型化意义的存在方式

通俗地讲，赫施对意义的处理其实可以用"亦此亦彼"（both…and…）这一命题来加以概括。在针对华兹华斯名篇《不朽颂》（"The Immortality Ode"）的细读式考察中，赫施提出，短暂与永恒、单纯与世故、宁静与热忱、抑郁与欢乐等极端悬殊的情绪体验在诗人的字里行间营造了强烈的戏剧化氛围，进而以一种"亦此亦彼"的奇妙逻辑书写了自身不可多得的特定在场。然而，上述状况又绝不意味着剑拔弩张的冲突和碰撞，相反，"借助表面上难以调和的矛盾，我们最终能够抵达的是理解的最深层次的真实"①。以此为起点，赫施进一步将这种亦此亦彼的逻辑完满地融入了自己关于意欲类型的描摹与界定之中，②这一点在如下三个方面得到了明显的体现：

首先，是"同一性"与"多样性"的相互伴随。赫施欣然认可了类型所固有的衍生与开放的多元化空间。在短文《对类型的补充说明》（"An Excursus on Types"）中，他试图将类型概念等同于一个精神性的客体（mental object）或一种观念（idea），并直言不讳地指出："类型观念的本质性特征在于，它具有囊括并再现众多经验的能力。"③ 在他看来，类型作为一个高度凝练的形而上体系，可以将自身寄寓于极其宽泛的实际情形中，并假借纷繁芜杂的个体事物而得以不断演绎，这就好比"学生帽"这一既定的类型可以由诸如"一顶

---

① E. D. Hirsch, Jr., *Wordsworth and Schelling: A Typological Study of Romanticism*, New Haven: Yale University Press, 1960, p. 152.
② 当然，赫施从未直接将"both…and…"或与之相似的语汇引入自己的解释学理论中，但一个不争的事实是，这种"亦此亦彼"的格局已然成为了贯穿其整个意义理论的最醒目的标志。
③ E. D. Hirsch, Jr., *Validity in Interpretation*, New Haven: Yale University Press, 1967, p. 265.

崭新的学生帽"或"一顶满是尘垢的旧学生帽"等不可计数的例证所表达与彰显。也正因为如此,类型才能够制造一种近乎魔法的神奇效应,即它可以"容纳并生成那些它本身并未确切包含的部分"①。但与此同时,赫施也毫不迟疑地肯定了同一性所理应占据的难以抹杀的重要地位。他坚信,多样化的客体之所以能成为权衡、比较的对象,关键便在于,它们都分有了某些共同的特性,并因此而隶属于同一个充实、完整的意义类型。例如,只有当率先存在"红"这一既定的类型时,人们对橙红、紫红等若干红色调的细微差别的分辨才不会变成毫无头绪的一团乱麻:"这种相似性判断中的差异表明,它们必须以类型化为前提而得以成立,并且,将要在两种状况之间形成一致或非一致的类型化,也就是相似性或非相似性判断的基础。"② 概而言之,在赫施的理论体系中,言语意义总是与各种各样的具体事物保持着不可分割的密切关联,同时,又总是能超越种种"此时此地"的局限性而维持其本质上的同一。

其次,是"过去性"同"未来性"的并行不悖。赫施认为,类型始终都蕴含着某种"期待结构"或是"未完成"的空间,始终都必须直面在日常经验中得以修正的可能。比如说,当一位士兵被上司要求前往纽约时,他耳边响起的是"你乘七点三十分的火车去纽约"这一不容辩驳的命令;而当他从部队退役并进入一家公司后,他的老板在留下的便条中则可能这样写道:"如果行的话,请你乘七点三十分的火车去纽约。"毫无疑问,这种语气和措辞的改变是他很难立即适应的。结合上述事例,赫施指出,随着时间的推移,这位第一次过上"人间生活"的新手需要在头脑中进行一次微妙而不可或缺的"想象性的飞跃"(imaginative leap),以促使自己习以为常的意义类型朝向一个新的方向而持续地调整与转化。然而,赫施也强调,任何新的类型无不是立足于旧有类型之上的"建构性"的存在:

---

① E. D. Hirsch, Jr., *Validity in Interpretation*, New Haven: Yale University Press, 1967, p. 65.

② E. D. Hirsch, Jr., *Validity in Interpretation*, p. 269.

"没有人可以创造或是理解一个新的意义类型，除非他能够体察到新旧类型之间的相似之处，并且将新的类型纳入过去熟知的类型之中。"① 他相信，人们之所以有理由将自己新近感受到的对象称为"树木"，其原因正在于，他们隐隐约约地意识到，这个对象能引发某些同他过去对树木的感受相类似的特征，从而能够被归入一个"树木"的普遍类型中；同样，当毕加索（Pablo Picasso）别出心裁地将玩具汽车画为狒狒的头颅时，这种离奇、怪诞的形象的产生实际上仍然是以艺术家对于"汽车"和"狒狒"这两种已知类型的详尽认知为依据的。由此出发，赫施再次声明，类型所具备的最显著特征在于其整合过去和未来经验的巨大潜能："在言语意义的层面上，所有的类型，无论其来自何处，都是为人们已知的类型（learned types）——这就是说，它们是那种源于过往经验而又能涵盖后续经验的类型观念。"②

再次，是"明晰性"与"含混性"的如影随行。赫施认为，人们往往倾向于通过认知上的积极努力而将类型梳理得更加明朗、醒目，但是，不管这种对于明确性的探求能推进到怎样的地步，类型都无法完全摆脱模糊性的渗透而达至真正意义上的一目了然，究其原因，主要在于"一个完全清晰的类型只能被唯一的实例所再现，然而，从认识的角度上看，这其实是我们通常冠名为'个体'而非'类型'的东西"③。正因为任何作为类型而存在的意义都包含着某些若隐若现的不明确因素，它们才可能区别于梅花牌、香烟、回形针这类凝固的、实实在在的物品而体现出自己的独特魅力。不过，赫施也注意到，类型的明确性终究是一种无法被彻底驱散的异常坚定的存在。首先，从最直观的逻辑着眼，当人们将目光牢牢锁定在意义的朦胧、晦涩之上时，这些意义至少已经在以下方面显示了自身确切无疑的品格，即它们"就是其所是的东西——也就是模棱两可而含糊不清

---

① E. D. Hirsch, Jr., *Validity in Interpretation*, New Haven: Yale University Press, 1967, p. 105.
② E. D. Hirsch, Jr., *Validity in Interpretation*, p. 269.
③ E. D. Hirsch, Jr., *Validity in Interpretation*, p. 270.

的——而不是单义的和精确的"①。爱略特的《荒原》（*The Waste Land*）依凭其无所不在的象征意味而将人们推入了一座难以捉摸的巨大迷宫中，然而，也正是这种模糊、含混的诗意本身，以及隐含于其中的重建"诗"与"思"之间关系的努力，成为了可以被人们明确体察的对象。更进一步，赫施指出，倘若意义仅仅满足于彻头彻尾的扑朔迷离，而拒绝作为"参照物"的明确成分的话，那么，这种意义也就无法成为能够被人们分享与解释的一致的对象，很自然，作为结果，"无论是有效的交流还是解释都将不复存在"②。荒诞主义戏剧《等待戈多》（*Waiting for Godot*）中的"戈多"（Godot）可以被解释为"上帝""虚无""死亡""对未来的美好愿望"等。其中哪一种答案最接近贝克特（Samuel Beckett）的本意，至今尚无定论。但毫无疑问的是，戈多作为一个涵盖面极其广泛的"能指"而真实地存在着，惟其如此，人们才可能以这一形象为基点而做出形形色色的阐发与解读。最终，对赫施而言，类型的模糊与含混尽管看上去在所难免，但这种模糊、含混不可能真正阻断人们对明确性加以趋近的最为内在的渴望与诉求。

总的说来，通过多样性与同一性、过去性与未来性、明晰性与含混性的密切交织，一种"亦此亦彼"的模式在赫施的意义理论中得到了充分的贯彻和集中的体现。当然，上述局面所导致的并不必然是尖锐而不可调和的剧烈争斗：如果说，在华兹华斯的诗歌中，各种矛盾因素的汇聚反过来敦促人们"在万物的神圣化过程中感受到了一个凌驾于世界之上的上帝"③的话，那么，落实到意义问题上，亦此亦彼的表现形态在造成一连串不确定状况对于种种既有格局的冲击的同时，也从根本上巩固并凸显了初始意义坚实而难以撼动的在场。

值得注意的是，赫施的思考为解决某些令人难以取舍的当下问题

---

① E. D. Hirsch, Jr., *Validity in Interpretation*, New Haven: Yale University Press, 1967, p. 44.
② E. D. Hirsch, Jr., *Validity in Interpretation*, p. 45.
③ E. D. Hirsch, Jr., *Wordsworth and Schelling: A Typological Study of Romanticism*, New Haven: Yale University Press, 1960, p. 29.

带来了颇具建设性的启发。美国学者伯恩斯坦（Richard J. Bernstein）观察到，现今理论界最为沸沸扬扬的事件之一，莫过于意义的"客观主义"（objectivism）与"相对主义"（relativism）之间不绝于耳的论辩。其中客观主义主要抱持着这样的信念：

> 存在有或者必定有一些永久的与历史无关的模式或框架，在确定理性、知识、真理、实在、善行和正义的性质时，我们最终可以诉诸这些模式或框架。客观主义者宣称，存在着（或者必定存在着）这样一个模式，哲学家的首要任务就是去发现它是什么，并且以可能的最强有力的理由去支持他或她已经发现了如此模式的宣称。客观主义与基础主义以及对于一个作为基础的阿基米德点的追求密切相关。客观主义者认为，除非我们能以一种严格的方式奠定哲学、知识或语言的基础，否则就不能避开激进的怀疑论主张。①

具体到对待意义的态度上，客观主义者宣称，文本意义一经发掘，便应当升华为一个不容许丝毫质疑的先验、普遍、永恒的中心。另一方面，相对主义则暴露出了与客观主义背道而驰的思想路径：

> 相对主义在其最强的形式下是一种根本的信仰，那就是当我们着手调查哲学家们亦已认为是最基本的那些概念（不管它是理性、真理、实在、正义、善行的概念还是规范的概念）时，我们就会被迫认识到所有的这些概念归根结底必须作为与特定的概念结构、理论框架、范式、生活方式、社会或文化相关的事物来理解。既然相对主义者相信有（或者可以有）这种概念系统不可还原的多元性，他或她就会对这些概念能够有确定而单一的重要性的主张提出挑战。对这个相对主义者来说就没有独立存在的中心

---

① ［美］理查德·J. 伯恩斯坦：《超越客观主义和相对主义》，郭小平等译，光明日报出版社1992年版，第9页。

框架或单个的元语言，凭借后者我们可以通过理智来单一地判定或评价两个范例的竞争主张。譬如，当我们着手处理像理性准则或理性标准这样一些基本问题时，相对主义者就宣称，我们永远不能摆脱谈论"我们的"和"他们的"理性标准（那些也许是"根本不可相比的"标准）的困境。认为存在着可以适合称作"理性标准"的东西，真正普遍的并且随着历史或时间改变的标准，都是一种错觉。①

相对主义者断言，意义不可能被天真地构想为一个亘古常在的范畴或是体系，相反，它终将依从外在境遇的改变而沉陷于永无休止的调整与更替之中。伯恩斯坦进一步指出，困扰客观主义和相对主义的最严重问题是一种"要么/要么"（or…or…）的偏激心态所造成的无法排遣的焦虑，也正是这样的焦虑使人们产生了必须在二者之间择一而从的错觉："要么，我们的存在有某种支撑，我们的知识有固定的基础；要么，我们不能逃脱黑暗的魔力，它用疯狂，用知识上和道德上的混沌，将我们裹缠起来。"② 面对上述令人踌躇不定的"非此即彼"的困境，"亦此亦彼"的理论取向无疑暗示了一条行之有效的解决之道。在赫施眼中，文本意义固然充当了一个至关重要而又牢不可破的决定性的基点，但与此同时，这种意义又绝不意味着全然同质化的、僵死的对象：它在由类型所规定的大致界限内展现出了游移、扩充的丰富可能，又因为始终都无法跃出这样的界限而获取了某种本体论意义上的可靠保障。这样的思路恰如其分地呼应了美国学者布洛克（H. G. Blocker）的说法："我们还可以把意义限定在一个为绝大部分人所遵守的范围内。……各种解释不管怎么不同，这种不同也只不过是在上述总的意义范围内的不同，或者说，人们所争论的最多不过是，在上述范围内，究竟哪一种解释最好，对于其意义的大体范围，却基本上是

---

① ［美］理查德·J. 伯恩斯坦：《超越客观主义和相对主义》，郭小平等译，光明日报出版社1992年版，第9—10页。
② ［美］理查德·J. 伯恩斯坦：《超越客观主义和相对主义》，郭小平等译，第22页。

一致的。"① 不难见出，类型概念的引入，使赫施较为妥帖地实现了在"客观主义"和"相对主义"这两种貌似水火不容的思想倾向之间的调和与兼容，而避免了走向绝对的极端。也正是依靠这种谨慎而细致的理论操作，意义的确定性才真正呈现出了令人耳目一新的独特面貌。②

从根本上看，"亦此亦彼"可以被定位为一种贯穿于赫施理论之中的、较为折中的方法论策略，它体现了赫施对自己的意义观念所做出的深层次思考。利科尔认为，在关于解释的基本理论中存在着如下两种对立的倾向，"一种致力于对意义加以恢复，另一种则致力于对意识的幻象与谎言加以揭穿"③。由此出发，利科尔列举了两类不同的理论家，其中一类以胡塞尔为代表，他们承认了文本的初始意义所拥有的至高权威，同时也相信，这种意义可以得到解释者的如实还原与真切体认，这样的观点可以被称为"恢复性解释"（interpretation as recollection of meaning）；而另一类则以马克思（Karl Max）、尼采、弗洛伊德为代表，他们针锋相对地指出，意义并非单纯、明确的客体，而是由政治、文化、种族、性别、语言等外在力量所共同形构，从而强调了意义本身复杂、多样，难以用概念加以陈说的开放状态，这样的观点可以被称为"怀疑性解释"（interpretation as exercise of suspicion）。在两者之中，赫施无疑是恢复性解释的坚定信仰者，他始终认为，通过对作者意图的执着追问，人们最终可以把握那作为根基的、确切而可靠的意义。然而，在捍卫确定性的同时，赫施也注意到了种种不确定因素在现实生活中的不可避免，他之所以要将意义界定为一种类型，其原因正在于，他试图在维护意义的客观、稳定的大前提下尽可能地

---

① ［美］H. G. 布洛克：《美学新解——现代艺术哲学》，滕守尧译，辽宁人民出版社1987年版，第326页。

② 其实，我们还可以援引美国学者胡伊森（Andreas Huyssen）关于"兔子"和"刺猬"的譬喻来形象化地说明赫施对待意义之确定性的态度：正如兔子总是能跑在刺猬前边，却永远也不可能真正战胜刺猬一般，形形色色的不确定主张尽管为确定性带来了无数反躬自省的参照与契机，却终究无法取代其坚若磐石的固有存在。参见 Andreas Huyssen, "Mapping the Postmodern", *New German Critique*, No. 33, 1984, p. 49。

③ Paul Ricoeur, *Freud and Philosophy: An Essay on Interpretation*, New Haven and London: Yale University Press, 1970, p. 31.

对种种"不确定"状态做出妥善的处理。于是,在这里,我们不仅可以发现赫施建构其理论体系的精妙策略,更可以感受到一位审慎而富有责任感的学者在"吾爱吾论"与"吾爱真理"之间的真正的紧张。赫施的理论取向也得到了法国学者贡巴尼翁(Antoine Compagnon,又译为"孔帕尼翁")的积极响应。在贡巴尼翁看来,作者意图的传达并不像下棋一般,每一步都可以被精确地预测与估量,相反,这样的表意过程更类似于打网球,在大体方向(即将球打向前方)一致的基础上,在一个得到公共认可的大致范围内衍生出无穷无尽的变数。因此,"诗人无法规化诗歌所有的细节,步行者无法规化步行的所有动作,诗人写诗时不可能考虑到词语所有的蕴含,但这并不意味着那些细节与意图无关,也不意味着诗人用这些词表达了他不想表达的东西"①。可以说,贡巴尼翁所做出的描述与赫施对类型的界定是异曲同工的。

赫施对意欲类型的界定其实还解释了他在理论生涯后期围绕"意义"与"指意"关系的新的思考。在20世纪80年代发表的一系列论文中,赫施逐渐意识到,自己过去在意义与指意之间所做出的划分显得太过片面、太过势不两立而难以协调。由此出发,他试图将一些原本归属于指意的因素重新指认为意义的不可或缺的组成部分。首先,他想要说明的是,针对意义的形形色色的具体化、例示或是应用(application)不必然就一定处于指意之列。打个比方,某人在欣赏莎士比亚的十四行诗时会很自然地联想到他心爱的人,而他的朋友在阅读同一首诗时,则往往不自觉地将诗中的情感倾注在自己的恋人身上。尽管如此,这首诗的意义对两位读者而言并没有产生原则性的区别,原因非常简单,那便是他们都明白,"文本意义不只局限于一个特定的范例(exemplification),而且能包容许许多多的其他范例"②。其次,赫施还看到了意义所具备的强有力的未来指向性。对他说来,作者原意总是携带着某种超越其"此时此地"的当下形态而不断开放与伸展的本

---

① [法]安托万·孔帕尼翁:《理论的幽灵——文学与常识》,吴泓缈等译,南京大学出版社2011年版,第84页。
② E. D. Hirsch, Jr., "Meaning and Significance Reinterpreted", *Critical Inquiry*, Vol. 11, No. 2, 1984, p. 210.

然倾向,因此,这种意义不可能被任何形诸言辞的话语所轻而易举地牢牢锁定,相反,它总是不可避免地将那些随时间推移而不断涌现的语义的微妙转折和概念的细小调整统统纳入自己的版图之内。例如,某人这样说道,"我将开车前往办公室",但在距离终点不远的地方,他却可能因遇上某些意料之外的障碍而不得不下车步行。不过,按照赫施的观点,这种尚未得到准确预见的"插曲"同样应当被安置于说话者最原始的精神性图景之中。究其原因,主要在于"'开车去办公室'不仅仅表征了一种思想内容;它也确定了对即将在世界上发生的东西的指涉(reference)"①。也正是这种始终着眼于未知状况的超越精神保证了说话者的初始意图所能够享有的较大的内在灵活性。毋庸讳言,上述见解有效地消弭了赫施曾经构筑的过于尖锐的二元对立,从而将关注的重心转向了意义与指意之间相互置换与交融的充分可能。

然而,必须强调的是,正如赫施反复声明的那样,他的这种改变只不过是一次技术上的提升,而绝非大刀阔斧的全方位的革命:"我过去习惯所称的文本的'当下指意的一部分',只要它从属于文本意义的真正的延伸,从属于尚未发生变化的一部分——它也便是意义自身的一部分。"② 换句话说,赫施所做出的改造仍必须在一个由意图所支配的交流模式下发挥作用:当前的意义固然可以远离过去的纸面内容而谋求更加广阔的演绎空间,但与此同时,这种意义又必须对既往的原初意图保持其一以贯之的绝对的忠诚。③ 该方面的一个突出例

---

① E. D. Hirsch, Jr., "Meaning and Significance Reinterpreted", *Critical Inquiry*, Vol. 11, No. 2, 1984, p. 220.

② E. D. Hirsch, Jr., "Meaning and Significance Reinterpreted", *Critical Inquiry*, Vol. 11, No. 2, 1984, p. 210.

③ 在这个问题上,赫施的立场与后现代意义观产生了激烈的冲突。加拿大学者琳达·哈琴(Linda Hutcheon)指出,后现代主义的"元小说"(metafiction)试图将文学的指涉性特征拔高到极致,从而也对其初始意义的本真性造成了严重的削弱:"历史元小说自觉地将自己置于过去的事件和现实之间的边界上。我们已经详细地看到,过去曾经真的存在,但是,它现在却已经消失了或是被置于错误的位置上,被复原之后摇身变成了语言的指涉对象,或是成了真实世界的遗物或痕迹。"与此不同,赫施始终强调,文学所具备的未来指向性必须建立在作者原意的坚实、稳固的基础之上。参见[加]琳达·哈琴《后现代主义诗学:历史·理论·小说》,李杨等译,南京大学出版社2009年版,第198页。

证是寓言性作品的传播与接受,古代寓言之所以为当代人带来了诸多弥足珍贵的启迪与感悟,关键便在于其原初意图——即隐藏在种种奇谈怪论背后的现实批判锋芒——在今天依然能保持其明晰与真切。只不过,这种意图所发挥作用的场所、所针对的目标较之从前有所不同而已。由此不难推断,赫施对意义与指意的再度思考并不意味着什么翻天覆地的剧烈动荡,相反,早在他对"意欲类型"加以关注的阶段,潜藏于这种思考之中的主观与客观、开放与限制相交融的特征便已经显露出了端倪——甚至可以说,赫施所做出的全部修正只不过代表了一种"新瓶装旧酒"式的、对过往理论诉求的重新整合与集中刻画。

第三节 走向"惯例":类型的自我瓦解

不难想见,通过把文本意义认同为一种类型的尝试,赫施在坚决维护确定性的底线与操守的同时,也努力缓和了那种将其理论视为完全凝滞、呆板的不适当的指责。然而,一个依旧悬而未决的问题是:类型的界限究竟应当由谁并且以怎样的方式而得以确立?面对这一迫在眉睫的疑问,赫施将解答的权利交付给了由作者和读者群体所约定俗成的惯例(conventions)。所谓惯例,是主体在行动中约定俗成、无需言明的一套法则或程式。赫施相信,"每个被分有的意义类型……都可被定义为一个惯例的系统"[①]。以交通规则为例,如果一条法令规定,当红灯亮起时,所有带轮子的交通工具都必须停下,那么,当若干年后出现一种借助气流前行的新式交通工具时,该法令是否还能继续对其生效?赫施指出,评判标准并非来源于法案起草者或后世解读者随意采取的单方面行动,它是某个共同体的全部成员在特定语言、思想乃至历史文化惯例的支配下进行磋商与斡旋的结果,惟其如此,文本意义的基本轮廓才真正有机会得到明晰的勾勒与稳固的

[①] E. D. Hirsch, Jr., *Validity in Interpretation*, New Haven: Yale University Press, 1967, p. 92.

塑造。赫施对惯例的倚重已经为不少研究者所体认。如艾斯明格便谈到，赫施将文本意义视为作者意图与语言表述之惯例的一种混合（blending）。① 美国学者罗伯特·史戴克尔（Robert Stecker）更是直言不讳地指出，在赫施的理论中，"作品的意义既是艺术家的实际意图的功能，也是作品在其中得以创造的惯例的功能"②。

毫无疑问，惯例的出现，使赫施对意欲类型的建构变得更为严谨、缜密。遵循赫施的思路，写作者要想使意义得以顺利传达，就必须在自己的表述中暗含某种具备公共性的惯例体系；相应地，接受者只有将这样的惯例内化于自己的阅读经验中，才有可能对作者原义加以相对准确的体认和领悟。这样的情形在美国学者罗伯特·莱利对豪斯曼诗歌《在清晨》的分析中得到了形象化的体现。豪斯曼在诗中这样写道：

> 在清晨，在清晨
> 在欢乐的草场，
> 他们凝望对方，
> 沐着白天的阳光。
>
> 在蔚蓝银白的清晨，
> 他们躺在干草堆上，
> 相互凝望对方，
> 很快移开了目光。③

在英语中，"他们"（"they"）一词的适用范围是非常大的，这

---

① Gary Iseminger, "Introduction" *Intention and Interpretation*, Gary Iseminger ed., Philadelphia: Temple University Press, 1992, p. 9.

② Robert Stecker, "Interpretation", *The Routledge Companion to Aesthetics*, Berys Gaut and Dominic McIver Lopes, eds., London and New York: Routledge, 2005, p. 248.

③ Robert M. Ryley, "Hermeneutics in the Classroom: E. D. Hirsch, Jr., and a Poem by Housman", *College English*, Vol. 36, No. 1, 1974, p. 46. 中译本参见［英］A. E. 豪斯曼《豪斯曼诗全集》，刘新民等译，浙江工商大学出版社2010年版，第137页。译文略有改动。

个代词几乎可以被用来表示任何类别的、作为群体而存在的对象,如两个男人、两个女人、一个大人和一个小孩,甚至是两只动物,等等。然而,莱利却认为,在豪斯曼的诗中,"他们"的语义可以得到较为明确的把握。这是因为,借助这首只有八行的短诗,豪斯曼传达出了某些在当时人所共知的惯例,这些惯例主要囊括了两方面的内容。首先,是乡村的生活习俗和维多利亚时代人对于性的态度:在那个没有汽车或汽车旅馆的年代,未婚情侣们往往乐于在草场度过浪漫的一夜,同时,由于当时占据压倒性优势的、对于婚前性行为的强烈抵触,当他们的目光在清晨相互交接时,他们又时常会感到由衷的羞愧。其次,这种惯例还牵涉到同性恋行为在当时备受指责的窘境,正是这样的状况使身为同性恋者的诗人不太可能将某种同性之爱直接暴露在公众眼前。因此,"如果说……意图是作者对他的语词所包含的意义在一个给定的言语共同体(speech community)中所产生的效果的感受的话,那么,我们能够肯定地说,《在清晨》所描述的是一对异性恋情侣"①。在此基础上,莱利指出,当读者通过耐心的解读而对隐含于诗中的惯例有所体认后,他们便会很自然地把"他们"的类型确定为"一对在草场享受鱼水之欢后感到羞涩的青年男女",而不会将其理解为别的什么东西。

在这里,赫施的主张同美国学者费什(Stanley Fish)关于"解释团体"(interpretative communities,又译为"解释社群""解释共同体")的论断产生了某些共鸣。作为读者反应批评的领袖,费什强调,文本意义完全由个体读者创造而与作者意志无关,但他同时指出,读者的意义创造并不必然带来简单、粗暴的混乱状况,原因很简单,任何解释行为都处于由某个解释团体所表征的社会文化规范的影响与制约之下:"无论文本或读者都是解释团体……所具有的功能,解释团体既使文本的外形/特征也使读者的行为能够被理解。"② 在此

---

① Robert M. Ryley, "Hermeneutics in the Classroom: E. D. Hirsch, Jr., and a Poem by Housman", *College English*, Vol. 36, No. 1, 1974, p. 49.
② [美] 斯坦利·费什:《读者反应批评:理论与实践》,文楚安译,中国社会科学出版社1998年版,第3页。

基础上，费什宣称，解释团体的介入不仅令传统文学批评中主客体之间的争论成为了一个伪命题，更使得文本意义避免了在绝对的"主观"与"客观"之间的激进分化：

> 这样一来，这些意思（或意义）将既不是主观性的，也不是客观性的，至少用那些在传统的框架内立论的人的话来说是如此：它们之所以不是客观的，因为它们总是某一观点（或看法）的产物，而不仅仅是被"阅读—理解"（read off）；它们之所以不是主观的，因为观点（或看法）总具有社会性和习惯性。依据同样的推理，我们也可以认为，他们既是主观的，又是客观的：之所以是客观的，因为给这些意义提供或传递信息的观点（看法）具有社会性和习惯性，而不是个别的或者独一无二的。①

显然，赫施将"意图"与"惯例"相互衔接的努力也起到了相似的作用：一方面，解释者针对文本意义的开掘在本质上取决于他的主观构想，从而不可能被贬抑为僵硬的客观；另一方面，惯例的提出把一种较宽泛的、社会性的维度引入了解释之中，从而在一定程度上避免了完全从解释者视野出发对意义进行还原的过分主观化的误区。也可以说，正是惯例敦促赫施真正实现了在解释的个体和群体立场之间的平衡与沟通。

然而，将类型得以确立的希望寄托于惯例之上，无疑是一条貌似振振有辞、实则无比孱弱的解决方案。不难见出，赫施的理论诉求同美学家乔治·迪基的"艺术习俗论"（the institutional theory of art）存在着不少相似之处。迪基明确谈道："艺术品乃是它们在一个习俗框架或境况中占据的位置所导致的产物。"② 在他看来，一件人工制成物之所以能够被冠以"艺术品"的名号，关键在于它包含着"一系

---

① ［美］斯坦利·费什：《读者反应批评：理论与实践》，文楚安译，中国社会科学出版社1998年版，第61—62页。
② ［美］乔治·T. 迪基：《艺术界》，载李钧主编《二十世纪西方美学经典文本》（第三卷），复旦大学出版社2001年版，第804页。

列属性，这些属性被某个或某些代表特定社会习俗而行动的人赋予了被欣赏的候选者的资格"①。无独有偶，在赫施眼中，惯例同样应当成为衡量作者意义的最具可行性的准则与尺度："也许，除了'惯例'之外，没有更好的单个语词可以将语言使用、个体特质、规则、习俗、形式上的必要性，以及构成某个意义类型的属性这整个系统尽数包罗在内。"② 不过，必须承认，正如迪基的习俗理念常常被批评为主观、随意、散漫那样，赫施所难以排遣的最主要困惑也集中表现为：单纯依靠惯例是否就足以对类型加以确凿无误的描摹与刻画？可想而知，基于本来便很难被明确化、具体化的惯例所做出的推断，也很可能使意义陷入由于过度演绎而难以被切实把握的危险之中。由此可见，赫施始终致力于将惯例拔高为维系意欲类型的最重要保障，但遗憾的是，当他孤注一掷地将自己的理论构想付诸实践时，迎接他的必然是一幕幕虚幻而难以捉摸的惨淡景象，是类型自身难以阻遏的游离、分裂与瓦解。也正是基于上述理由，伦特里奇亚才会略带戏谑地把赫施的追求命名为"天真的解释学"（the Hermeneutics of innocence）。③

---

① George Dickie, *Introduction to Aesthetics: An Analytic Approach*, Oxford: Oxford University Press, 1997, p. 83.

② E. D. Hirsch, Jr., *Validity in Interpretation*, New Haven: Yale University Press, 1967, p. 92.

③ Frank Lentricchia, *After the New Criticism*, Chicago: University of Chicago Press, 1980, p. 256.

第十章 "或然性判断"与"有效性验定"：确定性律令的实践策略

赫施对确定性意义的追问从未止步于抽象的哲性分析，而是与鲜活、生动的经验世界相伴相随。从历史上看，解释学在其源头处便蕴含着开启文本并"带来理解"的强烈诉求。① 在赫施的思想谱系中，同样可见出对古老解释学传统的回应。在《解释的有效性》中，赫施对《旧约·创世纪》中巴别塔（Babel）的传说表现出浓厚兴趣。按照最通俗的解读，巴别塔的坍塌意味着使用不同语言的个体在交流中的无能为力。赫施则意识到，既然人类曾满怀憧憬地建造一座统一、稳固的巴别塔，那么，这同样表明，尽管身处驳杂纷乱的世俗生活，但每个人在内心深处都潜藏着对"共识"与"一致性"加以追逐的自发冲动。② 由此出发，赫施试图在具体的文学批评实践中达成对确定性的效果预期。基于"或然性判断"与"有效性验定"这两种紧密关联的方法论策略，赫施为文本解释提供了切实可行的操作模式，同时，又强调了意义在一定程度上的不可还原性（irreducibility），从而使意义之确定性的建构呈现出"开放"与"封闭"、"深度"与"去深度"相交织的特质。

---

① 解释学（Hermeneutics）之名得自希腊神话中的信使神赫尔墨斯（Hermes），而赫尔墨斯的最重要使命，在于将诸神的言说译解为可以为凡俗之人理解的意义。参见 Richard E. Palmer, *Hermeneutics: Interpretation Theory in Schleiermacher, Dilthey, Heidegger, and Gadamer*, Evanston: Northwestern University Press, 1969, p. 13.

② E. D. Hirsch, Jr., *Validity in Interpretation*, New Haven: Yale University Press, 1967, pp. 127 – 133.

第一节 或然性判断:"开放"与"封闭"的互涉

在赫施的解释实践中,"或然性判断"(probability judgments)是揭示文本意义的至为重要的路径。这一理论命题源自赫施对伽达默尔的本体论解释学的反思。如前所述,伽达默尔相信,在主体与作为历史传承物而存在的文本之间,始终横亘着由不同的知识积淀、价值取向、情感态度所构成的隔阂或障碍,因此,解释者要想穿越历史长河而接近文本的原初意义,是一项几乎不可能完成的任务。① 赫施对上述见解深感疑惑,他提出,即使在同时代人(contemporaries)的交流中,伽达默尔所关注的分歧与差异依然是一种常态。如果说,在现实生活中,主体能克服一己之见而达成与他者的认同,那么,在面对历史性文本时,解释者同样有机会挣脱其文化给定性而实现对确定性意义的领悟。② 然而,赫施意识到,由于解释必然以主观的精神世界为依托,而后者又是一片变幻无常、难以名状的场域,因此,理解的超时间性(timelessness)并不意味着解释者可以对意义加以精确无误的重构。有鉴于此,赫施提出,确定性并非不容更改的权威,而总是以一种"或然性"的姿态得以呈现。

所谓"或然性"(probability),是一个与"必然性"(necessity)相对应的范畴,主要指借助真命题推导出诸多未必为真的结论。从认识论上看,或然性所描述的是介于"必然存在"与"必然不存在"之间的复杂而微妙的状态。③ 赫施认为,既然一切解释行为都带有主

---

① 加拿大学者格朗丹对此深有体会,他观察到,在伽达默尔的解释学中,"理解不仅是一种可能性,一种能力,同时也是一种不可能,一种无能为力"。参见 Jean Grondin, "Understanding as Dialogue: Gadamer", *The Edinburgh Encyclopedia of Continental Philosophy*, Simon Glendinning ed., Edinburgh: Edinburgh University Press, 1999, p. 224。

② E. D. Hirsch, Jr., *Validity in Interpretation*, New Haven: Yale University Press, 1967, p. 42.

③ Ellery Eells, "Probability", *The Cambridge Dictionary of Philosophy*, Robert Audi ed., Cambridge: Cambridge University Press, 1999, pp. 743–745.

观猜测的成分,那么,对或然性的权衡与评判便成为了解释者抵达文本原义的行之有效的策略。按照他的思路,如果某种解释不仅能自圆其说,而且"在正确的可能性上超出或等同于其他人所共知的设想"①,那么,该解释便足以获得普遍的合法性地位。赫施承认,人类精神行为往往表现出驳杂、分裂、动荡的面貌,但他同样相信,通过对诸种假说或构想的比较与参照,解释者可以对意义中不甚合理的成分加以检验与证伪,并逐渐从多样化的解读中遴选出最接近初始意义的一种。可见,或然性判断固然以确定性为目标,但又必须以难以穷尽的非确定性因素为逻辑前提。

在或然性判断的展开过程中,对证据材料的掌握是一个至关重要的环节。正是在相关经验事实的支撑下,解释者才可能剔除无关于文本原义的点缀或附庸,进而在最大程度上将客观、有效的解释付诸实践。赫施认为,或然性判断所必需的证据材料包括两类。其中一种是"内在证据"(intrinsic evidence),即聚焦于具体文本,分析某种解释能否"对更多的事实或要素加以说明"②。如在威廉·布莱克的名作《病玫瑰》(*The Sick Rose*)中,"玫瑰"的意象可以被理解为炽烈、奔放的爱情,也可以被理解为天真、淳朴的人性。但如果结合全诗的总体氛围加以考量,便会发现,后一种伦理化的解读似乎更切合诗人的初衷,也更容易将包括主题、结构、象征、隐喻、情感在内的众多因素凝合为一个有机体系。另一种是所谓"外在证据"(extrinsic evidence),即将关注点转向更广阔的社会、文化语境,基于文本所从属类别的固有特征,对该文本中尚不为人知悉的内涵加以预判和估测。③ 不难想见,解释者对类别的限定越是严格,就越可能勾勒出确定性意义的大致轮廓。在赫施对华兹华斯名篇《恬睡锁住了心魂》的解读中,外在证据的重要性得到了集中而明确的体现。华兹华斯在诗中这样写道:

---

① E. D. Hirsch, Jr., *Validity in Interpretation*, New Haven: Yale University Press, 1967, p. 169.

② E. D. Hirsch, Jr., *Innocence and Experience: An Introduction to Blake*, New Haven: Yale University Press, 1964, viii.

③ E. D. Hirsch, Jr., *Validity in Interpretation*, pp. 183–184.

> 昔日，我没有人间的忧惧，
> 恬睡锁住了心魂；
> 她有如灵物，漠然无感于
> 尘世岁月的侵寻。
> 如今的她呢，不动，无力，
> 什么也不看不听；
> 天天和岩石树木一起，
> 随地球旋转运行。①

上述诗句的暧昧性，使之引发了两种截然不同的解读：布鲁克斯（Cleanth Brooks）等人断言，诗人所传达的，是听闻恋人噩耗时难以抑制的悲痛之情；以贝特森为代表的批评家则相信，全诗的基调为达观而非凄怆，充盈其中的，乃是"天人合一，万物化生"的哲理意蕴。赫施提出，由于一个人在作诗时不可能既从容惬意，又抑郁消沉，因而，便不存在将以上两种态度整合为一的"兼容并包"的解读。② 由此，赫施从三方面切入，以期缩减诗歌所属的类别范围，并对更具或然性的解释加以揭示。首先，他考察了华兹华斯所生活的英国浪漫主义时代的总体文化氛围，认为这一阶段隐含着一种主观与客观、理想与现实、精神与自然彼此结合、相互印证的"主体客观化"（subject-objectification）倾向。其次，他分析了华兹华斯同时期创作的其他诗歌，发现在这些诗歌中，能动性（agency）是一切生命的最基本属性，甚至"熄灭的生命"也可以成为一种能动的形式。再次，

---

① E. D. Hirsch, Jr., "Objective Interpretation", *PMLA*, Vol. 75, No. 4, 1960, p. 471. 中译本参见［英］华兹华斯《华兹华斯诗选》，杨德豫译，广西师范大学出版社2009年版，第94页。

② 在此，赫施展现出对燕卜荪"朦胧"（ambiguity）观点的反思。燕卜荪将朦胧定义为诗歌中模棱两可、含混不清的语义表达特质，他相信该特质具有难以言喻的魅力，并有助于引导读者"探索人类经验深处的奥妙"。赫施发现，燕卜荪的误区在于，不同解释在大多数情况下并非互为补充，而是表现出难以协调的"离心化"趋向。因此，并非激发越丰富解释的文本便具有越强的表意潜能。参见［英］威廉·燕卜荪《朦胧的七种类型》，周邦宪等译，中国美术学院出版社1996年版，"序言"第1—11页。

他还注意到了华兹华斯使用某些语词的习惯方式，认为华兹华斯用来表示"物体"（things）的一些名词，如"岩石"（rocks）、"石碑"（stones）、"树木"（trees）等，往往都暗示出一种"向死而生"式的、平和而沉静的心态。最终，赫施得出结论，贝特森相对积极的解读更符合诗人的原义，同时也将体现出正确的较高或然性。① 在赫施的分析中，可见出丹纳（H. A. Taine）艺术社会学的思想轨迹。丹纳认为，一件艺术品并非孤立的存在，而应被安置于"艺术家的全部作品""艺术家所隶属的派别""与艺术家同时同乡的人"这三个环环相扣的总体中加以解析。② 上述观点在一定程度上启发了赫施对外在证据的关注。当然，丹纳所贯彻的是一种"外展"的逻辑思路，即由个体艺术家扩展至特定时代的民族共同体，进而释放出艺术品更丰富的文化精神内涵；赫施则倾向于一种"内聚"的逻辑思路，即由普遍的时代氛围转向具体、可感的创作经验，从而在最大程度上实现对文本意义的精确呈现。

或然性判断可以被界定为一种基于语境（context）的综合分析模式，其要旨在于通过对语境的全方位考察，使隐含于文本之中的确定性意义得以显现。按照赫施的理解，语境并非新批评意义上内在于文本的封闭体系，而是涉及传统、惯例、习俗、规约、文化心态等驳杂多样的外在因素，涉及具有普遍性和现实关怀的社会文化期待。③ 故此，或然性判断也将超越纯粹的"上下文"或语词关系，而体现出更加开阔的理论格局。基于对语境的关切，赫施试图对经验研究在文学解释学中的地位加以重估。有学者发现，"理论"（theory）的源头可追溯至希腊文中的"看"（theatai），而该希腊语又由"剧场"（theatre）一词衍生而来，因而，自诞生伊始，理论便蕴含着某种

---

① E. D. Hirsch, Jr., "Objective Interpretation" *PMLA*, Vol. 75, No. 4, 1960, pp. 471 – 473.
② ［法］丹纳：《艺术哲学》，傅雷译，广西师范大学出版社 2000 年版，第 37—41 页。
③ E. D. Hirsch, Jr., *Validity in Interpretation*, New Haven: Yale University Press, 1967, pp. 86 – 87.

"此时此地"的观察性潜能。① 然而,在当前的文学理论研究中,理论与实践的断裂已然成为了一种常态。研究者往往沉迷于"从理论到理论"的抽象思辨,将文本简化为印证某一种观点学说的载体或材料。② 或然性判断强调对语境的细致探究,一方面推动解释者关注文本的组织构造与修辞技法;另一方面,又提醒人们将目光转向文本生成、演绎和流变的更复杂进程。由此可见,或然性判断不仅凸显了文艺作品中真切、可感的经验维度,亦将弥补当代学术研究偏重形上推演的极端化倾向。

在这里,赫施的思路与旨在"知人论世"的传统传记批评(biography criticism)产生了某些交集。众所周知,以丹纳、斯达尔夫人(Madame de Stael)、圣伯夫(Sainte-Beuve)、勃兰兑斯(Georg Brandes)等人为代表的传记批评曾一度盛行于欧陆学界。其核心诉求,在于对创作者的生平经历和文化背景加以细致考察,从中寻求文本意义的解读之道。自20世纪以来,传记批评愈发被视为一种陈旧、落伍的研究方式而饱受诟病。如韦勒克虽然承认,在作者的传记资料和文本之间,的确存在着"不少平行的、隐约相似的、曲折反应的关系",但同样毫不迟疑地指出:"不论传记在这些方面有什么重要意义,但如果认为它具有特殊的文学批评价值,则似乎是危险的观点。任何传记上的材料都不可能改变和影响文学批评中对作品的评价。"③ 通过对或然性判断的建构与运用,赫施在一定程度上汲取了传记批评的营养,从而也有助于对这种研究范式在当下的合理之处加以重新发现。当然,较之传记批评对所谓"标准答案"的执着,赫施的见解要更显辩证。他宣称,"确切理解的不可能性"(the impossibility of certainty in understanding)不等于"理解的不可能性"(the impossibili-

---

① 周宪:《文学理论的创新问题》,《中国社会科学》2015年第4期。
② 如有学者观察到,在当前风头正劲的"法国理论"中,研究者往往从一种"政治实用主义"的激进立场出发,将特定的批判意识与文化政治诉求植入具体的文学、艺术作品。这样的态度在很大程度上带来了"主观预设"和"观念先行"的研究趋向。参见周宪《也说"强制阐释"——一个延伸性的回应,并答张江先生》,《文艺研究》2015年第1期。
③ [美]勒内·韦勒克、[美]奥斯汀·沃伦:《文学理论》,刘象愚等译,江苏教育出版社2005年版,第81页。

ty of understanding）。① 换句话说，意义虽无法得到绝对精准的还原，但总是处于被权衡、估测与探究的状态，并保留着最终彰明昭著的希望。由此出发，文本解释也将呈现出"开放"（即对多元性和差异性的接纳）与"封闭"（即对同一性和确定性的坚守）互涉的形态，而免于在两种极端状态之间挣扎纠结的困境。

第二节　有效性验定："深度"与"去深度"的斡旋

作为与"或然性判断"相匹配的范畴，"有效性验定"（validation）伴随赫施的自我反思而逐步确立。在其理论生涯的早期，赫施将验证（verification）视为追溯文本意义并建构解释之法则的必由之路。所谓验证，指借助一套严格而规范的操作程序，对解释与初始意义的契合程度加以审视与检验。在验证的过程中，解释者需遵循下列标准：（1）合法性（legitimacy），即解释能否与公共性的语言规范相协调；（2）一致性（correspondence），即解释能否对文本的任一部分加以有效说明；（3）文类适宜性（generic appropriateness），即解释能否满足特定文类所包含的效果预期；（4）可信性或连贯性（plausibility or coherence），即解释能否言之成理，并由此而产生较强的说服力。② 验证为解释者对不同意义成分的辨析提供了依据，从而在一定程度上呼应了或然性判断的宗旨；但同时，验证又暗示出某种保守性和凝固性，它很容易造成如下错觉，即"无论如何，对解释的有效性或一致性的认同都将保持不变"③。

随着研究的深入，赫施意识到，文本解释实质上是一个逐渐展开的过程，而意义在当下的合乎情理绝不意味着无可争辩的正确性。由此出发，赫施试图用有效性验定来替代验证这一似乎"已成定局"

---

① E. D. Hirsch, Jr., *Validity in Interpretation*, New Haven: Yale University Press, 1967, p. 17.
② E. D. Hirsch, Jr., "Objective Interpretation", *PMLA*, Vol. 75, No. 4, 1960, p. 475.
③ E. D. Hirsch, Jr., *Validity in Interpretation*, p. 170.

的概念。相较于验证对文本原义的"一锤定音"的确认，在有效性验定中，解释者往往结合既有经验而做出某种粗线条、轮廓化的解读，又在新的经验事实的支撑下，对该解读加以持续不断的调整、补充和修正。如在面对英国玄学派诗人约翰·多恩（John Donne）"圆规式旋转"的经典隐喻时，通过对多恩创作时期的普遍语义规范的发掘，研究者往往会试探性地提出，这一隐喻中包含着"通过死亡而达至永生"的意蕴；然而，一旦这些研究者发现，多恩的诗作就整体而言更倾向于对"死亡"与"暂时离去"之间的相似性加以刻画，他们便可能对圆规运动的意象做出一种不那么严肃的理解；不难想象，当新的资料或信息出现后，解释者的认识还将发生更加复杂、微妙的转变。从原则上说，这样的自我更新甚至可以被无限度地延续下去。

通过对有效性验定的思考，赫施暗示出自己对意义之确定性的理解。在他看来，既然解释具有明显的主观构想特征，那么，意义便无法被巨细无遗地完整把握，而只能"以大致准确的面貌得以呈现"①。但赫施也注意到，在任何解释实践中，"确定性都是难以忽视且不可或缺的"②。因此，解释者有必要以丰富的现实经验为参照，对既有理解加以层层推进的校正与重构，并尽可能接近作为终极归宿的确定性意义。可见，在赫施的理论中，解释的有效性无法被简化为一成不变的绝对性，而是处于被反复追问与诉求的"进行时态"中。

作为探究确定性意义的独特策略，有效性验定得到了诸多思想资源的启发。

首先，是波普尔的科学哲学理念。波普尔认为，科学的存在依据在于一种可证伪性。科学家通过对现实世界的观测而提出若干猜想，又在层出不穷的后续经验的引导下，对既往的猜想加以检验与批判性反思，以此而更新自己的答案，并逐渐抵达隐藏在现象背后的终极实在。③ 依

---

① E. D. Hirsch, Jr., *Validity in Interpretation*, New Haven: Yale University Press, 1967, p. 17.
② E. D. Hirsch, Jr., *Validity in Interpretation*, p. 163.
③ ［英］卡尔·波普尔：《猜想与反驳——科学知识的增长》，傅季重等译，上海译文出版社1986年版，第47—83页。

循上述"猜想与反驳"（conjectures and refutations）的研究思路，赫施认识到，尽管解释携带着与生俱来的主观因素，但这种主观性同样需要接受客观实在的审查与拷问，从而在一次次的"试错"中不断增加揭示文本原义的可能性。

其次，是皮亚杰对"同化"（assimilation）与"顺应"（accommodation）这两种心理倾向的解析。所谓同化，指主体在与外部世界的交接中，基于本然的知觉与感受能力，将新的信息纳入现存的思维模式和情感结构中；所谓顺应，指主体在无法对新的刺激加以同化时，便会自觉调节并改造其原有的认知结构，以此来适应变动不居的现实。皮亚杰相信，人类的认识能力正是在这种同化与顺应的交互作用中得以发展。[1] 皮亚杰的观点在赫施的解释学中得到了回应。依照赫施的见解，在具体的解释行为中，始终包含着"同化"与"顺应"的深刻张力。主体一方面从先在的意念或立场出发，用既定的解释框架来整合当下的经验事实；另一方面，当旧有的解释失去效力时，解释者便应当主动谋求改变，从而对不期而至的新的状况加以妥善应对。

再次，有效性验定还受到了艺术史家贡布里希（E. H. Gombrich）"图式"（schema）概念的直接影响。所谓图式，即主体在特定文化习俗的长期濡染下所凝聚而成的风格模式或心理定向，它为艺术家对周遭世界的再现提供了先在的前提或构架。正是在图式的支配下，艺术家才往往"看到他要画的东西，而不是画他所看到的东西"[2]。同时，图式又并非一种观念的凝缩与抽象，它将伴随主体阅历的积累和眼界的拓宽，在与现实经验的磨合中得到调节和矫正。[3] 赫施从贡氏的"图式说"中获取了理论参照，继而将有效性验定的核心归结为"可修正的图式"（corrigible shemata）。在他看来，主体对意义的探究并

---

[1] ［瑞士］皮亚杰、［瑞士］英海尔德：《儿童心理学》，吴福元译，商务印书馆1980年版，第6—7页。
[2] ［英］贡布里希：《艺术与错觉：图画再现的心理学研究》，范景中等译，浙江摄影出版社1987年版，第101页。
[3] ［英］贡布里希：《艺术与错觉：图画再现的心理学研究》，范景中等译，第86页。

非散漫、无序的行为，而是被某种图式化的期待所限定和左右。如果解释者的期待得到了经验性文本的印证，那么，隐含其中的图式将随之而得以巩固；倘若上述期待无法与具体的文艺作品相适应，解释者则将在一种挫败感的驱使下，对既有图式加以不间断的反思和修正。①在这种"建构图式"——"重构图式"的双向运动中，解释成为了一个充满可能性的开放体系，而确定性意义也将得到愈发清晰的描摹与展现。

基于对有效性验定的探讨，赫施试图协调文学解释中"深度"与"去深度"的激烈冲突。按照传统解释学的观点，在多变的表象下总是潜藏着不变的本原或中心。如中世纪的《圣经》研究便主张，解释者应尽可能揭示语词背后的象征性、道德性、教谕性乃至超验性内涵。沿袭古典思路的潘诺夫斯基（Erwin Panofsky）则采取"由表及里"的方式，试图从图像的自然素材过渡到文化惯例，并最终抵达更加内在而深刻的真理意蕴。②自20世纪下半叶以来，越来越多的研究者发现，传统的深度模式其实是一种需要被祛魅的幻象。无论是德里达对层层剥落的"洋葱"隐喻的描述，还是巴尔特对反复交织、纠缠的"恋人絮语"（A Lover's Discourse）的书写，再或者桑塔格对引人遐想的"艺术色情学"（Artistic Eroticism）的规划，无不专注于形式或媒介本身，将解释置换为充溢着性挑逗意味甚至颇有些"活色生香"的游戏，以期对意义的深层次内核加以颠覆和消解。当然，上述"反阐释"立场在彰显批判潜能的同时，也可能使解释者沉溺于从能指到能指的快感体验，并逐渐失去从文本中发掘并把握确定性因素的能力。有鉴于此，希腊学者亚历山大·尼哈玛斯提出，解释既非对内在意义的勘探，亦非对感性形式的单纯迷恋，而应当被界定为在线性时间序列中渐次展开的行动（action），它所伴随的是连续不断的补充、丰富与自我完善。因此，解释者有必要打破"深度"（depth）与

---

① E. D. Hirsch, Jr., "Current Issues in Theory of Interpretation", *The Journal of Religion*, Vol. 55, No. 3, 1975, p. 310.

② ［美］欧文·潘诺夫斯基：《图像学研究：文艺复兴时期艺术的人文主题》，戚印平等译，上海三联书店2011年版，第3—5页。

"隐匿"（concealment）的经典隐喻，转而建构一种以"纵深"（breadth）与"拓展"（expansion）为标志的新的解释学图景。[①] 在赫施的理论体系中，尼哈玛斯的构想得到了恰如其分的演绎。借助对有效性验定的分析，赫施试图指出，解释绝不意味着"揭开表象，暴露深层"的程式化操作，而应当被界定为一个从单薄走向充实，从相对草率走向更加精确的动态的过程。在这一过程中，确定性或许无法被最终抵达，但终将呈现出一种不断"被接近"的状态。[②] 不难发现，赫施所探求的是当代解释学的"第三条道路"，他试图借此而消弭解释者在"浅表"与"深度"之间偏执一端的极端化倾向。

透过有效性验定的解释实践，我们还可以隐约感受到赫施对伽达默尔学说的回应。伽达默尔对解构主义所青睐的意义的播撒、悬浮、延宕同样持保留态度。在一篇讨论德里达的论文中，他谈到，德里达标志性的"解构"（Deconstruction）理念实际上是由海德格尔的术语"解析"（Destruktion）发展而来，但在具体的应用中，"解构"却又成为了对海德格尔本意的片面歪曲："在海德格尔那里，'解析'这个词从不意味着摧毁而是拆解（Abbau）。其目的乃是拾起那些僵化的、无生命的概念，并再次赋予其意义。这种活动所服务的目的并非朝向身后的一个神秘起源，一个本原（arche）或诸如此类的东西。那是一种致命的误解，在作为一项反对意见使用时，它首先反对的是后期海德格尔。"[③] 由此看来，伽达默尔其实不希望将意义的确定性完全拒之门外，他仍然试图为解释活动寻找某种足以依凭的规范性标准。具体说来，伽达默尔主张，主体应借助"视域融合"（fusion of

---

[①] Alexander Nehamas, "Writer, Text, Work, Author", *Literature and the Question of Philosophy*, Anthony J. Cascardi ed., Baltimore and London: Johns Hopkins University Press, 1987, p. 277.

[②] 美国学者埃尔文对赫施的观点深表认同，他强调指出，尽管对文本的历史性意义加以精确复制总是举步维艰，但这种困难性"并不意味着我们无法或多或少地达成精确的复制"。参见 William Irwin, *Intentionalist Interpretation: A Philosophical Explanation and Defense*, Westport, Conn: Greenwood Press, 1999, p. 95。

[③] ［德］伽达默尔、［法］德里达等:《德法之争：伽达默尔与德里达的对话》，孙周兴等编译，同济大学出版社 2004 年版，第 82 页。

horizons）而克服彼此的局限性，并最终实现对普遍性、终极性或本质性——即所谓"内在逻各斯"（inner logos）——的诉求。同时，按照伽达默尔的理解，超验的意义中心又并非不容僭越的绝对权威，它所蕴含的是难以摆脱的暂时性，并始终向不可预知的未来开放，始终期待在下一次的视域融合中迎来超越与提升的契机。[1] 诚然，伽达默尔与赫施的解释学之争已成为了当代西方文论中的一次著名事件，[2] 但在对普遍意义和真理价值的无限趋近上，二人又保留着对话与沟通的充足空间。

第三节　从"意义的确定性"到"真理的政治"

在当代文学理论的话语体系中，赫施的解释实践带来了颇为重要的启示。应当看到，赫施的尝试有助于弥补确定性理论在经验层面的缺失。现今，诸种确定性理论的最显著症候，是精于形而上的理论阐发，而疏于"自下而上"的方法论观照。研究者竞相从本体论、知识论、价值论、伦理学等向度赋予确定性意义以合法性，鲜少对"如何抵达确定性意义"这一问题做出正面回答。[3] 足见，赫施的独到之处，在于通过细致的文本耕犁，为确定性意义的建构提供具体、真切的路径与策略。在不少人盲从"反对阐释"之风的当下，赫施的理论姿态值得关注。更重要的是，基于方法论层面的探究，赫施对确定性问题做出了更为深入的思考。从赫施的解释实践中，不难提炼出两个紧密交织的环节：首先，解释者应专注于对确定性意义的不懈追

---

[1] ［德］汉斯-格奥尔格·加达默尔：《哲学解释学》，夏镇平等译，上海译文出版社2004年版，"导言"第33—34页。

[2] 参见 Christopher E. Arthur, "Gadamer and Hirsch: The Canonical Work and the Interpreter's Intention", *Philosophy Social Criticism*, Vol. 4, No. 2, 1976, pp. 183 - 197。

[3] 如在围绕"过度阐释"（overinterpretation）的著名论战中，卡勒（Jonathan Culler）便谈到，艾柯等学者在痛陈过度阐释的诸种弊端时，并未花费心力以说明何为"健全、正当和适度的阐释"。参见［美］乔纳森·卡勒《理论中的文学》，徐亮等译，华东师范大学出版社2019年版，第145页。

寻；其次，确定性并非放之四海而皆准的"一元论"律令，亦非将一切差异拒之门外的"卡里斯马"式权威，而是为意义的演绎、弥散与动态生成预留了充足空间。借此，赫施试图说明，文本解释中的"本质主义"与"反本质主义"并非冰炭不容，二者往往处于交织、调和、转换、互为镜像的总体进程中，并共同折射了文学解释学在当下的思想转折和话语变迁。正是对确定性问题的独特诠释，使赫施与意义的"单因论"或"独断论"倾向保持距离，进而展现出了深邃的洞察力和敏锐的思想锋芒。①

当然，赫施以确定性为轴心的解释实践并非毫无瑕疵。不难发现，在追寻确定性意义的过程中，赫施所强调的经验材料与背景知识，其实体现出他对读者的专业性和信息储备能力的过高要求。有学者意识到，赫施往往习惯于"人为地制造一位'读者'，他以赫施的方式来解读文本"②。王峰更是明确地指出，在赫施的理论中，读者不再是敏感的审美主体，而更莫过于以搜集词义为己任的"编纂学者"："他能够对作者所表达的领域有深刻的认识和充足的知识，他能够在大量的材料中间分清楚哪些是与自己要面对的对象有关的，哪些是无关的，再小心翼翼地把这些有关的材料组织在一起，形成一个大致的范围，划分出大致的界限，进而确定出一个基本词义。"③除此之外，赫施以实证主义为基调的解释实践，还很有可能对文艺作品的本然属性造成削弱与贬损。众所周知，文学、艺术具有与生俱来的情感性、想象性和不可预测性。如席勒（Friedrich Schiller）便认为，艺术是一种超越世俗规范的"游戏"；安德鲁·本尼特相信，文学的

---

① 赫施的这种态度得到了帕尔默的认同。后者相信，解释学的复杂性使其无法由一种潮流或学说统揽天下。因此，在文本解释的"确定性"与"不确定性"之间，始终存在着一个渐变的光谱，存在着对话、沟通与交融的丰富可能，而不会出现一方被另一方彻底压制或拆解的情况。参见 Richard E. Palmer, *Hermeneutics: Interpretation Theory in Schleiermacher, Dilthey, Heidegger, and Gadamer*, Evanston: Northwestern University Press, 1969, pp. 66 – 67。

② Robert de Beaugrande, *Critical Discourse: A Survey of Literary Theorists*, New York: Alex Publishing, 1988, p. 124.

③ 王峰：《西方阐释学美学局限研究》，黑龙江人民出版社2007年版，第35页。

魅力在于使读者陷入茫然、困厄的"无知"状态；莫瑞·克里格则强调，文学语言总是"将自身创造成一种自我确证的诗性虚构"[①]，进而以独立的姿态向一片充满幻想与谵妄的图景开放。无论作为游戏、无知、还是虚构，在面对文艺作品时，需要的都是沉潜、体悟和介入，是界限的弥合与距离的消解。然而，赫施对意义范围与验证程序的高度关注，则极有可能将文本解释转化为一套繁琐、枯燥的技术操作，使主体失去通过感性形式而进入"自由王国"的途径。上述状况无疑暴露了赫施理论中难以避免的困局。

赫施的解释学从未止步于狭隘的文本领域，而是体现出强烈的现实关怀与文化政治诉求。伴随21世纪的到来，人们愈发深切地感受到，秩序的失落与原则的溃退似乎已成为了常态。造成上述状况的一个原因是技术对当代社会的宰制。电子媒介的扩张不仅带来了唾手可得的信息，同时也极有可能导致信息的堆积、膨胀、紊乱、无序乃至彻底失效。[②] 故而，主体将沉溺于稍纵即逝的虚幻快感，而失去将残破、琐碎的现实整合为一个总体化进程的能力。更值得注意的是，在弥漫着实用主义气息的当代语境下，解释往往被降格为论证一家之言的工具或手段，而初始意义则遭到了可想而知的轻慢与漠视。英国学者费夫尔（R. W. Fevre）对此深有体会，他强调指出，在"收益大于支出"的工具理性的驱使下，解释者习惯于以个体或集团利益为导向，强行将主观欲念置入本然的文化事实之中，从而造成了歧见纷呈、言人人殊的乱象。[③] 相较于文学解释中的观念先行，这样的立场

[①] ［美］莫瑞·克里格：《批评旅途：六十年代之后》，李自修等译，中国社会科学出版社1998年版，第221页。

[②] 如媒介学家尼尔·波斯曼（Neil Postman）便认为，在传统语境下，存在着对信息加以规范或节制的经典文本（如《圣经》便是其重要代表）。然而，在面临"技术垄断"的当代社会，传统的文化中心已不复存在，取而代之的是公众对技术及其信息生产能力的非理性崇拜。长此以往，整个社会将如同失去免疫系统的器官一般，难以抵御大量冗余信息的干扰与侵蚀。参见［美］尼尔·波斯曼《技术垄断：文化向技术投降》，何道宽译，北京大学出版社2007年版。

[③] ［英］费夫尔：《西方文化的终结》，丁万江等译，江苏人民出版社2004年版，第3页。

"前置"只可能带来更令人胆寒的破坏效应。① 面对相对主义和虚无主义的精神荒原,赫施的选择在于超越纯粹的学理思辨,将自己对确定性意义的重构升华为对普遍性和真理价值(truth-values)的执着守望。这种孜孜以求的态度不仅决定了赫施理论的高尚品格,同时也将为这个躁动不安的时代增添难能可贵的果敢和信念。

赫施的真理信仰觉醒于对解释与意识形态关系的开掘。自20世纪80年代以来,他逐渐认识到,解释绝非对意义的个性化探究,而总是体现出鲜明的意识形态属性,并牵涉到不同权力话语的交织、呼应与复杂纠葛。赫施提出,在作为文化实践而存在的解释学中,隐含着两种意识形态立场的深刻张力。其中,世俗的政治意识形态"期待并时常预先决定正确的答案";而在以真理为核心的意识形态中,"对结果的诉求从属于对正确性的渴望"②。换而言之,前者视解释为少数人一己之见的产物,并时常对其他观点施以压制与暴政;后者则坚信客观真理的难以磨灭,并对其致以虔诚而真挚的敬意。在赫施看来,对真理的恪守有助于人们摆脱天马行空的虚妄而立足于更坚实的根基。当然,真理意识形态并非教条主义的代名词,而是呈现出相对的开放性和流动性,因此,人们便有机会通过反复的争辩、求证与自我反思,以渐进的姿态实现对普遍真理的追问与把握。③ 更进一步,赫施还将其真理观延伸至对当代人文学术的考察。他发现,在现今的人文社会科学中,包含着两种研究范式的对话与争锋。其中,"强势惯例主义"(strong conventionalism)宣称,真理绝非恒定、独立的存

---

① 如萨义德(Edward Said)便观察到,现今西方的媒体人和知识分子大多以先入为主的姿态,将西方与伊斯兰世界的关系镶嵌于中心与边缘、光明与黑暗、正义与邪恶的意识形态框架中,进而对后者加以浅表化、歪曲化、妖魔化的视觉演绎。在这类牵强附会的解读中,隐含着维护西方霸权与攫取经济利益的狂热冲动。萨义德试图说明的,是解释的功利化在国际关系领域所造成的严重危害。参见[美]爱德华·萨义德《报道伊斯兰:媒体与专家如何决定我们观看世界其他地方的方式》,阎纪宇译,上海译文出版社2009年版。

② E. D. Hirsch, Jr., "The Politics of Theories of Interpretation", *Critical Inquiry*, Vol. 9, No. 1, 1982, p. 236.

③ E. D. Hirsch, Jr., "The Politics of Theories of Interpretation", *Critical Inquiry*, Vol. 9, No. 1, 1982, p. 238.

在，而更多来源于外在社会规制的建构与塑造；"弱势惯例主义"（weak conventionalism）相信，客观真理始终能维持其超验的、不可变更的形态，这种观念在近年来的学术话语中已遭到了愈发明确的抵制。[1] 赫施意识到，强势惯例主义虽暗含多元主义的宽容态度，但终将造成众声喧哗的混乱局面，自然无法为研究者提供有效的指导原则。有鉴于此，他主张对日薄西山的弱势惯例主义加以关注，并借此而传达出对真理价值和同一性律令的由衷期待。[2] 当然，赫施对真理话语的坚持仍不时落入"二分法"的窠臼，但他在建构体系的过程中所倾注的热情，以及随之而闪现的智性光芒，却时常令人触动。

　　从本质上看，赫施意图理论的终极旨归，在于确立一种作为科学（而不是更具主观性的技艺）的解释学的基础。然而，在很多人的心目中，赫施透过意图来探寻意义之确定性的努力却应当受到一而再、再而三的审查与拷问。如麦迪逊便尖锐地指出："事实上，赫施并没有追问解释是否能成为一门科学；他仅仅是宣称，如果解释成为了一门科学，它应当如何如何。……即使赫施尝试着捍卫意义的客观性，他也并未阐明，知识在何种程度上能够恰当地对客观性加以诉求，以及客观的意义到底意味着什么。"[3] 然而，必须看到，麦迪逊在明确反对赫施所坚持的那种笛卡尔式的"主—客""心—物"二分模式的同时，也不得不承认，自尼采开始，对于普遍性中心范畴的取代乃至销毁便已经无可挽回地流露出了一股强烈的虚无主义倾向。可以说，正是以围绕意图的思考为契机，赫施始终都致力于对上述问题做出实实在在的建设性回应。德国学者豪克（Gutstav René Hocke）曾这样说道，在这个弥漫着浓郁的惶恐与抑郁气息的世纪的交接点上，"绝望的人看到的只是恐惧。对于怀有希望的人来说，意义之光可以变为

---

[1] E. D. Hirsch, Jr., "Beyond Convention?" *New Literary History*, Vol. 14, No. 2, 1983, p. 391.

[2] E. D. Hirsch, Jr., "Beyond Convention?" *New Literary History*, Vol. 14, No. 2, 1983, pp. 395–396.

[3] G. B. Madison, *The Hermeneutics of Postmodernity: Figures and Themes*, Bloomington and Indianapolis: Indiana University Press, 1988, p. 4.

信心。绝望是无能为力的表现,信心则是力量的表现"①。诚如此言,通过对作者意图的执着恪守,赫施所体现出的正是在这个一切意义与价值"行将就木"的悲观语境下所难能可贵的果敢与信念。虽然赫施对确定性的追问时常是天真、稚嫩而笨拙的,但他的孜孜以求的不懈努力,却值得每一个人文知识分子铭记于心。

---

① [德]古茨塔夫·勒内·豪克:《绝望与信心——论20世纪末的文学和艺术》,李永平译,中国社会科学出版社1992年版,第121页。

余论　作者意图与中国经验

在 2010 年 10 月同笔者的通信中,已是 82 岁高龄的赫施这样写道:

> 无论在文学还是在法律中,重大的理论问题依然是,人们如何才能在不完全依赖对象之历史境遇的前提下坐拥关于该对象的正确解释?……第一,最初的作者有意识地使自己所传达的意义超越其起源,因此,成为一个过分苛严的本原主义者(originalist)也便同初始性的意图产生了抵触。第二,这种"超越"总是使某些超历史性的原则成为了必要,而这些原则也正是解释者有义务去探究的。①

上面的语句主要牵涉到如下两层意涵:首先,赫施整个观念的立足根基始终是作者意图在解释活动中所体现出的超越性地位和不可篡夺的特权,这是赫施理论的最显著标签,也是其毕生捍卫的坚定信念。其次,更为重要的是,意图绝不应当被简单处理乃至任意误读,可以说,这一概念通过赫施的言说而呈现出了同创作主体、文本、接

---

① 参见笔者 2010 年 10 月与赫施的通信,其英文原文如下:The big theoretical question remains —both in literature and law —how can one have a correct interpretation yet one which is not completely tied to its historical circumstance? … Firstly, the original author consciously intended the meaning to go beyond the circumstances of its origin, hence to be an overly strict originalist is to contradict original intention. Secondly, that "going beyond" therefore always entails some transhistorical principles which it is the duty of the interpreter to discover。虽然由于种种原因,赫施教授与笔者的通信在此后遗憾中断。但在此依然要感谢这位老人在有限的几次笔谈中对笔者的宝贵指点。

受者、语境等因素复杂交织的动态建构，进而引发了一系列令人耳目一新的极具冲击力的表述。在这一点上，威廉·盖因曾做出过积极的回应，在他看来，赫施由于对意图的坚持而往往被错误地理解为一个"意图谬见"的天真信奉者或是一个粗糙的文类范畴的拥护者，但事实上，"他的不少信条对于许多真正的'保守主义'批评家（无论是意图主义者还是新亚里士多德主义者）而言其实往往是难以接受的"①。诚如此言，赫施貌似保守的姿态掩饰不了的是他极其敏锐的理论洞察力和思想锋芒，也正是这种深入的思考驱策他持续不断地从传统的保守主义阵营中抽身离去，并最终为自己的思想体系注入了无与伦比的强大力量。

可以说，赫施的见解在很大程度上触及了文学研究的本质性内核。艾布拉姆斯认为，文学活动无非是一个由"作品""艺术家""世界""欣赏者"这四种元素所共同形构的极具包容性的整体：

> 每一件艺术品总要涉及四个要点，几乎所有力求周密的理论总会在大体上对这四个要素加以区辨，使人一目了然。第一个要素是作品，即艺术产品本身。由于作品是人为的产品，所以第二个共同要素便是生产者，即艺术家。第三，一般认为作品总得有一个直接或间接地导源于现实事物的主题——总会涉及、表现、反映某种客观状态或者与此有关的东西。这第三个要素便可以认为是由人物和行动、思想和情感、物质和事件或者超越感觉的本质所构成，常常用"自然"这个通用词来表示，我们却不妨换用一个含义更广的中性词——世界。最后一个要素是欣赏者，即听众、观众、读者。作品为他们而写，或至少会引起他们的关注。②

落实到理解与解释的具体活动中，解释者对于文本意义的开掘同

---

① William E. Cain, "Authority, 'Cognitive Atheism,' and the Aims of Interpretation: The Literary Theory of E. D. Hirsch", *College English*, Vol. 39, No. 3, 1977, p. 335.
② ［美］M. H. 艾布拉姆斯：《镜与灯：浪漫主义文论及批评传统》，郦稚牛等译，北京大学出版社1989年版，第5页。

样没能跃出上述四种要素所统摄的区域。不过，正如艾布拉姆斯所强调的那样，"尽管任何像样的理论多少都考虑到了所有这四个要素，然而我们将看到，几乎所有的理论都只明显地倾向于一个要素"①。诚然，在关系到意义之起源与存在方式的形形色色的争论中，没有谁会莫须有地赋予一种因素以舍我其谁的绝对的必要性，但事实上，人们还是习惯于从各自的需求与视点出发，将某些部分规定为意义的更加合乎情理的归宿，转而令其余部分暂时地隐入"幕后"。笔者认为，这些处于"失语"状态的成分并不会永久地保持沉默，相反，它们总会以一种潜移默化的方式慢慢地积蓄能量，当占据主导地位的因素由于自身的过度膨胀而走向某种极端，进而暴露出难以克服的致命缺陷时，这些先前受到抑制的成分便能够以一种新的姿态再度登台亮相。从这一点上看，赫施聚焦于意图的相关论说正代表了在作者及其意图遭受削弱，乃至虚无化处理的时代背景下，针对作者意图这一范畴所进行的巩固、充实、调整与修缮。当然，必须看到，赫施在坚持意图之重要地位的同时，也并未将作者锚定于神圣而不容丝毫动摇的至高殿堂，相反，通过围绕意图的别具一格的多元化界定，他同时也推动了作者和构成文学活动整体的其他要素之间的融洽而有机的对话与交流。赫施的尝试理所当然地得到了国内学者的支持，如汪正龙便指出，意图始终都无法摆脱一种概念上的虚设性质，因此，它必须通过与其他文学成分的相互参照而确认自身的坚实在场："作为一种绵延于作者、作品和读者之间的关系性存在，意图和原意更多地是一个分析性的历史范畴，而不是一个实证性的科学范畴。它表示的是作家对作品意义制约和文学意义生产受社会文化因素制约的历史性关系，而不是作家控制文学意义解读和文学意义实现的现实性关系。这也说明何以在文学批评活动以及文学意义的理解和解读中，意图分析尽管占有一席之地，有时甚至相当重要，却一般不宜作为一种独立的意义分析模式来使用。意图分析通常只有与社会历史文化背景分析和

---

① ［美］M. H. 艾布拉姆斯：《镜与灯：浪漫主义文论及批评传统》，郦稚牛等译，北京大学出版社1989年版，第6页。

文本所表现的客体化内容的分析相匹配,才能达到较好的效果。"①无可否认,在赫施的论说中同样潜藏着诸多不容回避的悖论或是难以解开的"困局",但他的潜心经营所昭示的新方向却无疑是值得我们仔细思考的。

在《创作的哲学》一书中,赫施曾花费大量篇幅来介绍中华民族对于表意性文字(ideographic scripts)的千百年不变的青睐。在他眼中,一方面,文字的表意特征使得同样的汉语文本能够为操持不同腔调的读者所理解,因而有助于打破种种横亘于人与人之间的、难以逾越的交流障碍;另一方面,汉语言文字以表意为核心的逻辑思路同样可能造成种种不言而喻的巨大困难,究其原因,不仅仅在于这种文字要求学习者必须将大量的时间、精力消耗于数以千计的形象化的符号之中,更表现为,"这种表意文字与口头语言的相互决裂,应当被指认为数目众多的分裂的方言在中国得以存在的肇因"②。虽然赫施论证的最主要目标在于烘托出一种由表音文字(phonetic scripts)所主导的、更具延展性和可交流性的书写与言说体系,但他的陈述无疑从侧面渲染了意义问题在每个中国人心目中所占据的难以抹杀的重要位置。

与此同时,在中国文化中,尤其是在中国文学理论的表意世界中,对作者及其意图的关注又当之无愧地成为了最醒目的焦点之一。早在战国时代,孟子便明确宣称:"故说诗者,不以文害辞,不以辞害志。以意逆志,是为得之。"③ 他口中的"以意逆志"大致指的是,关于诗歌意义的评判不能由孤立的个别词句所干涉或是左右,相反,解读者必须依凭对作者意图的追溯而努力实现对全诗内涵的贴切把握。以之为依据,孟子进一步提出了"知人论世"这一颇具可行性的阅读法则:"颂其诗,读其书,不知其人,可乎?是以论其世也。是尚友也。"④ 也就是说,应通过对诗歌得以生成的社会文化背景的

---

① 汪正龙:《文学意义研究》,南京大学出版社 2002 年版,第 157 页。
② E. D. Hirsch, Jr., *The Philosophy of Composition*, Chicago: University of Chicago Press, 1977, p. 15.
③ 杨伯峻编著:《孟子译注》,中华书局 1960 年版,第 215 页。
④ 杨伯峻编著:《孟子译注》,第 51 页。

逐步接近而真正与诗人为友，真正从诗人的视角出发来透视眼前的一切，从而将创作者的思想感情和情绪体验内化为自己精神生活的有机而不可分割的组成部分。可以说，"以意逆志"与"知人论世"这两种相辅相成的观点也成为了引导后世的无数诗话、词话对文本意义加以提炼的最基本、最具代表性的批评方法。南朝刘勰在围绕所谓"知音"——即能够与作品"同声相应，同气相求"的理想读者——的探讨中进一步发展了关于意图的既有论说。他在《文心雕龙·知音》的起始部分便直言不讳地点明了知音在当时的稀少："知音其难哉！音实难知，知实难逢，逢其知音，千载其一乎！"① 在他看来，这种知音的罕见在很大程度上导源于人们在"贵古贱今""崇己抑人""信伪迷真"等俗世风潮的影响下对于作者原意的恣意篡改抑或盲目扭曲。当然，刘勰也意识到，知音虽然难得，却远非不可企及，相反，鉴赏者可通过"博观"的经验积累和"六观"的技术性考量而实现对作者内心世界的相对明晰的体认："夫缀文者情动而辞发，观文者披文以入情，沿波讨源，虽幽必显。"② 无独有偶，流行于唐宋年间的"本事批评"同样主张将作者的意愿和动机视为从外在背景切入文本意义的最为举足轻重的渠道："从读者的角度上说，要明白抒情性文本的意义（'本义'），就必须了解作者的意向或企图（'本意'），而要了解作者的意向或意图，则必须了解作品背后的事件和关于作者的故事（'本事'），其阐释思路可逆向简略为：'本事'→'本意'→'本义'。"③ 而清代文人在乾嘉考据之学的鼓动下，也纷纷将研究的重心转向了对隐含在古籍背后的作者思想的翻检、整理与重塑……自然，在中国古典文论中也不乏诸如"见仁见智""我注六经""诗无达诂"一类主张淡忘作者用意而褒扬读者之主观能动性的文献和记录，但一个掷地有声的事实是，对作者意图的尊重与坚守始终充当着一条源远流长而又无比坚韧的思想脉络。

---

① 周振甫：《文心雕龙今译》，中华书局 1986 年版，第 429 页。
② 周振甫：《文心雕龙今译》，第 432—433 页。
③ 张金梅：《本事批评：赫施意图主义批评的一个范本》，《宁夏大学学报》（人文社会科学版）2006 年第 6 期。

不过，还应看到，同是针对作者意图的思考，在古代中国学者与赫施之间又存在着显而易见的区别。

首先，是思想背景的不同。一般看来，中国文论对意图的发掘在很大程度上来源于一种"言志""缘情"的悠久传统。《尚书·尧典》很早便已经将诗歌抒发作者情志的鲜明特色纳入了关注视野："诗言志，歌永言，声依永，律和声。"① 这种观点在汉代的《毛诗序》中得到了更进一步的深化："诗者，志之所之也，在心为志，发言为诗。情动于中而形于言。"② 魏晋南北朝以来，随着人的自我意识的逐渐觉醒，文学作品"因情而生"的特质也得到了愈发明确的凸显。陆机在《文赋》中旗帜鲜明地指出："诗缘情而绮靡。"③ 这一论断将情感的倾诉指认为文学作品的最主要功能之一。刘勰在《文心雕龙·情采》篇中，明确反对当时"为文造情"的浮夸、矫饰的文风，主张重新拾起古人"为情造文"的创作理念，即强调文学作品对个人真实感情的抒发与咏唱。④ 而南宋严羽在《沧浪诗话·诗辨》中，同样将情感规定为了诗歌的最重要表现对象，即所谓"诗者，吟咏情性也"⑤。虽然古往今来的知识分子围绕"情""志"二字做出了令人眼花缭乱的多重解读，但毫无疑问，"情""志"所负载的最基本内涵始终是洋溢于作品的字里行间的。它们是创作者最为原初而本真的思想、抱负、志趣与愿望。也正是这样一系列呼之欲出的内在情绪成为了诗歌的最为难以割舍的存在根基，"于是，顺理成章的便是：诗的意义应该是诗人意欲表现的东西；作者的意图——那先于文本的'作者之心'（mens auctoris）——应该成为终极的参照，成为一切阐释的目标"⑥。相较之下，赫施意图理论的提出则背靠胡塞尔现象学、索绪尔结构主义语言学、弗雷格的数理逻辑与分析哲学以及由施莱尔马

---

① 郭绍虞主编：《中国历代文论选》（第1册），上海古籍出版社2001年版，第1页。
② 郭绍虞主编：《中国历代文论选》（第1册），第63页。
③ 郭绍虞主编：《中国历代文论选》（第1册），第171页。
④ 参见周振甫《文心雕龙今译》，中华书局1986年版，第287页。
⑤ 郭绍虞主编：《中国历代文论选》（第2册），第424页。
⑥ 张隆溪：《道与逻各斯：东西方文学阐释学》，冯川译，江苏教育出版社2006年版，第186页。

赫和狄尔泰所代表的传统方法论解释学等更加驳杂、丰富的思想资源。这种博采众家之长的理论取向，也使得作者意图在赫施的理论体系中呈现出了更加立体、丰满、生动的面貌。

其次，是研究态度的分歧。张伯伟指出，文学研究的方法总是与研究对象本身密切地交织为一体："文学批评方法，必然受到文学作品本身的制约；文学创作的发展，也会影响批评方法的演变。"① 落实到中国古代文论中，这一点又得到了尤为集中而突出的体现。具体说来，对意图的探讨一直都贯穿于文学阅读与批评的全部实践中。无论是批评家还是普通读者，都希望从各自的角度出发，对作者的精神状况加以趋近，从而使隐含于字里行间的幽微、曲折之处得到清晰的描画与详尽的阐发。如孟子便试图借助"以意逆志"原则来还原《诗经》中《北山》《云汉》等篇章在特定历史语境下的真实所指，从而满足其论证和说理的需要。虽然赫施的理论同样包含着"或然性判断""有效性验定"等针对文本的解释实践，但总体而言，这种理论更多在远离具体批评实践的层面上发挥其功效，它所指向的是一种以抵制非中心化意义观为旨归的、形而上的哲性建构。不过，这样的理论姿态也带来了较为棘手的问题。在皮特·桑松迪看来，尽管解释学在今日已当之无愧地融入了包括文学研究在内的整个人文科学之中，但是，"就其本质而言，存在于今日的文学解释学较之于存在于今日的解释学基本上没有任何区别"②。可以说，赫施意图理论的一个严重缺陷其实也正在于，这种理论在驻足于大写的文化精神维度的同时，相应地忽视了对具体而微的细节层面的剖析与观照，从而无法在作为一种独特语言类型的文学文本和其他各类文本之间划清界限。

再次，是理论品格的差异。在中国古代文论中，人们对作者意图的追问很容易受时代需求的影响而沾染上某些现实功利气息。还是以孟子的"以意逆志"为例，周裕锴发现，这一口号在标举对作者原

---

① 张伯伟：《中国古代文学批评方法研究》，中华书局2002年版，"导言"第7页。
② Peter Szondi, "Introduction to Literary Hermeneutics", *New Literary History*, Vol. 10, No. 1, 1978, p. 17.

意的遵从的同时，还包含着维护读者自由解读之"意"的本然倾向："一方面，他肯定作者之志是一切阐释的目标，提倡一种所谓'意图论的阐释学'；而另一方面，他实现这一目标的手段却依赖于读者的主观推测，这就意味着承认不同读者的推测都具有合法性，从而成为一种'多元论的阐释学'。"① 不难想见，当这种被过度纵容的自由同"大一统"的中央集权制文化相互媾和时，一连串阴云密布的思想与行为方式也便应运而生了。其中最令人毛骨悚然的是，某个时代的解读者出于压抑或恐吓的政治需求，而对作者原意施以极其明显的歪曲、附会，乃至蛮不讲理的刻意误读——那些由"文字狱"所引发的腥风血雨，便是对此所做出的贴切而又声名狼藉的注脚。相较之下，正如前文已反复提及的那样，赫施更多是在一种强烈的人文主义精神的驱遣下主动投身于对作者原意的追寻之中："尽管解释具有实践中的具体性和变动性，然而其根本问题是始终如一的——那便是对作者之意的推测。尽管我们从未肯定自己的解释性推测是正确的，但我们知道，这样的推测将会是正确的，而作为一门学科的解释的目标，正在于使正确推测的可能性得以不断增进。"② 他的这种不屈不挠的执着与坚定显然要更加纯粹，更加质朴，同时也更值得人们衷心钦佩并认真审视。

然而，在赫施的意图理论与具体、生动的中国经验之间，依旧存在着彼此参照并擦出火花的丰富可能。长尾辉彦相信，即使是在一个不同以往的全新语境中，在所谓文学解释的前卫思潮风靡一时的大背景下，赫施的论断仍然能保持其令人耳目一新的卓越风貌："借用赫施自己的术语，它获取了一种新的'指意'。"③ 的确如此，无论对中国当前的文论建设，还是对作为整体的社会文化生活而言，赫施围绕作者意图的积极思考都起到了良性的刺激作用。这一点主要表现为环

---

① 周裕锴：《中国古代阐释学研究》，上海人民出版社2003年版，第47—48页。
② E. D. Hirsch, Jr., *Validity in Interpretation*, New Haven: Yale University Press, 1967, p. 207.
③ Teruhiko Nagao, "On Authorial Intention: E. D. Hirsch's Validity in Interpretation Revisited", *The Annual Reports on Cultural Science*, Vol. 40, No. 1, 1991, p. 161.

环相扣的两个方面：

首先，通过条分缕析而又不乏洞见的理论操作，赫施提醒中国学术界，应当对"作者意图"这一被许多人置若罔闻的思想资源加以重新的权衡、整理与评价。在他的影响下，有部分学者确已在意图与一些被热烈讨论的当下问题之间搭建起了较为可靠的桥梁，并因此而带来了大量颇有助益的提示与启发。如许建平便将作者意图融入了西方叙事理论的"中国化"这一宏大命题之中。在他看来，传统"行为叙事"（behavioral narrative）与"意图叙事"（intentional narrative）之间的根本区别表现在二者对待"人物"和"意图"的不同态度上。其中前者坚持将叙事作品的抽象结构作为主要的研究对象，将人物以及与之相伴随的意图逐出了关注的视域；后者则更多以人本主义观念为支撑，同时不忘援引传统叙事研究的科学主义方法，从而试图在人物、意图等主体性因素同结构、系统、层次、逻辑关联等抽象化的叙事单元之间谋求某种平衡甚至是融合："意图叙事学就是将人本主义理论纳入科学主义理论指导下的行为叙事学之中，是对这两种态度、两种理论方法的互相补充。一方面要运用人本主义理论方法寻找作品所表现的行为叙述意图，便于更好地认识作品价值；另一方面又兼顾科学主义的分析方法，以求发现主宰作品的内在结构形式：不同意图的组合结构（共时性横向结构）或意图生成演变的结构（历时性的纵向结构）。"[①] 赵毅衡通过对所谓"意图定点"现象的描述，将意图问题引入了符号学与传播学的交叉地带。他认为，所谓的意图定点，实际上指的是符号"发送者"对于自己所传达的意义应当在何时停止其演绎所做出的预设与期待，也正是这种意图定点的能力使广告一类的符号性文本在传播过程中能够获取明晰、稳固的意义，而避免了"无限衍义"的危险。[②] 美籍华人学者黄承元则在"言语行为理论"（Speech-Act Theory）的指导下对"意图"与"动机"这两个时常令

[①] 许建平：《叙事的意图说与意图叙事的类型——西方叙事理论中国化的新思考》，《社会科学》2011年第1期。

[②] 参见赵毅衡《意图定点：符号学文化研究中的一个关键问题》，《文艺理论研究》2011年第1期。

人莫衷一是的概念进行了细致的梳理和分辨。他将动机指认为作品创作的外在因素，而将意图视为同文本意义紧密关联的某种构想、安排与规划。在他眼中，新批评的失误正在于盲目地将意图与动机相互混淆，而否认了作者意图可以成为文学批评的足以信赖的标准。①

除此之外，在赫施的意图理论中无疑还隐含着不少可以继续深化的空间，如他与伽达默尔在观念上的碰撞与交织便是尤其耐人寻味的问题之一。毋庸讳言，以伽达默尔思想为代表的哲学解释学，以及受这种思想影响而将"解构"的热望不断提升的种种当下学说，对任何客观、充分领会赫施理论的努力都造成了强大的阻碍，而在几乎还把解释理论等同于伽达默尔本人的当代中国学术界，这种阻碍更显得格外难以克服。部分学者也清醒地认识到了这一困境："由于伽达默尔解释学总是被看成是对解释学的完全更新，在解释学中具有明显的激进性，因此，人们对贝蒂和赫施解释学的印象总是不太好，似乎它们是落后、陈旧、过时观念的翻版，具有明显的保守主义倾向。这种印象也深深地影响了中国的解释学研究者，使他们没能对贝蒂和赫施的理论进行深入细致的研究。"② 可以说，如何摆脱那种崇尚"不确定性"的"效果预期"，进而对赫施的意图论观点做出较为中肯的评判，是必须反复斟酌的问题。同时，我们还应当积极思考的是：当今学界对于赫施理论的种种"前见"，是否在某种程度上也源自人们对伽达默尔解释学的有意识的"激进化"甚或蓄意歪曲？毫无疑问，无论在理论视域、研究思路还是对待文本的具体方式上，在赫施与伽达默尔之间都存在着巨大的差异，但是，这样的差异是否就真的达到了没有丝毫调和余地的状态？在二人看似彼此抵牾的理论诉求中，是否还能够发掘出某些微妙的同构之处？这样的一系列疑问，我们必须认真对待。

总的说来，赫施的所作所为让我们意识到，任何看似古旧不堪的范畴都不应当被轻易地抛入"故纸堆"中，相反，研究者应结合新的情

---

① 参见［美］黄承元《作者意图理论再探》，庞璃译，《甘肃社会科学》2008年第5期。
② 张祥龙、杜小真、黄应全：《现象学思潮在中国》，首都师范大学出版社2002年版，第256页。

境和时代精神而对其进行再一次的价值输入。在传统理论资源向现代转化的当代中国语境下,这样的思维方式无疑具有重要的借鉴意义。

其次,更为重要的是,在一个费德勒(Leslie Fiedler)所谓"跨越界限,填平鸿沟"的时代氛围中,在理论、观点、学说如同广告招贴画一般令人眼花缭乱而又稍纵即逝的"去深度"的当代社会里,赫施依凭"意图"这一契机而诉说着自己对于客体的尊重,对于共识的热爱,对于普遍意义与恒定价值的不懈追求。必须承认,高频率、快节奏的工业化生活在带来令人耳目一新的震撼效应的同时,也连带引发了一系列严重的弊端。如贡巴尼翁便批判了那种过度追逐新潮而堕入无休止的媚俗之中的当下旨趣:"现代崇拜紧紧包围着新,迫使其疲于更新,在这种情况下,新的真正价值还能剩下几许呢?"[①]卡林内斯库(Matei Calinescu)则更加直白地指出,当人们已经对迅疾莫测的变化潮流见惯不惊时,他们也随之而失去了生活的支柱与信念,失去了曾经引以为傲的价值操守:"我们时代的一大特征是,我们已开始习惯于变化。即使是比较极端的艺术实验似乎也不能唤起人们的兴趣或激动。不可预测的东西成了可预测的。"[②] 可以说,赫施作为人文主义精神的当代典范,作为不顾种种流行风尚的左右而执着于自身信仰的踽踽独行者,其着力抵御的也正是一味求新求异所带来的偏激倾向和市侩作风。毫无疑问,他的努力同样对当代中国的文学理论乃至整个文化精神建设产生了积极的推动作用。

李清良认为,在中国传统的意义观念中,始终存在着一个不容抹煞的终极目标或是归宿:"人们总是需要拥有一个意义归宿(或称精神归宿),为自己的生存确定价值与意义。……因此,对于任何阐释者来说,他所获得的相对意义同时又是确定的,故而可以成为他本人的意义归宿。"[③] 然而,自20世纪80年代以来,种种后现代理论在中

[①] [法]安托瓦纳·贡巴尼翁:《现代性的五个悖论》,许钧译,商务印书馆2005年版,第3页。

[②] [美]马泰·卡林内斯库:《现代性的五副面孔:现代主义、先锋派、颓废、媚俗艺术、后现代主义》,顾爱彬等译,商务印书馆2002年版,第157—158页。

[③] 李清良:《中国阐释学》,湖南师范大学出版社2005年版,第542页。

国的大肆撒播，却使得人们越来越倾向于抛却这种对确定性精神的坚守。在初版于1992年的《无边的挑战》中，陈晓明将中国当代文化界定为了一种"无根的文化"，从而为先锋派文学与后现代主义的嫁接提供了土壤："这个时代的文化已经为商业主义所侵蚀，而给文明以创造能力的'卡理斯玛'正趋于解体，先锋们所能感受到的就是强烈的文化溃败感，他们不仅没有历史，没有现实，也没有文化记忆。"① 可想而知，当他对这种漂泊无依的文化大书特书时，遭受遗忘的必将是一种对于恒定不变因素的敏感与自觉。而更为夸张的是，陈晓明甚至由先锋派形式变革的失败推演出了"文学死亡"这一多少有点令人难以接受的结论："先锋派创造的新型艺术经验并没有迎来文学复兴的时代，相反，它却耗尽了文学最后一点的热情和创新的想象力。文学在这个时代已经死去，而我们不过是些哭丧的人……"② 由此看来，在深受西潮影响而格外热衷于将意义拆散、打碎的中国学术界，赫施的思想无疑具有疗救时弊的作用，他始终都力图使我们的认识远离虚无主义的谜团而立足于坚实的根基之上。③

当然，或许有人会认为，赫施的理论构想在很大程度上只不过代表了一种"乌托邦"式的冲动，是难以真正兑现的。但即便如此，

---

① 陈晓明：《无边的挑战——中国先锋文学的后现代性》，广西师范大学出版社2004年版，第37页。
② 陈晓明：《无边的挑战——中国先锋文学的后现代性》，第414页。
③ 在近些年的中国学界，赫施的理论已经得到了越来越多的关注。2014年，张江将"强制阐释"指认为当代西方文论的"基本特征和根本缺陷"之一。他提出，所谓强制阐释，即研究者"背离文本话语，消解文学指征，以前在立场和模式，对文本和文学作符合论者主观意图和结论的阐释"。其具体表现有四：(1) 场外征用，即强行将文学场域外的理论资源用于对文学文本的解读与研究；(2) 主观预设，即研究者从主观立场出发，强行扭曲、切割文本的原初意义；(3) 非逻辑证明，即研究者的推演与论证违反逻辑规则，使结论失去依据；(4) 混乱的认识路径，即理论建构脱离具体的文本经验，造成认识与实践的倒错。在张江对当代西方文论之本体症候的反思中，赫施的确定性意义观成为了重要的思想资源。他曾明确提出，希望其"强制阐释论"成为从桑塔格的"反对阐释"到赫施的"解释的有效性"再到艾柯的"过度阐释"这条前后承继的理论链条上的一个新环节。我们完全有理由相信，随着围绕确定性问题的讨论渐趋深入，赫施的理论还将在同诸多观点学说的碰撞与对话中迸发出更绚烂的思想火花。参见张江《强制阐释论》，《文学评论》2014年第6期；亦可参见张江《关于"强制阐释"的概念解说——致朱立元、王宁、周宪先生》，《文艺研究》2015年第1期。

也必须看到，正如拉塞尔·雅各比（Russell Jacoby）所言，乌托邦"不仅仅指的是一种对未来社会的想象力，而且是指运用扩大了的概念来理解现实及其可能性的一种纯粹而朴素的洞察力，即一种能力，或许是一种意愿"①。而事实上，人类文化也正是在对于乌托邦的一次次执着追寻中逐渐地汲取了勇气，并不断地走向进步。相较之下，一个盲从于多元主义的"乌托邦死去"（the end of Utopia）的社会，其实远比美好的向往更加漏洞百出："多元主义成为了政治思想的垃圾箱，即全部。被打扮成多元文化主义之后，多元主义成为了幻灭的知识分子们的鸦片，即没有意识形态的时代的意识形态。"② 综上所述，赫施的最大贡献莫过于，他以自己的理论实践提醒人们，当代西方文论其实是一种如调色板一般花样繁多的建构，我们今天仍仰仗其鼻息的解构思潮不过是"调色板"上的一种色调而已。可以说，对于正处在急剧转型阶段，价值观念面临重组的中国而言，赫施的理论似乎更加值得我们关注。

最后，还是让我们回到赫施自己的论域。在发表于1982年的《解释理论的政治》一文中，他对哲人帕斯卡尔"打赌"（wager）的隐喻做出了令人印象深刻的创造性发挥。帕斯卡尔曾经这样说道：

> 让我们权衡一下赌上帝存在这一方的得失吧。让我们估价这两种情况：假如你赢了，你就赢得了一切；假如你输了，你却一无所失。因此，你就不必迟疑去赌上帝存在吧。③

相较于帕氏为基督教信仰辩护的良苦用心，赫施则借助类似的桥段而表明了自己对客观历史性真理的笃信不疑：

---

① ［美］拉塞尔·雅各比：《乌托邦之死——冷漠时代的政治与文化》，姚建彬译，新星出版社2007年版，第158页。
② ［美］拉塞尔·雅各比：《乌托邦之死——冷漠时代的政治与文化》，姚建彬译，第50页。
③ ［法］帕斯卡尔：《思想录：论宗教和其他主题的思想》，何兆武译，商务印书馆1985年版，第110页。

> 让我们权衡一下赌客观历史真理存在这一方的得失吧。让我们估价这两种情况：假如你赢了，你就会得到某些东西；假如你输了，你却一无所失。因此，你就不必迟疑去赌客观的历史真理存在吧。①

从上面这段看似谐谑的戏仿之中，我们所能体会到的，是一种孜孜不倦的坚定与热忱，一种为了确定性而孤注一掷的无怨无悔的努力。或许，赫施通过捍卫作者意图而追问确定性的举动，就如同那高举长矛冲向风车的堂·吉诃德一般徒劳无功。然而，在理想与信念被一点点蚕食的当下，在种种空洞、琐碎的流俗之见被人们乐此不疲地反复翻炒的时代氛围中，他以一己之力对抗整个世界的勇气，无疑又让我们产生了独特而珍贵的感动。

或许，这便是赫施带给当代人的最为重要的启示。

---

① E. D. Hirsch, Jr., "The Politics of Theories of Interpretation", *Critical Inquiry*, Vol. 9, No. 1, 1982, p. 243.

参考文献

一 E.D. 赫施著作（以出版时间先后为序）

（一）英文原著

Hirsch Jr., E. D., *Wordsworth and Schelling: A Typological Study of Romanticism*, New Haven: Yale University Press, 1960.

Hirsch Jr., E. D., *Innocence and Experience: An Introduction to Blake*, New Haven: Yale University Press, 1964.

Hirsch Jr., E. D., *Validity in Interpretation*, New Haven: Yale University Press, 1967.

Hirsch Jr., E. D., *The Aims of Interpretation*, Chicago: University of Chicago Press, 1976.

Hirsch Jr., E. D., *The Philosophy of Composition*, Chicago: University of Chicago Press, 1977.

Hirsch Jr., E. D., *Cultural Literacy: What Every American Needs to Know*, New York: Vintage, 1987.

Hirsch Jr., E. D., *The Schools We Need and Why We Don't Have Them*, New York: Doubleday, 1996.

Hirsch Jr., E. D., *The Knowledge Deficit: Closing the Shocking Education Gap for American Children*, New York: Houghton Mifflin Harcourt, 2007.

Hirsch Jr., E. D., *The Making of Americans: Democracy and Our Schools*, New Haven: Yale University Press, 2009.

（二）中文译著

［美］E. D. 赫施：《解释的有效性》，王才勇译，生活·读书·新知三联书店1991年版。

（三）编纂书目

1．"文化素养"词典系列

Hirsch Jr., E. D., Joseph F. Kett and James S. Trefil, eds., *The Dictionary of Cultural Literacy*, Boston: Houghton Mifflin, 1988.

Hirsch Jr., E. D., William G. Rowland and Michael Standford, eds., *A First Dictionary of Cultural Literacy: What Our Children Need to Know*, Boston: Houghton Mifflin, 1989.

Hirsch Jr., E. D., Joseph F. Kett and James S. Trefil, eds., *The New Dictionary of Cultural Literacy*, Boston: Houghton Mifflin, 2002.

Hirsch Jr., E. D., William G. Rowland and Michael Standford, eds., *The New First Dictionary of Cultural Literacy: What Your Child Needs to Know*, Boston: Houghton Mifflin, 2004.

2．"核心知识"系列

Hirsch Jr., E. D., ed., *What Your First Grader Needs to Know: Fundamentals of a Good First-grade Education*, New York: Doubleday, 1991.

Hirsch Jr., E. D., ed., *What Your Second Grader Needs to Know: Fundamentals of a Good Second Grade Education*, New York: Doubleday, 1991.

Hirsch Jr., E. D., ed., *What Your Third Grader Needs to Know: Fundamentals of a Good Third-grade Education*, Madison: Demco Media Ltd, 1992.

Hirsch Jr., E. D., ed., *What Your Fourth Grader Needs to Know: Fundamentals of a Good Fourth-grade Education*, Madison: Demco Media Ltd, 1992.

Hirsch Jr., E. D., ed., *What Your Fifth Grader Needs to Know: Fundamentals of a Good Fifth-grade Education*, New York: Doubleday, 1993.

Hirsch Jr., E. D., ed., *What Your Sixth Grader Needs to Know: Fundamentals of a Good Sixth-grade Education*, Madison: Demco Media Ltd, 1993

Hirsch Jr., E. D., ed., *What Your Kindergartner Needs to Know: Preparing Your Child for a Lifetime of Learning*, New York: Doubleday, 1996.

Hirsch Jr., E. D. and Linda Bevilacqua, eds., *What Your Preschooler Needs to Know: Read-alouds to Get Ready for Kindergarten*, New York: Bantam Dell, 2008.

(四)重要论文

Hirsch Jr., E. D., "Objective Interpretation", *PMLA*, Vol. 75, No. 4, 1960.

Hirsch Jr., E. D., "Further Comment on 'Music, When Soft Voices Die'", *The Journal of English and Germanic Philology*, Vol. 60, No. 2, 1961.

Hirsch Jr., E. D., "Truth and Method in Interpretation", *The Review of Metaphysics*, Vol. 18, No. 3, 1965.

Hirsch Jr., E. D., "Literary Evaluation as Knowledge", *Contemporary Literature*, Vol. 9, No. 3, 1968.

Hirsch Jr., E. D., "Value and Knowledge in the Humanities", *Daedalus*, Vol. 99, No. 2, 1970.

Hirsch Jr., E. D., "Three Dimensions of Hermeneutics", *New Literary History*, Vol. 3, No. 2, 1972.

Hirsch Jr., E. D., "'Intrinsic' Criticism", *College English*, Vol. 36, No. 4, 1974.

Hirsch Jr., E. D., "Stylistics and Synonymity", *Critical Inquiry*, Vol. 1, No. 3, 1975.

Hirsch Jr., E. D., "Current Issues in Theory of Interpretation", *The Journal of Religion*, Vol. 55, No. 3, 1975.

Hirsch Jr., E. D., "The Politics of Theories of Interpretation", *Critical*

Inquiry, Vol. 9, No. 1, 1982.

Hirsch Jr., E. D., "Past Intentions and Present Meanings", *Essays in Criticism*, Vol. 33, No. 2, 1983.

Hirsch Jr., E. D., "Against Theory?", *Critical Inquiry*, Vol. 9, No. 4, 1983.

Hirsch Jr., E. D., "Derrida's Axioms", *London Review of Books*, Vol. 5, No. 13, 1983.

Hirsch Jr., E. D., "Beyond Convention?", *New Literary History*, Vol. 14, No. 2, 1983.

Hirsch Jr., E. D., "Afterwords: Criticism and Counterthesis on Justifying Interpretive Norms", *The Journal of Aesthetics and Art Criticism*, Vol. 43, No. 1, 1984.

Hirsch Jr., E. D., "Meaning and Significance Reinterpreted", *Critical Inquiry*, Vol. 11, No. 2, 1984.

Hirsch Jr., E. D., "Coming with Terms to Meaning", *Critical Inquiry*, Vol. 12, No. 3, 1986.

Hirsch Jr., E. D., "Counterfactuals in Interpretation", *Interpreting Law and Literature: A Hermeneutic Reader*, S. Levinson and S. Mailloux, eds., Evanston: Northwestern University Press, 1988.

Hirsch Jr., E. D., "Faulty Perspectives", *Modern Criticism and Theory: A Reader*, David Lodge ed., London: Longman, 1988.

Hirsch Jr., E. D., "Transhistorical Intentions and the Persistence of Allegory", *New Literary History*, Vol. 25, No. 3, 1994.

Hirsch Jr., E. D., "What isn't Literature?", *Philosophy of Literature: Contemporary and Classic Readings: An Anthology*, Eileen John and Dominic Lopes, eds., Evanston: Wiley-Blackwell, 2004.

Hirsch Jr., E. D., "Rorty and the Priority of Democracy to Philosophy", *New Literary History*, Vol. 39, No. 1, 2008.

二 E.D. 赫施研究重要论文
（以发表时间先后为序）

（一）国外部分
1. 期刊论文

Ryley, Robert M., "Hermeneutics in the Classroom: E. D. Hirsch, Jr., and a Poem by Housman", *College English*, Vol. 36, No. 1, 1974.

Arthur, Christopher E., "Gadamer and Hirsch: The Canonical Work and the Interpreter's Intention", *Philosophy Social Criticism*, Vol. 4, No. 2, 1976.

O'Neal, Michael J., "Stylistics, Synonymity, and E. D. Hirsch", *The Journal of Aesthetics and Art Criticism*, Vol. 36, No. 1, 1977.

Cain, William E., "Authority, 'Cognitive Atheism,' and the Aims of Interpretation: The Literary Theory of E. D. Hirsch", *College English*, Vol. 39, No. 3, 1977.

Wilson, B. A., "Hirsch's Hermeneutics: A Critical Examination", *Philosophy Today*, Vol. 12, No. 1, 1978.

Chari, V. K., "Validity in Interpretation: Some Indian Views", *The Journal of Aesthetics and Art Criticism*, Vol. 36, No. 3, 1978.

Seeburger, F. F., "The Distinction between 'Meaning' and 'Significance': A Critique of the Hermeneutics of E. D. Hirsch", *The Southern Journal of Philosophy*, Vol. 27, No. 2, 1979.

Dostal, Robert J., "Kantian Aesthetics and the Literary Criticism of E. D. Hirsch", *The Journal of Aesthetics and Art Criticism*, Vol. 38, No. 3, 1980.

Beaugrande, Robert De, "Suprised by Syncretism: Cognition and Literary Criticism Exemplified by E. D. Hirsch, Stanley Fish, and J. Hillis Miller", *Poetics*, Vol. 12, No. 2-3, 1983.

Leddy, Michael, "'Validity' and Reinterpretation", *Critical Inquiry*,

Vol. 12, No. 3, 1986.

Leschert, Dale, "A Change of Meaning, Not a Change of Mind: The Clarification of a Suspected Defection in the Hermeneutical Theory of E. D. Hirsch, Jr.", *JETS*, Vol. 35, 1992.

Blue, Scott A., "The Hermeneutic of E. D. Hirsch and its Impact on Expository Preaching: Friend or Foe?", *The Journal of the Evangelical Theological Society*, Vol. 44, No. 2, 2001.

Nagao, Teruhiko, "On Authorial Intention: E. D. Hirsch's Validity in Interpretation Revisited", *The Annual Reports on Cultural Science*, Vol. 40, No. 1, 1991.

2. 书评或短论

(1) 关于《解释的有效性》

Dickie, George, "Review", *The Journal of Aesthetics and Art Criticism*, Vol. 26, No. 4, 1968.

Palmer, Richard E., "Review", *Journal of the American Academy of Religion*, Vol. 36, No. 3, 1968.

Sams, Henry W., "Review: A New Direction for Literary Discussion", *The Journal of General Education*, Vol. 21, No. 1, 1969.

Mooij, J. J. A., "Review", *Foundations of Language*, Vol. 7, No. 4, 1971.

(2) 关于《解释的目的》

Steinmann, Martin, Jr., "Review", *The Journal of Aesthetics and Art Criticism*, Vol. 35, No. 3, 1977.

Blizek, William L., "Review", *Rhetoric Society Quarterly*, Vol. 7, No. 3, 1977.

Chabot, C. Barry, "Review", *World Literature Today*, Vol. 51, No. 4, 1977.

Ellis, John M., "Review", *Comparative Literature*, Vol. 31, No. 4, 1979.

（二）国内部分

王才勇：《赫施对现代解释学的贡献》，《学术月刊》1989 年第 6 期。

胡万福：《赫施的意图论文本理论》，《外国文学评论》1991 年第 3 期。

朱狄：《论赫希的解释学理论》，《学术月刊》1991 年第 4 期。

王岳川：《论赫希解释学的有效性理论》，《广东社会科学》1998 年第 5 期。

张金梅：《本事批评：赫施意图主义批评的一个范本》，《宁夏大学学报》（人文社会科学版）2006 年第 6 期。

陈本益：《论赫施的现代形式的传统阐释学观点》，《福建师范大学学报》（哲学社会科学版）2008 年第 1 期。

彭启福：《文本解读中的限制与自由——论赫施对方法论诠释学的重构》，《世界哲学》2008 年第 6 期。

三 其他重要文献

（一）英文部分

Anscombe, G. E. M., *Intention*, Cambridge and London: Harvard University Press, 1963.

Audi, Robert, ed., *The Cambridge Dictionary of Philosophy*, Cambridge: Cambridge University Press, 1999.

Barthes, Roland, *Sade / Fourier / Loyola*, London: Cape, 1977.

Barry, Peter, *Beginning Theory: An Introduction to Literary and Cultural Theory*, Manchester: Manchester University Press, 2002.

Beaugrande, Robert de, *Critical Discourse: A Survey of Literary Theorists*, New York: Alex Publishing, 1988.

Bennett, Andrew, *The Author*, London and New York: Routledge, 2005.

Borchert, Donald M., ed., *Encyclopedia of Philosophy*, Detroit: Thomson Gale, 2006.

Burke, Seán, *The Death and Return of the Author: Criticism and Subjectivity* in Barthes, *Foucault and Derrida*, Edinburgh: Edinburgh University Press, 1998.

Bussmann, Hadumod, *Routledge Dictionary of Language and Linguistics*, London and New York: Routledge, 2006.

Craig, Edward, ed., *The Shorter Routledge Encyclopedia of Philosophy*, London and New York: Routledge, 2005.

Cascardi, Anthony J., ed., *Literature and the Question of Philosophy*, Baltimore: Johns Hopkins University Press, 1987.

Davies, Stephen, Kathleen Marie Higgins, Robert Hopkins, Robert Stecker and David E. Cooper, eds., *A Companion to Aesthetics*, Oxford: Blackwell Publishing Ltd, 2009.

Dickie, George, *Introduction to Aesthetics: An Analytic Approach*, Oxford: Oxford University Press, 1997.

Dilthey, Wilhelm, "The Rise of Hermeneutics", *New Literary History*, Vol. 3, No. 2, 1972.

Docherty, Thomas, *After Theory: Postmodernism / Postmarxism*, London and New York: Routledge, 1990.

Donnellan, Keith S., "Putting Humpty Dumpty Together Again", *The Philosophical Review*, Vol. 77, No. 2, 1968.

Eliot, Thomas Steams, *On Poetry and Poets*, New York: Octagon Books, 1975.

Frege, Gottlob, "Sense and Reference", *The Philosophical Review*, Vol. 57, No. 3, 1948.

Gaut, Berys and Dominic McIver Lopes, eds., *The Routledge Companion to Aesthetics*, London and New York: Routledge, 2005.

Habib, M. A. R., *A History of Literary Criticism: From Plato to the Present*, Oxford: Blackwell, 2005.

Hamlyn, D. W., "Unconscious Intentions", *Philosophy*, Vol. 46, No. 175, 1971.

Hancher, Michael, "Humpty Dumpty and Verbal Meaning", *The Journal of Aesthetics and Art Criticism*, Vol. 40, No. 1, 1981.

Hoy, David C., *The Critical Circle: Literature, History and Philosophical Hermeneutics*, Berkeley: University of California Press, 1978.

Huyssen, Andreas, "Mapping the Postmodern", *New German Critique*, No. 33, 1984.

Irwin, William, *Intentionalist Interpretation: A Philosophical Explanation and Defense*, Westport, Conn: Greenwood Press, 1999.

Iseminger, Gary, ed., *Intention and Interpretation*, Philadelphia: Temple University Press, 1992.

Juhl, Peter D., *Interpretation: An Essay in the Philosophy of Literary Criticism*, Princeton: Princeton University Press, 1980.

Kelly, Michael, ed., *Encyclopedia of Aesthetics*, Oxford: Oxford University Press, 1998.

Knapp, Steven and Walter Benn Michaels, "Against Theory", *Critical Inquiry*, Vol. 8, No. 4, 1982.

Knapp, Steven and Walter Benn Michaels, "Against Theory 2: Hermeneutics and Deconstruction", *Critical Inquiry*, Vol. 14, No. 1, 1987.

Krieger, Murray, *The New Apologists for Poetry*, Minnesota: University of Minnesota Press, 1956.

Lafont, Cristina, *The Linguistic Turn in Hermeneutic Philosophy*, Cambridge: The MIT Press, 1999.

Lang, Berel and Forrest Williams, eds., *Marxism and Art: Writings in Aesthetics and Criticism*, New York: McKay, 1972.

Lentricchia, Frank, *After the New Criticism*, Chicago: University of Chicago Press, 1980.

Lentricchia, Frank and Thomas McLaug, eds., *Critical Terms for Literary Study*, Chicago: University of Chicago Press, 1990.

Levinas, Emmanuel, *Ethics and Infinity: Conversations with Philippe Nemo*, Pittsburgh PA: Duquesne University Press, 1985.

Levinson, Jerrold, *The Pleasures of Aesthetics: Philosophical Essays*, Ithaca,

New York: Cornell University Press, 1996.

Lodge, David, ed., *Modern Criticism and Theory: A Reader*, Harlow: Pearson Education, 1999.

Madison, G. B., *The Hermeneutics of Postmodernity: Figures and Themes*, Bloomington: Indiana University Press, 1988.

Mansfield, Nick, *Subjectivity: Theories of the Self from Freud to Haraway*, New York: New York University Press, 2000.

Meiland, Jack W., "Interpretation as a Cognitive Discipline", *Philosophy and Literature*, Vol. 2, No. 1, 1978.

Mitscherling, Jeff, Tanya DiTommaso and Aref Nayed, *The Author's Intention*, Lanham, Md.: Lexington Books, 2004.

Newton, K. M., ed., *Twentieth-Century Literary Theory: A Reader*, New York: Macmillan Press Ltd, 1997.

Nuttall, Anthony David, *The Stoic in Love: Selected Essays on Literature and Ideas*, Savage: Barnes & Noble Books, 1989.

Ormiston, Gayle L. and Alan D. Schrift, eds., *The Hermeneutic Tradition: From Ast to Ricoeur*, New York: State University of New York Press, 1990.

Palmer, Richard E., *Hermeneutics: Interpretation Theory in Schleiermacher, Dilthey, Heidegger, and Gadamer*, Evanston: Northwestern University Press, 1969.

Picard, Raymond, *New Criticism or New Fraud?*, Washington: Washington State University Press, 1969.

Ricoeur, Paul, *Freud and Philosophy: An Essay on Interpretation*, New Haven and London: Yale University Press, 1970.

Rorty, Richard M., ed., *The Linguistic Turn: Essays in Philosophical Method*, Chicago: The University of Chicago Press, 1992.

Selden, Raman, ed., *The Cambridge History of Literary Criticism: From Formalism to Poststructuralism*, Cambridge: Cambridge University Press, 1995.

Stern, Laurent, "On Interpreting", *Journal of Aesthetics and Art Criticism*, Vol. 39, No. 2, 1980.

Strazny, Philipp, ed., *Encyclopedia of Linguistics*, New York: Fitzroy Dearborn, 2005.

Swinden, Patrick, *Literature and the Philosophy of Intention*, London: Macmillan Press Ltd, 1999.

Szondi, Peter, *Introduction to Literary Hermeneutics*, Cambridge: Cambridge University Press, 1995.

Szondi, Peter, "Introduction to Literary Hermeneutics", *New Literary History*, Vol. 10, No. 1, 1978.

Tatar, Burhanettin, *Interpretation and the Problem of the Intention of the Author: H.-G. Gadamer vs E. D. Hirsch*, Washington, D. C.: Council for Research in Values and Philosophy, 1998.

Tyson, Lois, *Critical Theory Today: A User Friendly-guide*, New York and London: Routledge, 2006.

Wolfreys, Julian, ed., *Modern North American Criticism and Theory: A Critic Gudie*, Edinburgh: Edinburgh University Press, 2006.

（二）中文部分

［美］M. H. 艾布拉姆斯：《镜与灯——浪漫主义文论及批评传统》，郦稚牛等译，北京大学出版社1989年版。

［美］M. H. 艾布拉姆斯：《欧美文学术语辞典》，朱金鹏等译，北京大学出版社1990年版。

［美］M. H. 艾布拉姆斯：《以文行事：艾布拉姆斯精选集》，赵毅衡等译，译林出版社2010年版。

［意］安贝托·艾柯等：《诠释与过度诠释》，王宇根译，生活·读书·新知三联书店2005年版。

［英］托·斯·艾略特：《艾略特文学论文集》，李赋宁译，百花洲文艺出版社1994年版。

［英］巴克森德尔：《意图的模式：关于图画的历史说明》，曹意强等

译，中国美术学院出版社 1997 年版。

［法］罗兰·巴特：《S/Z》，屠友祥译，上海人民出版社 2000 年版。

［法］罗兰·巴特：《批评与真实》，温晋仪译，上海人民出版社 1999 年版。

［法］罗兰·巴特：《文之悦》，屠友祥译，上海人民出版社 2009 年版。

［英］齐格蒙特·鲍曼：《全球化——人类的后果》，郭国良等译，商务印书馆 2001 年版。

包亚明主编：《权力的眼睛——福柯访谈录》，上海人民出版社 1997 年版。

［英］安德鲁·本尼特、尼古拉·罗伊尔：《关键词：文学、批评与理论导论》，汪正龙等译，广西师范大学出版社 2007 年版。

［德］彼得·毕尔格：《主体的隐退》，陈良梅等译，南京大学出版社 2004 年版。

［美］理查德·J. 伯恩斯坦：《超越客观主义和相对主义》，郭小平等译，光明日报出版社 1992 年版。

［美］阿瑟·A. 伯格：《一个后现代主义者的谋杀》，洪洁译，广西师范大学出版社 2001 年版。

［古希腊］柏拉图：《柏拉图文艺对话集》，朱光潜译，人民文学出版社 1963 年版。

［英］卡尔·波普尔：《猜想与反驳——科学知识的增长》，傅季重等译，上海译文出版社 1986 年版。

［英］卡尔·波普尔：《开放社会及其敌人》，陆衡等译，中国社会科学出版社 1999 年版。

［美］尼尔·波斯曼：《技术垄断：文化向技术投降》，何道宽译，北京大学出版社 2007 年版。

［德］马丁·布伯：《我与你》，陈维纲译，生活·读书·新知三联书店 2002 年版。

［瑞士］雅各布·布克哈特：《意大利文艺复兴时期的文化》，何新译，商务印书馆 1979 年版。

［比］乔治·布莱：《批评意识》，郭宏安译，广西师范大学出版社2002年版。

［美］哈罗德·布鲁姆：《影响的焦虑：一种诗歌理论》，徐文博译，江苏教育出版社2006年版。

［美］H.G.布洛克：《美学新解——现代艺术哲学》，腾守尧译，辽宁人民出版社1987年版。

［英］阿伦·布洛克：《西方人文主义传统》，董乐山译，生活·读书·新知三联书店1997年版。

［美］W.C.布斯：《小说修辞学》，华明等译，北京大学出版社1987年版。

［美］韦恩·C.布斯：《修辞的复兴：韦恩·布斯精粹》，穆雷等译，译林出版社2009年版。

曹禺：《论戏剧》，四川文艺出版社1985年版。

陈鼓应注译：《庄子今注今译》，中华书局1983年版。

［法］丹纳：《艺术哲学》，傅雷译，广西师范大学出版社2000年版。

［法］德勒兹、［法］加塔利：《资本主义与精神分裂（卷2）：千高原》，姜宇辉译，上海书店出版社2010年版。

［法］雅克·德里达：《书写与差异》，张宁译，生活·读书·新知三联书店2001年版。

邓安庆：《施莱尔马赫》，台北：东大图书公司1999年版。

［美］弗莱德·R.多尔迈：《主体性的黄昏》，万俊人等译，上海人民出版社1992年版。

［法］米·杜夫海纳：《审美经验现象学》，韩树站译，文化艺术出版社1996年版。

［英］费夫尔：《西方文化的终结》，丁万江等译，江苏人民出版社2004年版。

［美］斯坦利·费什：《读者反应批评——理论与实践》，文楚安译，中国社会科学出版社1998年版。

冯春选编：《冈察洛夫、屠格涅夫、陀思妥耶夫斯基、柯罗连科文学论文选》，上海译文出版社1997年版。

[法] 米歇尔·福柯:《词与物——人文科学考古学》,莫伟民译,上海三联书店 2001 年版。

[美] 威廉·K. 弗兰克纳:《伦理学》,关键译,生活·读书·新知三联书店 1987 年版。

[德] 弗雷格:《弗雷格哲学论著选辑》,王路译,商务印书馆 1994 年版。

[加拿大] 让·格朗丹:《哲学解释学导论》,何卫平译,商务印书馆 2009 年版。

[美] 乔治·J. E. 格雷西亚:《文本性理论:逻辑与认识论》,汪信砚等译,人民出版社 2009 年版。

[法] 安托瓦纳·贡巴尼翁:《现代性的五个悖论》,许钧译,商务印书馆 2005 年版。

[英] 贡布里希:《艺术与错觉:图画再现的心理学研究》,范景中等译,浙江摄影出版社 1987 年版。

郭绍虞主编:《中国历代文论选》(1—4 册),上海古籍出版社 2001 年版。

[俄] 瓦·叶·哈利泽夫:《文学学导论》,周启超等译,北京大学出版社 2006 年版。

[加] 琳达·哈琴:《后现代主义诗学:历史·理论·小说》,李杨等译,南京大学出版社 2009 年版。

[美] 伊哈布·哈山:《后现代的转向:后现代理论与文化论文集》,刘象愚译,台北:时报文化出版企业股份有限公司 1993 年版。

[美] 戴维·哈维:《后现代的状况——对文化变迁之缘起的探究》,阎嘉译,商务印书馆 2003 年版。

[德] 海德格尔:《存在与时间》,陈嘉映等译,生活·读书·新知三联书店 1999 年版。

[德] 海德格尔:《在通向语言的途中》,孙周兴译,商务印书馆 1997 年版。

[德] 古茨塔夫·勒内·豪克:《绝望与信心——论 20 世纪末的文学和艺术》,李永平译,中国社会科学出版社 1992 年版。

［英］A. E. 豪斯曼:《豪斯曼诗全集》,刘新民等译,浙江工商大学出版社2010年版。

何卫平:《通向解释学辩证法之途:伽达默尔哲学思想研究》,上海三联书店2001年版。

［德］胡塞尔:《纯粹现象学通论:纯粹现象学与现象学的观念》(第一卷),李幼蒸译,商务印书馆1992年版。

［德］埃德蒙德·胡塞尔:《逻辑研究》,倪梁康译,上海译文出版社2006年版。

［德］埃德蒙德·胡塞尔:《现象学的观念》,倪梁康译,上海译文出版社1986年版。

［德］威廉·冯·洪堡特:《论人类语言结构的差异及其对人类精神发展的影响》,姚小平译,商务印书馆1999年版。

洪汉鼎:《诠释学——它的历史和当代发展》,人民出版社2001年版。

洪汉鼎主编:《理解与解释——诠释学经典文选》,东方出版社2001年版。

［英］华兹华斯:《华兹华斯诗选》,杨德豫译,广西师范大学出版社2009年版。

［美］黄承元:《作者意图理论再探》,庞璃译,《甘肃社会科学》2008年第5期。

［美］D. C. 霍埃:《批评的循环——文史哲解释学》,兰金仁译,辽宁人民出版社1987年版。

［法］霍尔巴赫:《自然的体系》,管士滨译,商务印书馆1964年版。

［德］伽达默尔、［法］德里达等著:《德法之争:伽达默尔与德里达的对话》,孙周兴等编译,同济大学出版社2004年版。

［德］汉斯-格奥尔格·加达默尔:《真理与方法:哲学诠释学的基本特征》,洪汉鼎译,上海译文出版社2004年版。

［德］汉斯-格奥尔格·加达默尔:《哲学解释学》,夏镇平等译,上海译文出版社2004年版。

蒋孔阳、朱立元主编:《西方美学通史》(第七卷),上海文艺出版社1999年版。

［美］杰姆逊：《后现代主义与文化理论》，唐小兵译，北京大学出版社2005年版。

金元浦：《接受反应文论》，山东教育出版社1998年版。

金元浦：《文学解释学》，东北师范大学出版社1998年版。

［联邦德国］F. W. 卡岑巴赫：《施莱尔马赫》，任立译，中国社会科学出版社1990年版。

［美］马泰·卡林内斯库：《现代性的五副面孔：现代主义、先锋派、颓废、媚俗艺术、后现代主义》，顾爱彬等译，商务印书馆2002年版。

［英］刘易斯·卡罗尔：《爱丽丝漫游奇境（镜中奇遇）》，王永年译，中央编译出版社2003年版。

［美］卡罗尔：《超越美学》，李媛媛译，商务印书馆2006年版。

［德］恩斯特·卡西尔：《人论》，甘阳译，上海译文出版社1985年版。

［德］康德：《纯粹理性批判》，邓晓芒译，人民出版社2004年版。

［德］康德：《实践理性批判》，邓晓芒译，人民出版社2003年版。

［德］康德：《道德形而上学原理》，苗力田译，上海人民出版社1986年版。

［美］乔纳森·卡勒：《结构主义诗学》，盛宁译，中国社会科学出版社1991年版。

［美］乔纳森·卡勒：《论解构：结构主义之后的理论与批评》，中国社会科学出版社1998年版。

［美］乔纳森·卡勒：《文学理论入门》，李平译，译林出版社2008年版。

［美］乔纳森·卡勒：《理论中的文学》，徐亮等译，华东师范大学出版社2019年版。

［美］莫瑞·克里格：《批评旅途：六十年代之后》，李自修等译，中国社会科学出版社1998年版。

［法］安托万·孔帕尼翁：《理论的幽灵——文学与常识》，吴泓渺等译，南京大学出版社2011年版。

［美］托马斯·库恩：《科学革命的结构》，金吾伦等译，北京大学出版社 2003 年版。

［法］让 - 弗朗索瓦·利奥塔：《后现代状况：关于知识的报告》，车槿山译，生活·读书·新知三联书店 1997 年版。

［法］让 - 弗朗索瓦·利奥塔：《后现代道德》，莫伟民等译，学林出版社 2000 年版。

李建盛：《理解事件与文本意义——文学诠释学》，上海译文出版社 2002 年版。

李钧主编：《二十世纪西方美学经典文本》（第三卷），复旦大学出版社 2001 年版。

［法］保罗·利科尔：《解释学与人文科学》，陶远华等译，河北人民出版社 1987 年版。

［法］保罗·利科：《解释的冲突：解释学文集》，莫伟民译，商务印书馆 2008 年版。

李清良：《中国阐释学》，湖南师范大学出版社 2005 年版。

李咏吟：《解释与真理》，上海译文出版社 2004 年版。

［美］理查德·罗蒂：《后哲学文化》，黄勇译，上海译文出版社 2004 年版。

鲁迅：《鲁迅全集》（第七卷），人民文学出版社 1981 年版。

［美］R. 玛格欧纳：《文艺现象学》，王岳川等译，文化艺术出版社 1992 年版。

［美］A. 麦金泰尔：《追寻美德：道德理论研究》，宋继杰译，译林出版社 2008 年版。

毛崇杰、张德兴、马驰：《二十世纪西方美学主流》，吉林教育出版社 1993 年版。

［美］C. W. 莫里斯：《指号、语言和行为》，罗兰等译，上海人民出版社 2011 年版。

［德］尼采：《权力意志——1885—1889 年遗稿》（上卷），孙周兴译，商务印书馆 2007 年版。

倪梁康：《胡塞尔现象学概念通释》，生活·读书·新知三联书店

1999年版。

倪梁康：《现象学及其效应：胡塞尔与当代德国哲学》，生活·读书·新知三联书店1994年版。

倪梁康选编：《胡塞尔选集》，上海三联书店1997年版。

倪梁康主编：《面对事实本身——现象学经典文选》，东方出版社2000年版。

彭启福：《理解之思——诠释学初论》，安徽人民出版社2005年版。

［法］帕斯卡尔：《思想录：论宗教和其他主题的思想》，何兆武译，商务印书馆1985年版。

［美］欧文·潘诺夫斯基：《图像学研究：文艺复兴时期艺术的人文主题》，戚印平等译，上海三联书店2011年版。

［瑞士］J.皮亚杰、［瑞士］B.英海尔德：《儿童心理学》，吴福元译，商务印书馆1980年版。

［瑞士］皮亚杰：《发生认识论原理》，王宪钿等译，商务印书馆1981年版。

［美］P.D.却尔：《解释：文学批评的哲学》，吴启之等译，文化艺术出版社1991年版。

［法］蒂费纳·萨莫瓦约：《互文性研究》，绍炜译，天津人民出版社2003年版。

［法］萨特：《存在与虚无》，陈宣良等译，生活·读书·新知三联书店2007年版。

［美］爱德华·萨义德：《报道伊斯兰：媒体与专家如何决定我们观看世界其他地方的方式》，阎纪宇译，上海译文出版社2009年版。

［美］约翰·R.塞尔：《意向性：论心灵哲学》，刘叶涛译，上海译文出版社2007年版。

［英］拉曼·塞尔登、［英］彼得·威德森、［英］彼得·布鲁克：《当代文学理论导读》，刘象愚译，北京大学出版社2006年版。

［英］拉曼·塞尔登编：《文学批评理论——从柏拉图到现在》，刘象愚等译，北京大学出版社2000年版。

［美］苏珊·桑塔格：《反对阐释》，程巍译，上海译文出版社2003

年版。

［英］莎士比亚：《莎士比亚全集》（六），朱生豪等译，人民文学出版社1994年版。

盛宁：《人文困惑与反思——西方后现代主义思潮批判》，生活·读书·新知三联书店1997年版。

［苏］维·什克洛夫斯基：《散文理论》，刘宗次译，百花洲文艺出版社1997年版。

［德］施勒格尔：《雅典娜神殿断片集》，李伯杰译，生活·读书·新知三联书店2003年版。

［荷兰］斯宾诺莎：《伦理学》，贺麟译，商务印书馆1983年版。

孙周兴选编：《海德格尔选集》，上海三联书店1996年版。

［苏］B. B. 索柯洛夫：《文艺复兴时期哲学概论》，汤侠生译，北京大学出版社1983年版。

［瑞士］费迪南·德·索绪尔：《普通语言学教程》，高名凯译，商务印书馆1980年版。

［美］弗兰克·梯利：《伦理学导论》，何意译，广西师范大学出版社2002年版。

［美］梯利：《西方哲学史》，葛力译，商务印书馆1995年版。

王春元、钱中文主编：《英国作家论文学》，汪培基等译，生活·读书·新知三联书店1985年版。

王峰：《西方阐释学美学局限研究》，黑龙江人民出版社2007年版。

王逢振：《二次世界大战后西方文学批评理论概述》，《外国文学动态》1985年第1期。

［清］王夫之：《姜斋诗话》，人民文学出版社1981年版。

［日］丸山高司：《伽达默尔：视野融合》，刘文柱等译，河北教育出版社2002年版。

王岳川：《现象学与解释学文论》，山东教育出版社1999年版。

汪正龙：《文学意义研究》，南京大学出版社2002年版。

［美］勒内·韦勒克、［美］奥斯汀·沃伦：《文学理论》，刘象愚等译，江苏教育出版社2005年版。

[英］雷蒙·威廉斯:《关键词:文化与社会的词汇》,刘建基译,生活·读书·新知三联书店2005年版。

［奥］维特根斯坦:《哲学研究》,李步楼译,商务印书馆1996年版。

［英］安妮·谢泼德:《美学:艺术哲学引论》,艾彦译,辽宁教育出版社1998年版。

［英］休谟:《人性论》,关文运译,商务印书馆1980年版。

许建平:《叙事的意图说与意图叙事的类型——西方叙事理论中国化的新思考》,《社会科学》2011年第1期。

［美］拉塞尔·雅各比:《乌托邦之死——冷漠时代的政治与文化》,姚建彬译,新星出版社2007年版。

［古希腊］亚里士多德:《范畴篇 解释篇》,方书春译,商务印书馆1959年版。

［古希腊］亚里士多德:《诗学》,陈中梅译,商务印书馆1996年版。

阎嘉主编:《文学理论精粹读本》,中国人民大学出版社2006年版。

阎嘉:《21世纪西方文学理论和批评的走向与问题》,《文艺理论研究》2007年第1期。

严平编选:《伽达默尔集》,上海远东出版社1997年版。

严平:《走向解释学的真理——伽达默尔哲学述评》,东方出版社1998年版。

［英］威廉·燕卜荪:《朦胧的七种类型》,周邦宪等译,中国美术学院出版社1996年版。

杨伯峻编著:《孟子译注》,中华书局1960年版。

姚基:《向文学本体论批评挑战——现代意图质疑理论述评》,《外国文学评论》1991年第3期。

［联邦德国］H. R. 姚斯、［美］R. C. 霍拉勃:《接受美学与接收理论》,周宁等译,辽宁人民出版社1987年版。

［英］特里·伊格尔顿:《二十世纪西方文学理论》,伍晓明译,北京大学出版社2007年版。

［英］特里·伊格尔顿:《后现代主义的幻象》,华明译,商务印书馆2000年版。

［英］特里·伊格尔顿：《理论之后》，商正译，商务印书馆 2009 年版。

殷鼎：《理解的命运：解释学初论》，生活·读书·新知三联书店 1988 年版。

［波］罗曼·英加登：《对文学艺术作品的认识》，陈燕谷等译，中国文联出版公司 1988 年版。

［德］沃尔夫冈·伊瑟尔：《阅读活动——审美反应理论》，金元浦等译，中国社会科学出版社 1991 年版。

［丹］丹·扎哈维：《胡塞尔现象学》，李伟忠译，上海译文出版社 2007 年版。

张伯伟：《中国古代文学批评方法研究》，中华书局 2002 年版。

张江：《强制阐释论》，《文学评论》2014 年第 6 期。

张江：《关于"强制阐释"的概念解说——致朱立元、王宁、周宪先生》，《文艺研究》2015 年第 1 期。

张隆溪：《道与逻各斯：东西方文学阐释学》，冯川译，江苏教育出版社 2006 年版。

张隆溪：《神·上帝·作者——评传统的阐释学》，《读书》1984 年第 2 期。

张隆溪：《仁者见仁，智者见智——关于阐述学与接受美学》，《读书》1984 年第 3 期。

章启群：《意义的本体论——哲学诠释学》，上海译文出版社 2002 年版。

张汝伦：《意义的探究——当代西方释义学》，辽宁人民出版社 1986 年版。

张首映：《西方二十世纪文论史》，北京大学出版社 1999 年版。

张祥龙、杜小真、黄应全：《现象学思潮在中国》，首都师范大学出版社 2002 年版。

赵毅衡编选：《符号学文学论文集》，百花文艺出版社 2004 年版。

赵毅衡编选：《"新批评"文集》，百花文艺出版社 2001 年版。

赵毅衡：《意图定点：符号学文化研究中的一个关键问题》，《文艺理论研究》2011 年第 1 期。

［清］郑燮：《郑板桥集》（下册），台北：新兴书局1966年版。

中国社会科学院外国文学研究所编：《欧美古典作家论现实主义和浪漫主义》，中国社会科学出版社1980年版。

周宪：《文学理论、理论与后理论》，《文学评论》2008年第5期。

周宪：《重心迁移：从作者到读者——20世纪文学理论范式的转型》，《文艺研究》2010年第1期。

周宪：《从同一性逻辑到差异性逻辑——20世纪文学理论的范式转型》，《清华大学学报》（哲学社会科学版）2010年第2期。

周宪：《关于解释和过度解释》，《文学评论》2011年第4期。

周宪：《也说"强制阐释"——一个延伸性的回应，并答张江先生》，《文艺研究》2015年第1期。

周宪：《文学理论的创新问题》，《中国社会科学》2015年第4期。

周裕锴：《中国古代阐释学研究》，上海人民出版社2003年版。

周振甫：《文心雕龙今译》，中华书局1986年版。

周振甫译注：《周易译注》，中华书局1991年版。

朱狄：《当代西方艺术哲学》，人民出版社1994年版。

后　　记

本书由我的博士毕业论文增补、整理而成。追本溯源，促使我关注赫施及其作者意图理论的契机，是晚近西方文论中的"表征的危机"（Crisis of Representation）。如果说，在前现代语境下，人们对语言符号与现实生活之间的对应关系一直深信不疑；那么，自20世纪以来，符号在还原现实方面的有效性则不断遭受质疑。当我们阅读贝克特、乔伊斯、尤奈斯库的现代派作品时，当我们欣赏康定斯基、蒙德里安、马诺维奇的抽象表现主义绘画时，当我们在约翰·凯奇《4分33秒》的"演奏"现场目瞪口呆时，语言符号能否对现实经验加以准确复现，而我们又能否从复杂、含混、支离破碎的符号世界中发掘出相对明晰、稳固的意义，便成为了每一位人文研究者无法回避的问题。

面对这一"表征的危机"，文学理论家形成了三种基本态度。以罗兰·巴尔特、雅克·德里达、哈罗德·布鲁姆为代表的理论家强调"一切阅读皆为误读"，倡导以读者的自由意志来消解统一的意义中心。以苏珊·桑塔格为代表的知识分子秉持"反对阐释"的姿态，号召读者放弃对意义的深度开掘与理性辨析，而沉溺于无节制的感官欢愉和能指嬉戏之中。相较之下，赫施所代表的是一种稍显另类的立场。他始终致力于建构一套以作者意图为核心，以确定性意义为旨归，适用于文艺经验的解释体系和话语范式。在各种"颠覆中心""瓦解意义"的口号不绝于耳的情境下，赫施不仅推进了学界围绕"作者意图"这一理论焦点的追问与反思，同时还就当代西方文论的主导趋向和本体缺陷展开了全方位批判，从而将理论视角延伸至关乎真理、价值、伦理、信仰的更意味深长的领域。正因如此，我相信，对赫施及其作者意图理论的深度开掘，将为我们带来一个重审当代西方文论的与众不同的视角。大体说来，本书的研究宗旨包括三个层面：其一，是以围绕作者意图的讨论为出发点，对赫施的理论立场、姿态和策略加以探究，以期丰富当代文学解释学的观念体系，为具体的文艺批评实践带来引导和帮助；其二，是通过对相关术语、概念、范畴的辨析，将赫施的作者意图理论与中国本土文学理论的独特经验相互参照，以期在一定程度上推进传统理论资源的现代性转化；其三，是发掘赫施作者意图理论所蕴含的伦理内涵、价值期许与人文主义关怀，以期检视、反思当下思想界所存在的"相对主义"和"虚无主义"倾向，进而为共识与一致性的达成，为中华民族精神家园的建构贡献绵薄之力。

当然，当代西方文论是一个有如马赛克拼图一般，不断调整、转换、变更的动态论域，而赫施的作者意图理论同样呈现出复杂的面向和多元的可能性。故而，本书的写作虽已告一段落，但依然存在着一些有待持续开掘的空间。首先，如正文所述，尽管赫施的作者意图理论体现出诸多不容忽视的价值，但在伽达默尔的哲学解释学依然占据主导的学术背景下，如何摆脱种种"刻板印象"而对赫施的学术思想加以公允、恰当的评判，其实并非易事。其次，值得注意的是，赫施解释学的一个突出特征是他采用了大量理论术语，这些术语在为我们提供通往赫施思想的便利途径之时，也相应地带来了困难：其中许多语词被赫施添加了不同于英文原意的内涵，而读者同样很难从词典里找到能够与这些西文术语直接匹配的汉语词汇。因此，要想对这些术语——尤其是像"意义/指意"（meaning/significance）这类长期引起争议的术语——做出较为准确的译介与描述，需要的不仅是对于相关汉英词汇的细致爬梳，更在于学界同仁的共同讨论和磋商。再次，更重要的是，"作者意图"本来便是一个充满张力和对话性的命题。从历时的向度考察，在西方文论与文化发展的线性历程中，充溢着关于意图的大量洞见与学说：如斯宾诺莎将对文本中"真理蕴含"和"作者意图"的把握设置为理解中并行不悖的两个维度；雷姆巴赫提出感情解释学（the hermeneutics of feelings）的构想，意在通过对创作者情感和心性的洞察而理解其言说；克拉登尼乌斯承认作者原意在文本解读中的核心地位，同时又容许解释者从不同视角对文本加以勘察，以凸显其在释义活动中的主体存在；迈耶尔将作者指认为符号的创造者，希望通过对符号化世界的解析而接近作者之意；阿斯特倡导以作者意图为契机，基于对个体微观宇宙的洞察而达成对更具普遍性之"时代精神"的观照，不一而足。但遗憾的是，由于篇幅和主题所限，本书更多聚焦于对赫施以及与之关系密切的当代意图论思想的介绍，而未能涵盖上述关于作者意图的具有原发性和奠基意义的理论学说。幸运的是，我在2018年成功申请到了国家社科基金青年项目"'阐释的边界'与当代文学理论的话语重估研究"。在阐释之"边界"或"限度"的建构中，作者意图无疑是一个不容错失的维度。因此，希望在接下来的阅读和研究中，我还有机会对本书中未及探讨的问题做出进一步的提炼、升华。

如果说，自人类诞生以来，意义与解释便是一个挥之不去的难题，那么，完成一部有关意义与解释的作品则同样意味着一件庄重而充满焦虑的工作。在写作中，我不时产生"恒患意不称物，文不逮意"之感，更常常对卡夫卡在《乡村医生》里那句"目的虽有，却无路可循"的哀叹感同身受。本书能够相对顺利地完成，首先要感谢的是我的博士导师周宪先生，正是由于先生在学术上的非凡视野和独到眼光，以及一以贯之的严格要求，我才会注意到赫施这位在中国学界相对有些"冷门"的人物，才会从似乎耳熟能详的"作者意图"问题中发掘出更多新意，才会鼓起勇气同文字缠斗，尽可能修缮、打磨自己尚显稚拙的文本。人们时常抱怨：这个世界总是"专家"太多，而"知识分子"太少。然而，在先生身上，我却领略到了中国知识分子最为本然而真诚的冲动！在学术研究上，周宪先生一直对我抱有较高的期待，但由于资质的愚钝和性格的纠结，自己始终离他的期待相距甚远。在此，借撰写后记的机会，向先生表示深切的歉意。

其次，要感谢在学术上给予我慷慨帮助的前辈和师长。阎嘉先生是我的硕士导师，他不仅将我引入了人文学术的大门，更从研究路径和治学理念上带给我重要启迪。先生对"时空压缩"和"后福特主义"等理论的译介，使我对不确定意义观在当下的生成语境有了清晰理解；先生将当代西方文论的总体走向界定为一种"马赛克主义"的尝试，使我对赫施在当代文论版图中的理论定位和独特建树有了更深切的体认；而先生对学术几十年如一日的虔诚和专注，更是成为了我时刻谨记于心的律令。在本书由毕业论文到正式出版的过程中，江苏省社科院的姜建研究员，南京大学外国语学院的江宁康教授，南京大学文学院的周群教授和汪正龙教授，南京大学艺术学院的李健教授、周计武教授和殷曼楟教授对研究的价值予以充分肯定，认为此研究"一改既往将赫施意图理论简单归结为文本客观意义决定论的既有思路，把意图置入解释学、现象学、浪漫主义等相关学术资源的沟通契合和文艺思潮的流变中梳理其生成路径"，"又把赫施意图理论放在主体、作者和意图的当代论争中勘察其变形图景，在辨别赫施作者意图论基本内涵和论证逻辑的基础上，探问赫施作者意图论对意义确定性的思考中所包含的价值指向和伦理诉求，达到了相当的理论深度"。同时，各位学者也从不同的知识背景和研究视域出发，提出了进一步完善文本的宝贵意见。对于这些意见，我都虔心接受，力所能及的修改、补充之处，也都在本书中有所体现。

再次，要感谢我的同门和学友。围绕研究所衍生的形形色色的问题，我在不同时间、地点、场合与他们进行过交流或磋商。正是在一次次热情洋溢的学术探讨中，我才逐渐弥补了自己认知上的短板和缺失，逐渐形成了一个关于"意图与解释"的相对完整的知识谱系。特别要感谢师姐毛娟在本书写作中给予我的鼓励和精神支持。中国社会科学出版社的两位编辑张潜女士和王丽媛女士为本书的出版付出了巨大心力。尤其是王丽媛女士不仅耐心解答我的各种疑问，更常常牺牲休息时间来解决本书在出版中的各种问题，在此表示衷心的感谢。

此外，务必要感谢四川师范大学文学院和人文社科处的相关领导，正是他们为本书争取到了全额的出版资助，一解我在经济上的后顾之忧。本书的部分章节曾作为专题论文在《外国文学》《国外文学》《文艺理论研究》《求是学刊》《东北大学学报》（社会科学版）

《暨南学报》（哲学社会科学版）《西南民族大学学报》（人文社科版）《福建师范大学学报》（哲学社会科学版）《河南师范大学学报》（哲学社会科学版）《北方论丛》等学术刊物公开发表。借本书正式出版之机，也要向那些我认识或不认识的编辑老师们致以诚挚的谢意。

  当然，最应该感谢的是我的家人。我的父母不仅赐予我生命，也竭尽所能，为我的研究和思考创造了良好的外部条件。作为我最重要的生活伴侣，李赛乔不仅为我处理了大量工作和生活上的琐事，同时也以自己活泼开朗的性格改善了我的生活方式和精神状态。正是由于他们一如既往的默默奉献，我才有机会按照自己的兴趣，在这个人文精神凋敝的时代操持着"纯而又纯"的理论研究。

  是为后记。

2021 年元旦于成都